高等院校通识教育课程教材

大学生
心理健康教育

主　编　王祥君
副主编　王丹芳　王　格
编　委　王祥君　王丹芳　王　格　王诗雨
　　　　唐　山　余俐珍　涂淑兰　宋　杰

WUHAN UNIVERSITY PRESS
武汉大学出版社

图书在版编目(CIP)数据

大学生心理健康教育 / 王祥君主编. -- 武汉 : 武汉大学出版社,
2025.8. -- 高等院校通识教育课程教材. -- ISBN 978-7-307-25071-0
Ⅰ.G444
中国国家版本馆 CIP 数据核字第 2025F10C33 号

责任编辑:胡国民　　　责任校对:杨　欢　　　版式设计:马　佳

出版发行: **武汉大学出版社**　(430072　武昌　珞珈山)
(电子邮箱: cbs22@whu.edu.cn　网址: www.wdp.com.cn)
印刷:湖北恒泰印务有限公司
开本:787×1092　1/16　印张:17.5　字数:395 千字　插页:2
版次:2025 年 8 月第 1 版　2025 年 8 月第 1 次印刷
ISBN 978-7-307-25071-0　定价:49.00 元

序　言

大学生活是人生中一段充满机遇与挑战的旅程，同学们将在这一段旅程中探索知识的海洋，结识志同道合的朋友，塑造未来的自己。然而，随着学业、社交、情感、职业规划等多重压力的交织，心理健康问题逐渐成为不可忽视的重要议题。

心理健康是个人全面发展的重要组成部分，它不仅影响着学习效率和生活质量，还深刻影响着人际关系、自我认知以及未来的职业发展。大学生正处于从青春期向成年期过渡的关键阶段，面对新的环境、新的角色和新的责任，难免会遇到困惑、焦虑、压力甚至挫折。因此，应对这些挑战，保持积极的心态，培养健康的心理素质，是当代大学生需要学习和掌握的重要技能。

本教材旨在提供系统的心理健康知识，以帮助同学们更好地认识自己、理解他人，掌握应对压力和情绪管理的有效方法。书中涵盖自我意识、情绪与情绪管理、人际关系、恋爱心理、健康人格发展等多个与大学生活密切相关的主题，并结合实际案例和实用的心理技巧，帮助同学们在学习和生活中更好地应对各种心理挑战。

在课程思政的背景下，本教材注重挖掘中华优秀传统文化与心理健康的内在关联，旨在通过文化传承与创新，引导同学们在心理素养提升中厚植家国情怀与坚定文化自信。中华优秀传统文化中蕴含着深邃的心理健康智慧，例如：儒家倡导的“中庸之道”强调“致中和，天地位焉，万物育焉”，能带领同学们在学业压力与生活节奏中寻求平衡，培养“张弛有度”的处世态度；道家的“顺其自然”思想与“无为而治”理念，能引导我们接纳变化、化解焦虑，学会在竞争激烈的环境中保持豁达心境；佛家“明心见性”“破除我执”的哲学，则为我们提供了自我觉察与情绪解脱的智慧，助力我们从执念中抽离，实现内在的成长。这些传统文化精髓不仅是中华文明的精神基因，更与现代心理学的“认知重构”“接纳承诺疗法”等理论形成跨时空呼应，彰显了中华文化历久弥新的生命力。

与此同时，本教材紧密结合新时代心理健康教育的前沿成果，系统融入具有科学性与实践性的干预方法。例如，基于正念冥想的“观呼吸法”与道家“心斋坐忘”一脉相承，通过呼吸训练来提升专注力并强化情绪稳定性；积极心理学倡导的“优势发掘”与儒家“修身齐家”理念相融通，鼓励大学生在自我完善中实现社会价值；而“情绪ABC 理论”则与佛家“境由心造”思想异曲同工，通过认知调整转化负面情绪。书中还引入“数字化心理测评”“虚拟现实放松训练”等创新技术，结合传统文化智慧与现代科技手段，构建“古今相融、知行合一”的心理健康实践体系。通过这一设计，教材既强化了社会主义核心价值观的引领作用，又展现了传统文化创造性转化的时代价值；通过这一设计，使大学生在提升心理韧性的过程中，潜移默化地感受中华文化的博大精深，增强民族认同感与责任感，真正实现“心理育人”与“文化育人”的双重目标。

希望通过对本教材的学习，同学们不仅能够提升心理素质，增强心理韧性，还能够在面对未来的不确定性时，保持积极乐观的态度，勇敢追求自己的梦想。心理健康不仅仅是没有心理疾病，更是一种积极向上的生活态度和良好的社会适应能力。

最后，愿每一位同学都能在大学生活中找到属于自己的平衡与幸福，勇敢面对挑战，积极拥抱未来。

王祥君

2025 年 3 月

目 录

第一章　绪　　论

不管此刻多么黑暗，爱和希望总在前方。

——乔治·查克里斯

第一节　认识科学心理学

导入

请同学们分享当听到“心理学”三个字时脑海中浮现的内容。

——心理学家知道我在想什么吗？

——心理咨询就是聊天吗？

一、对心理学的误解

人们为何看似无异，但却又大不相同。我们为何会如此思考、感觉、行动？是先天的遗传环境塑造了我们，还是受后天环境经验的影响？为什么同一大脑既能赋予我们创造力、理性和爱，又能成为滋生精神疾病的温床？……这些问题是关于人类心理的研究，也告诉我们，人的心理现象是大自然中最奇幻、最有趣的一种现象。

心理学作为一门古老而又年轻的科学，常常被冠以“玄”“神秘”“不可信”，甚至“伪科学”的名号。如果问非专业人士“什么是心理学”，可能会得到各种不同的答案，其中不乏一些偏见和误解，我们先来澄清一下。

（一）心理学家具有“读心术”

人们常常认为心理学家具有超能力，能够直接感知他人的内心想法和情感状态。

实际上，心理学家的研究和实践依赖于一系列科学严谨的方法论，如心理测量学手段、质性研究方法以及实验设计等，旨在探究和理解人类心理活动的普遍规律，而非个体特定时刻的心理状态。心理学家的工作聚焦于心理现象的科学分析，而非超自然能力的运用。

（二）心理学是伪科学

由于心理活动的复杂性和难以捉摸性，有些人认为心理学研究缺乏科学基础，是伪科学，是骗人的东西。为什么会有这种评价呢？一是对心理学的科学性的怀疑，二是对心理咨询的“失望”。

心理学是一门严谨的科学，其研究方法包括实验设计、数据收集和分析等，遵循着严格的科学程序。心理学研究的结果需要经过同行评审和反复验证，才能确保其可靠性和有效性。此外，心理学在许多领域取得了重要的科学发现和应用成果，如认知心理学、发展心理学、社会心理学等。

（三）心理学家会催眠

曾几何时，催眠声名大噪，比心理学更快一步走进千家万户。很多老百姓可能不知道心理学是什么，但他们可能听说过催眠。很多人会有疑问：催眠是真的吗？一个人一旦被催眠，真的会问什么回答什么吗？

首先，催眠是真的，但并非人人都可以被催眠。这并不取决于催眠师是否高明，而在于被催眠者的易受暗示性，或者说被催眠者对催眠师的自愿服从性。因此，没有这个前提，再高明的催眠师也不可能把你带入催眠状态。其次，催眠并不神秘，它不是一种用来炫技、表演的武器，而只是一种用于心理治疗的手段，多用于挖掘潜意识和被人遗忘的童年经历。最后，并非所有的心理学家会催眠，催眠只是精神分析学家的"招牌本领"，大多数心理学家的工作并不涉及催眠，他们更倾向于采用科学严谨的方法研究心理学的问题。

（四）心理学家只研究心理有问题的人

受媒体和传统文化的影响，人们往往认为心理学家只关注心理有问题或变态的人。

实际上，心理学家的研究对象非常广泛，包括儿童、老年人等人群。他们不仅研究心理问题和心理障碍，还研究人类心理活动的正常发展和变化规律。例如，发展心理学研究个体从出生到死亡的心理发展过程，社会心理学研究个体在社会环境中的心理和行为规律，等等。

从上面对心理学偏见与误解的澄清不难发现，心理学是一门科学、一门遵循辩证唯物主义的科学。它立足于以科学的方法收集证据，并通过一套科学、有序的步骤分析整理数据，最终得出科学的结论。所以，具备一定的数理基础是学好心理学的关键，其中实验心理学、心理统计和心理测量这些课程就是帮助你掌握科学的方法。而且由于人的心理现象和外界行为是紧密相连的，心理学家会设计一系列的精妙实验来验证外在行为和内在世界二者之间的关系及发生规律。总体来看，心理学是研究个体心理现象和行为规律的一门科学。①

二、心理学的研究对象

（一）个体心理现象

1. 心理过程

人的心理过程就其性质与功能来说，可以分为认知过程、情绪过程和意志过程，它是心理活动发生、发展的过程，即人脑对现实的反映过程。以认知过程为例，我们看到一个物体，先要用眼睛来接受来自物体的光刺激；然后经过神经系统的加工，把光刺激转化为神经冲动，从而察觉到物体；接着要将看到的物体，从它的环境或背景中区分开

① 王祥君．大学生心理卫生与发展（第 2 版）［M］．重庆：重庆大学出版社，2023：2-3.

来；最后要确认这个物体，并叫出它的名称。

心理过程也是心理现象发生、发展和消失的过程，具有时间上的延续性。它着重探讨人的心理的共同性，主要包括认知、情绪和意志三个方面，即人们常说的知、情、意。知是人脑接受外界输入的信息，经过头脑的加工处理转换成内在的心理活动，进而支配人的行为的过程；情是人在认知输入信息的基础上所产生的满意、不满意、喜爱、厌恶、憎恨等主观体验；意是推动人的奋斗目标并且维持这些行为的内部动力。知、情、意不是孤立的，而是互相关联的统一的整体，它们相互联系、相互制约、相互渗透。

（1）认知过程（知）。认知过程是指人在认识客观世界的活动中所表现的各种心理现象。在这个过程中，人们由表及里、由现象到本质地反映客观事物的特性与联系，包括感觉、知觉、记忆、思维、想象和语言等。人们首先通过感觉获得事物的个别属性和特性，又通过知觉获得对事物的整体认识与相互关系，知觉是在感觉的基础上产生的，但不是感觉的简单相加。在知觉中，人的知识经验起着重要作用。人们通过感觉、知觉获得的知识经验保存在头脑中，在需要的时候被提取出来，积累并保存个体经验，即形成了记忆。人们运用头脑中已有的知识经验去间接、概括地认识事物，揭示事物的本质和内在联系，形成事物的概念并进行推理和判断，即形成了思维。人利用头脑中已有的形象进行加工并形成新形象，即形成了想象。人利用语言把自己思维活动的结果、认识活动的成果与别人进行交流，即产生了语言活动。

（2）情绪过程（情）。情绪过程是指人对客观事物是否能满足自身物质和精神上的需要而产生的主观体验的心理活动，其反映的是人和事物之间的需要关系，包括喜、怒、哀、乐、爱、恨、憎、惧等。

（3）意志过程（意）。意志过程是指人为了满足某种需要，在一定动机的激励下，自觉确定目标，克服外部和内部困难，有意识地支配、调节行为并力求实现目标的心理过程。

2. 个性心理

人的心理过程具有共同的规律和特征，由于每个人的先天素质和后天环境影响不同，每个人的心理活动过程总是带着个人的特征，从而形成个人不同的个性。个性是个人心理活动稳定的心理倾向和心理特征的总和，主要包括个性倾向性和个性心理特征两个方面。

（1）个性倾向性。个性倾向性是人所具有的心理倾向，它决定着人对现实的态度及对认识活动对象的趋向和选择。个性倾向性是从事活动的基本动力，主要包括需要、动机、兴趣、理想、价值观、世界观。人的个性倾向性是在社会实践中形成、发展和变化的，它反映了人和客观现实的关系，也反映了一个人的生活经历。当一个人的个性倾向性成为一种稳定而概括的心理特点时，就构成了一个人的个性心理特征。

（2）个性心理特征。个性心理特征是指一个人经常地、稳定地表现出来的心理特点，主要包括能力、气质、性格等，它是人的多种心理特征的独特的组合，集中反映了一个人心理面貌的类型差异。

（二）个体心理与行为

心理学通过行为来研究人的心理。行为就是行动，是指个体对所处情境的一种反应系统。行为是心理学研究的一个基本单位，例如学习行为、观察行为、看得见摸得着的行为、肉眼无法观察到的行为等。

行为不同于心理，但又和心理有着密切的关系。引起行为的刺激通常是以人的心理为中介而起作用的。行为的复杂性是由心理的复杂性引起的，由于心理条件的不同，同样的刺激在不同的人身上反应不同，而不同的刺激也可能引起相同的反应。因此，不理解人的内部心理就很难理解人的外部行为。

心理支配行为，又通过行为来表现。心理现象作为一种主观的精神体验，既不可见亦不可触，而行为则具有外在的显现性，能够通过客观的手段进行测量。鉴于行为是心理活动的外在反映，我们得以通过观察与分析行为来深入探究人的内心世界。然而，心理对行为的支配与调节机制极为复杂。要准确理解人的行为，并确定其背后所蕴含的心理活动，关键在于全面掌握影响和制约行为的各类条件，系统地揭示这些条件与行为之间的因果关系，从而明确行为的真实意义。从外部行为推断内部心理过程，是心理学研究的一项基本原则。从这个角度来看，心理学是一门专注于探究心理与行为之间关系的科学。

（三）社会心理与社会行为

人是社会的人，作为社会的成员，总是生活在各种生活团体中，并与其他人结成各种各样的关系，从而产生各种社会心理现象。尽管社会心理现象也表现在个体的心理现象之中，但是仅研究个体心理而不从团体及团体关系的角度加以研究，就无法解释和理解这些社会心理现象。因此，心理学还要研究团体的社会心理现象。

在社会交往中，社会心理表现在社会行为中，社会行为是受社会心理支配的，我们可以借社会行为来研究社会心理。当然，两者之间的关系是很复杂的，这就需要我们研究并了解引起和制约社会行为的各种条件，系统地揭示这些条件和社会行为之间的因果关系，明确了解社会行为的意义。①

三、心理的本质

关于什么是心理问题，人们的认知有一个循序渐进的过程。早在远古时代，因对自然认知有限，人们认为万物有灵，灵魂永恒。早期心理观分为唯心与唯物两种：唯心主义认为精神先于物质，而随生产力的发展，人们逐渐认识到物质独立于意识，精神是对物质的反映，便形成了唯物主义的心理观。但早期唯物主义仍有局限，未能以辩证视角探索心理。直至辩证唯物主义出现，心理学规律才得以系统阐述：精神源于物质的高度发展，心理是脑的功能，是脑对客观现实的主观反映。

---

① 王祥君．大学生心理卫生与发展（第 2 版）［M］．重庆：重庆大学出版社，2023：8-10.

扩展阅读

唯物主义心理观的代表人物与著述（图 1-1、图 1-2）

荀子（约前 313 — 前 238），名况，字卿，战国晚期赵国人，思想家、哲学家、教育家、儒家学派的代表人物。

形具而神生，好恶喜怒哀乐臧焉。

——《荀子·天论》

图 1-1　荀子

诸髓者，皆属于脑。

——《黄帝内经》

图 1-2　《黄帝内经》

（一）大脑

人脑是心理现象产生的物质载体，所有的心理现象产生于大脑。那么大脑有多大呢？科学研究表明，人的大脑重量约为 1.3 千克，是一个成年人体重的 2%，消耗的能量约占 20%。大脑的质地是柔韧的，它的表层有一层薄薄的膜，被称为大脑皮质，厚度约为三根头发丝的厚度，人类很多重要的感知觉功能埋藏在大脑皮质的沟壑中。大脑有左右两个半球，中间依靠胼胝体相连，大脑的脑桥与脊髓相连，发出的信号通过脊髓而指向全身。大脑的结构非常复杂，至今我们对其所蕴藏的内容知之甚少。然而，近年来，有一种叫“功能性磁共振成像”（FMRI）的技术，可以帮助人类探索大脑的奥秘。

扩展阅读

学术前沿：功能性磁共振成像

功能性磁共振成像是一种新兴的神经影像学方式，它能利用磁共振造影来测量神经元活动所引发血液动力学的改变。相比之前研究大脑的技术，功能性磁共振成像的优势很明显。

优点：时间分辨率、空间分辨率都比较高。

通过功能性磁共振成像技术，我们可以发现很多意想不到的东西：

（1）如何区分羞愧与内疚？如果让你凭借自己的主观感觉，羞愧与内疚似乎很难区分，但是通过该技术就可以发现，羞愧与内疚会有一些共同的神经网络，这就能解释为什么这两种情绪总是如影随形。但是羞愧与内疚也会有不同的激活区，其中大脑的额叶、颞叶及边缘系统对道德感的产生起主要作用。

（2）因为快乐所以微笑，还是因为微笑所以快乐？通过功能性磁共振成像实验发现，当你调整面部表情，做出微笑动作的时候，即便你原本并不开心，你的大脑积极情绪区域也会被激活，心情也会随之好起来（图 1-3）。

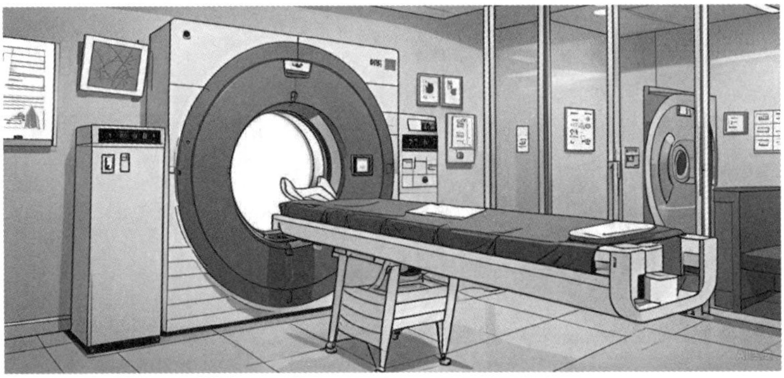

图 1-3　核磁共振演示

（二）客观现实

客观现实是心理现象产生的源泉。客观现实不仅包括被人类改造了的自然界，也包括人与人之间的社会关系。我现在能够看见山青水绿，是因为山和水作为一种客观现实存在着，所以我才产生了视觉感知。想象可以脱离客观现实吗？例如，我现在闭上眼睛，世间有的我可以想象，没有的我也可以想象，那是不是就意味着脱离客观现实了呢？有这样一个有趣的实验：一些英国科学家对万年后人类的模样进行了大胆的想象，他们认为万年以后人类将拥有更高的个头、更小的大脑、更大的眼睛、更少的牙齿、更长的手臂和更多的皱纹。对于万年以后人类的模样，科学家是这样解释的，随着电子产品的使用，人们的四肢变得更长、更灵活；眼睛长时间盯着屏幕看，所以变得更大；食物被加工得更柔软不需要咀嚼，所以牙齿就退化了；计算机会替代人类储存信息，所以大脑也越来越小了。对于这样一种模样我们尚且无法评判可能性有多大，但是科学家的想象则是基于客观现实进行的。

（三）主观反映

心理现象对客观现实的反映具有主观性，即人类对客观现实的反映，并不像家里的穿衣镜一五一十地反映，而是加注了主观色彩。对于同样一件事物，拥有不同经历、不同文化、不同个性的人看过去，得出的结论可能是不一样的。比如说，美感就是一种带有非常强烈的主观色彩的心理现象。

四、心理学对大学生的影响

学习心理学有利于缓解大学生的压力和焦躁紧张的情绪，也有利于引导大学生有条不紊地学习。当面临学习困难和压力时，保持积极乐观的健康心态非常重要。当前，部分大学生不知道该干什么，无所事事，没有目标，自我评价失调等，学习心理学有利于帮助他们解决这些问题，使其能够清楚地认识自己，从而培养良好的心理素质。

情绪是人的心理过程中所产生的内心体验，在日常生活中免不了人际交往，因而塑造良好的个性，学会控制好自己的情绪，在人际交往中具有重要的作用。学好心理学，有利于帮助大学生塑造良好的个性，很好地控制自己的情绪，从而培养对生活的热情。

总体来说，学习心理学对大学生的学习、生活以及情感有着重要的意义。因此，当代大学生应该树立正确的人生观，培养积极健康的心理素质，勇敢地创造属于自己的未来。

第二节　大学生心理健康的标准与身心发展特点

导入

小丽是一名计算机专业的大一新生，开学一段时间后，她跟辅导员说：“老师，我现在非常后悔来这座城市上学，更后悔选择这所学校，这里的气候让我不舒服，学校学习氛围也不好，学校的各种规章制度很变态，让我越发觉得还是高中的时候好。我很想回家，最近都在想要不要回去复读。我每天都感觉很没精神，跟同学相处也不太好，不知道自己该做什么。”

讨论：小丽同学遇到了什么问题？你该如何帮助她？

2016 年 8 月，习近平总书记在全国卫生与健康大会上提出，没有全民健康，就没有全面小康。他指出，要把人民健康放在优先发展的战略地位，以普及健康生活、优化健康服务、完善健康保障、建设健康环境、发展健康产业为重点，加快推进健康中国建设，努力全方位、全周期保障人民健康，为实现“两个一百年”奋斗目标、实现中华民族伟大复兴的中国梦打下坚实的健康基础。关于健康的认识，传统的观点认为，健康就是没有任何疾病，没有疾病就是健康。① 随着科学的发展和社会的进步，人们对于健康的定义已经不仅仅局限于有没有疾病。越来越多的专家和学者认为，一个健康的人，不仅要有强健的体魄，还要有良好的心态、较好的心理素质以及良好的适应能力。

一、健康与心理健康

（一）健康

1948 年，世界卫生组织（WHO）成立时，给健康下了一个权威性的定义：健康不仅仅是没有疾病，而且要在生理上、心理上以及社会适应能力上都处于完好的状态。1989 年，世界卫生组织提出了 21 世纪健康的新概念：健康不仅是没有疾病，而且包括躯体健康、心理健康、社会适应良好和道德健康。在这个定义中，道德健康处于健康的统领地位。1999 年，世界卫生组织总结和归纳了人类的实践经验，把健康概括为“五快三良好”：“五快”指吃得快、睡得快、说得快、走得快、便得快；“三良好”指良好的个性、良好的处世能力、良好的人际关系。

因此，健康包括两个部分，分别是躯体健康和心理健康，二者之间密切相关，缺一不可。《黄帝内经》认为，怒伤肝，喜伤心，思伤脾，悲伤肺，恐伤肾。由心理因素导致的躯体疾病被称为心因性疾病，常见的有高血压、心脏病等。所以，一个真正健康的人既要有健康的体魄，又要有健康的心理。②

扩展阅读

健康的标志（WHO，1948）

（1）有足够充沛的精力，能从容不迫地应对日常生活和工作压力而不感到过分疲劳紧张。

① 习近平谈治国理政（第二卷）[M]. 北京：外文出版社，2017：370.

② 夏翠翠. 大学生心理健康教育：慕课版 [M]. 北京：人民邮电出版社，2019：2-3.

(2) 处世乐观、态度积极、勇于承担责任，不论事情大小都不挑剔。
(3) 善于休息、睡眠良好。
(4) 应变能力强，能适应外界环境的各种变化。
(5) 能够抵抗一般性的感冒和传染病。
(6) 体重适当、身体匀称，站立时，头、肩、臂的位置协调。
(7) 反应敏锐、眼睛明亮、眼睑不发炎。
(8) 牙齿清洁、无空洞、无痛感、无出血现象，齿龈颜色正常。
(9) 头发具有光泽，头屑少。
(10) 肌肉和皮肤富有弹性，走路轻松。

(二) 心理健康

古罗马哲学家西塞罗曾说：心理疾病比起生理疾病为数更多、危害更烈。提及心理健康，越来越多的人对心理健康存在一定的认识误区。为了更好地学习理解心理健康的含义，我们首先对以下一些大众容易混淆的概念进行区分：

1. 心理问题不等于心理不正常

我们在日常生活中所说的心理不正常大多数指的是心理问题，即各种心理及行为异常的情形。心理的“正常”与“异常”之间并没有绝对的界限。心理不正常（异常心理）是指有着与精神障碍相关症状的心理活动，俗称精神病，心理异常的人需要借助药物进行干预。一般看来，心理正常转变成心理异常是一个连续的状态。

2. “心理健康”与“心理不健康”都属于“心理正常”的范畴

心理健康与心理不健康并非相互对立的状态，二者处于动态变化的过程中。心理健康具有一定的不稳定性，在受到某些应激事件的影响下，人们通常会出现一些不适反应，如吃不下饭或偶尔睡不着觉，但这种状态仍属于心理健康的范围内，可以通过一定的方式进行调整。

3. 心理问题不等于精神病

心理问题与精神病是两个不同的概念。我们将与心理健康相对应的状态称为有心理问题，它比精神病的内涵更广，其服务对象大多是正常人。心理问题几乎每个人都有可能遇到，例如因失恋引发的痛苦、学习成绩不佳引发的焦虑等。每个人在成长和生活的不同方面，有可能遇到这样或那样的问题，导致不良情绪的产生。若采用恰当的方法，则能顺利地解决这些问题。精神病是指人的认知、情感、意志和行为发生各种各样的障碍，主要表现为说话不合逻辑、胡言乱语等，它属于心理异常的范围。

世界卫生组织提出，心理健康是一种健康状态。在这种状态下，每个人能够实现自己的能力，能够应对正常的生活压力，能够有成效地从事工作，并能够对社区作出贡献。

二、心理健康的标准

如今，国内外关于心理健康的标准还没有一个统一的概念。大多数心理专家认为，心理健康的标准具有复杂性，它既有文化差异，又具有个体差异。从目前众多的专家学者的阐述中，本书梳理出心理健康的标准，主要有以下几种：

（一）世界心理卫生联合会关于心理健康的四个标志

（1）身体、智力、情绪十分平衡。

（2）适应环境，在人际关系中能做到彼此谦让。

（3）有幸福感。

（4）在工作和职业中能充分发挥自己的能力，过有效率的生活。

（二）衡量心理健康的相对标准

（1）统计学标准：个体的心理健康水平分数在统计学上处于中间范围，不处于异常范围。

（2）症状学标准：个体不具有心理疾病的异常表现。

（3）社会适应性标准：个体的心理活动和行为能够被所在的社会接受。

（三）心理健康与不健康区别的三原则

（1）主客观世界统一：桌子上有个苹果，你看到的是苹果，大家看到的都是苹果。

（2）内外协调一致：心里悲伤，就哭丧着脸；心里开心，就眉开眼笑。

（3）人格相对稳定：今天是沉默忧郁的梁朝伟，明天依然如此，接下来的几十年可能都是这样，变化不大。

如果违背了上述三条中的任何一条或多条，就属于不正常心理，这时候需要的不是心理咨询师，而是精神科医生根据症状进行诊断和治疗，接下来再辅以心理治疗（图1-4）。

扩展阅读

（1）衡量身体健康的“五快”。

①吃得快：进餐时，有良好的食欲，不挑剔食物，并能很快吃完一顿饭。

②便得快：一旦感觉有便意，能很快排泄完大、小便，而且感觉良好。

③睡得快：有睡意，上床后能很快入睡，且睡得好，醒后头脑清醒，精神饱满。

④走得快：行步自如，步履轻盈。

⑤说得快：思维敏捷，口齿伶俐。

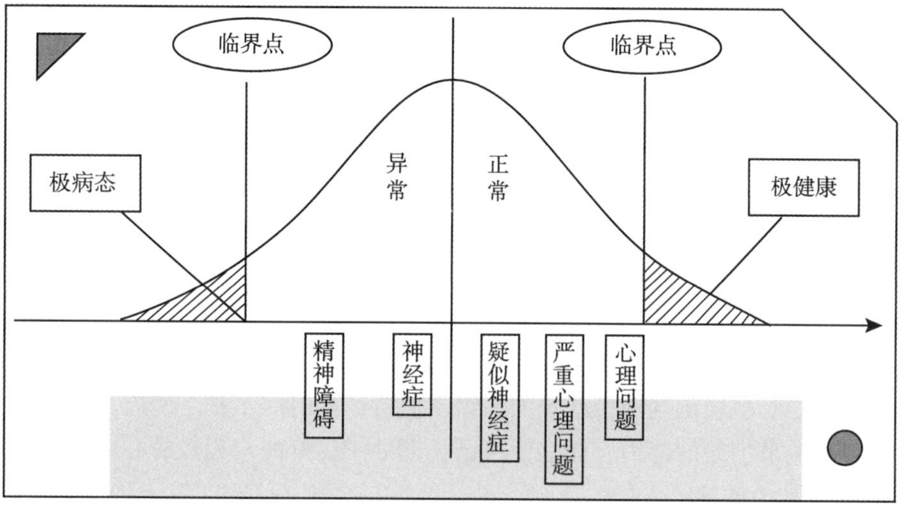

图 1-4　心理健康标识图

（2）衡量心理健康的“三良好”。

①良好的个性人格：情绪稳定，性格温和，意志坚强，感情丰富，胸怀坦荡，豁达乐观。

②良好的处世能力：观察问题客观、现实，具有较好的自控能力，能适应复杂的社会环境。

③良好的人际关系：助人为乐，与人为善，对他人充满热情。

(四) 心理健康的表现

1. 能正确地认识自我与接纳自我

我们经常会听到这样一类问题：我是谁？你是否了解自己认识自己呢？苏格拉底曾经说过：认识你自己，照顾你的心灵。老子也曾经说过：“知人者智，自知者明；胜人者有力，自胜者强。”（《道德经·第三十三章》）老子的这句话说明了正确认识自己的重要性。一个心理健康的人，既能了解自己，又能接受自己，能够体验到自己存在的价值，有自知之明；能够正确地评价自己，接纳自己，发展潜能，总是对自己满意。一个心理不健康的人，则缺乏自知之明，总是对自己不满意，心理状态永远无法平衡。所以，一个心理健康的人，首先是一个能正确认识自我、接纳自我的人。

2. 能保持和谐的人际关系

一个人生活在这个世界上，不可避免地与周围的人产生各种各样的联系。古希腊哲学家亚里士多德曾说过：一个生活在社会之外的人，同人不发生关系的人，不是动物就是神。这就是说，人总是在与他人的交往联系中生存和发展的，人都有与他人交往的需要。一个人能否与人正常地交往，是衡量心理健康与否的重要标志。一个心理不健康的人，总是与周围环境格格不入。

3. 有良好的适应能力

我们生存的环境和条件都在不断地发生变化，这就需要我们采取相应的措施，让自己与周围的环境达到一种平衡的状态，这个过程就叫适应。对于刚入校的大学生来说，最重要的一件事就是尽快地适应大学生活，与其被动接受环境，不如主动适应环境。当我们所处的生活环境发生变化时，我们能否快速地采取相应的行动去适应，并保持心理平衡状态，是衡量心理健康状况的重要标准。

4. 有良好的情绪状态

良好的情绪是一个人心理健康的基础，而不良的情绪是一个人产生疾病的重要因素。人都有七情六欲，一个心理健康的人，愉快、开朗、活泼等积极的情绪状态总是处于优势地位；尽管也会出现消极悲观的情绪，但持续的时间不长。所以，一个心理健康的人具有自我调节情绪的能力，能够使自己长期处于良好的、积极的心理状态之中。

5. 有完整和谐的健康人格

心理学中的人格，是指一个人比较稳定的心理特征的总和，包括气质、性格、能力、信念等。一个心理健康的人，其人格各部分能平衡发展，其整体面貌能够完整、和谐地表现出来。

三、大学生身心发展特点

（一）大学生生理发展的特点

1. 体态发育基本稳定

大学生处于青年期，其体态发育已经基本稳定。具体来说，大学生的身高、体重、胸围等形态指标在这一阶段随着年龄的增长会有缓慢增长，然后逐渐趋向稳定、停滞。男生和女生在体态上存在着一定的差异，男生的身高、体重和胸围等指标通常会比女生更高。此外，地区差异也是影响大学生体态发育的一个重要因素，北方大学生在身高、体重和胸围等方面通常略高于南方大学生。

2. 体内机能趋于完善

大学生的体内机能已经趋于完善，各大系统如心脏、肺、消化系统以及神经系统等都已接近或达到成人水平。具体如下：

心脏系统：大学生的心脏重量和容积接近成人，心跳频率逐渐减慢，心搏输出量增加，血液量占体重的比例也相对稳定。这使得大学生的心脏系统能够承受各项激烈的体育锻炼活动。

呼吸系统：大学生的呼吸系统逐渐成熟，呼吸频率减慢，呼吸深度增大。肺活量也随年龄增长而增大，这为进行繁重的体力和脑力劳动提供了坚实的物质基础。

消化系统：大学生的消化系统也趋于完善，食欲大增，消化力加强，能够摄取足够的营养来保证身体发育的需要。

3. 性器官和性机能发育成熟

大学生正处于青春期之后，生殖系统已经发育成熟。男生和女生在这一时期都会经历明显的第二性征变化，如性器官的发育、遗精和月经现象、变声、男性体态和女性体态的形成等。这些变化标志着大学生的身体发育已经趋于成熟，同时也促进了性意识的觉醒。

4. 大脑及神经系统发育成熟

大学生的大脑及神经系统发育成熟，这使得他们的思维能力、记忆力和学习效率都达到高峰。具体来说：

大脑皮质：大学生的大脑皮质细胞活动的数量迅速增多，联络神经纤维大量发挥作用，脑重量和神经系统结构已经达到成熟水平。这使得大学生的逻辑思维能力、理论思维能力以及抽象思维能力都得到了充分的发展。

神经系统：大学生的神经系统发育完善，神经活动的兴奋和抑制过程趋于平衡。这使得他们能够更好地适应复杂多变的环境，保持稳定的情绪状态。①

（二）大学生心理发展的总体特征

1. 阶段性

高考后的新生满怀理想步入大学，面临生活、学习、人际交往等挑战，适应情况各异。经过一段时间的调整，大学生进入稳步发展期直至第四学年，他们的自我意识、人际交往、学习动机等明显增强。在毕业前夕，面对答辩、择业等压力，多数学生具备心理调节能力，少数学生仍需关注心理适应问题。

2. 矛盾性

进入大学校园这个新环境，大学生的心理呈现出一定的矛盾性。例如理想与现实之间的矛盾、独立意识增强与事事依赖他人之间的矛盾、渴望朋友与追求孤独之间的矛盾等。从心理学的角度来讲，大学生进入大学校园后，环境、生活、个人地位发生了变化，从而引发了很多心理矛盾，而大学生的社会经验和认识水平又没有达到能够真正独立地、正确地调节自身行为的程度，这就出现了他们独立支配自己行为的强烈要求与行为结果相悖的情况，从而导致其内心痛苦和不安。

3. 统一性

大学时期是大学生心理快速发展并趋于稳定的重要时期。他们在这个时期对自身有了更充分的了解和认识，愿意将自我的过去、现在和未来整合为一个有机的整体，从而根据外界的变化不断地调整自我以适应变化的环境。

（三）大学生心理发展的具体表现

1. 认知能力显著提升

相比于中学时期，大学生在进入大学校园后在认知能力方面有了显著的进步。他们的思维从具体的形象思维逐渐过渡到抽象的逻辑思维，开始具备更为复杂和高级的认知能力。这种认知能力的发展主要体现在以下方面。

---

① 叶湘红．大学生心理健康教育（中南大学版）［EB/OL］．［2025-03-20］．https：//mooc1. chaoxing. com/course-ans/courseportal/245052865. html.

抽象思维能力增强：大学生能够理解和处理更为复杂的概念和理论，进行逻辑推理和批判性思考。他们不再满足于表面的现象，而是追求事物的本质和规律。

记忆力达到高峰：大学生的记忆力进入巅峰状态，能够快速吸收新知识，并将其转化为长期记忆。这种记忆力的发展为他们的学术研究和专业知识的掌握提供了有力的支持。

问题解决能力提高：大学生在问题解决方面表现出较强的能力，他们能够独立思考，找到问题的解决方案。这种能力的发展不仅有助于提高他们的学业成绩，也为他们未来的职业生涯奠定了坚实的基础。

2. 自我意识增强与人格逐渐定型

大学生在进入大学校园后，在自我意识方面有了显著的提升，他们开始更加深入地探索自己的内心世界，思考自己的价值观、人生目标和未来规划。同时，他们的人格也逐渐定型，并形成了独特的性格特点和行为模式；他们对自己的外貌、性格、能力等方面有了更清晰的认知，并逐渐形成了稳定的自我形象；他们开始关注自己的成长和发展，积极寻求自我提升的机会。随着自我意识的增强，大学生的自我调控能力也逐渐提高。他们学会了抵制诱惑，坚持自己的目标和计划，并在面对困难时保持冷静和理智；他们开始思考自己在社会中的角色和位置，并尝试形成稳定的身份认同；他们通过参与社会实践活动、实习等方式，逐渐明确了自己的职业方向和发展目标。

3. 思想情感趋向成熟与稳定

在进入大学校园后，大学生在思想情感方面也取得了显著的进步。他们的思想情感逐渐趋于成熟与稳定，开始学会自主调控自己的情绪，不受外界干扰；他们逐渐摆脱对家庭的依赖，形成了独立的情感世界。大学生在情感表达和交流方面表现出更高的能力，如他们学会了如何与他人建立深厚的情感联系，如何表达自己的情感和需求，并在情感交流中寻求支持和理解。随着生活经验的积累和知识的丰富，大学生逐渐形成了稳定的价值观。他们开始关注社会问题，思考人生意义，并能对自己的行为和决策负责。

4. 社会化发展成效显著

在进入大学校园后，大学生在社会化方面也取得了显著的进步。他们逐渐脱离家庭，独立面对社会，学会承担社会责任，关心社会问题，并积极参与社会活动。他们逐渐学会如何与他人建立良好的关系，处理人际冲突和矛盾，并在团队中协作和领导。这种社交能力的发展对于他们的个人成长和未来发展至关重要。大学生开始关注社会问题，积极参与公益活动和社会实践。他们意识到自己的行为和决策对他人和社会会产生影响，并努力成为对社会有益的人。同时，大学生开始对自己的未来进行深入的思考和规划。他们通过实习、社会实践等方式了解职业市场和行业趋势，为自己的职业规划做准备。这种职业规划意识的发展有助于他们更好地适应未来的职业发展。

（四）“00 后”大学生心理发展的特点

“00 后”大学生成长于一个经济发展迅速、文化观念多元、网络信息发达的时代，其思维方式、自我意识的发展、社会化程度等方面与“90后”“95后”具有连续一致性的特点，同时也存在阶段性差异的不同之处，既趋于成熟又很不稳定，既有独立性又有依赖性。

1. 思维的灵活性和实用性增强，但受网络碎片化信息影响明显

相较于“80后”“90后”，“00后”是出生在移动互联网兴起的时代，“00后”基本以手机、电脑作为与外界环境联系的工具，使得他们可以在虚拟世界与真实空间之间自由切换。一方面，他们通过阅读网络文学、玩网络游戏等方式参与网络文化的消费；另一方面，因为互联网文化的交互性和参与性，“00后”在消费的过程中也深度参与网络文化，成为网络文化的生产者。这样的大环境，间接推动了他们思维模式的变化，即慢慢由形式逻辑思维向辩证逻辑思维转变。然而，互联网的使用虽有助于提升大学生吸取知识和知识更新的效率，但还处于心理不稳定期的“00后”长期面对碎片化、片面解读的信息，容易失去思索、推理和整合信息的能力，从而限制了想象力和思维力的正常健康发展。

2. 自我意识极高，但仍未完成自我同一性的确立

随着社会的进步，人们的思想观念也得到了改变。“00后”的孩子们由于成长环境的变迁，自我意识逐渐增强。他们追求个性化和中立化，不愿意盲目崇拜任何事物。同时，“00后”面对繁杂的信息，他们更加懂得如何筛选、理性地看待。根据埃里克森的人格发展阶段理论，刚刚步入大学校门的““00后””在年龄上处于青少年和成年早期两个阶段之间，在这一时期，“00后”的主要任务是建立一个新的同一感或自己在别人眼中的形象。他们会比较关注别人眼中的自己，会主动地去探索“我是谁”“who am I”等话题。具有自我同一性的“00后”，会对自己的过去、现在和将来产生“内在相同和连续”之感，与外界社会之间也能取得协调一致，并愿意接受成年期的生活挑战。

3. 情绪情感表达直接，但易冲动

“00后”是一个相对自由和开放的群体，他们更加关注个人内心的情感。他们更加开放、包容，更敢于表达自己的看法和思想。与此同时，“00后”也表现出更加直接、真实的情感表达，愿意接受自己热爱的事物，也更加敢于迎接挑战。

第三节 关于心理咨询

导入

琪琪和小美在食堂吃饭，琪琪吃了三两米饭和两个菜后觉得没吃饱，又买了一个饼和一瓶酸奶。小美心想这都够我吃一天的了，小美心里觉得奇怪，琪琪平时最在意自己的身材了，今天怎么吃这么多呢？

小美问琪琪："你今天怎么了？今天怎么吃这么多呢？"

琪琪说："我也不知道，有些时候就是想吃。"

小美："那你要不要去学校的心理健康教育中心咨询一下呀？或许那里的老师可以帮到你。"

琪琪说："我才不要去，我去了别人就会觉得我有问题，很丢人，再者我觉得没太大必要。"

关于心理咨询，你是不是也和琪琪有同样的想法呢？

一、心理咨询的概述

（一）什么是心理咨询

心理咨询是心理咨询师协助求助者解决心理问题的过程，主要指通过心理学理论指导和技术应用的临床干预措施来进行。需要注意的是，心理咨询不包括药物的使用。人们在不同的时期会遇到不同的问题，因此心理咨询对于每个人都是必需的，只是寻求的方式不同罢了：对父母、对朋友、对神灵、对先知、对"客观的我"、对专业咨询员，采用不同的方式也就有不同的结果……发展到今天，心理咨询的工作已较规范化了，这主要归功于专业的咨询人员，他们使得咨询能够更切实地对人有所帮助，使人走出咨询情境后仍满载被关怀的感受，能够学会在现实中应对学习、工作、生活中的不同际遇。

关于心理咨询"帮助求助者解除心理问题"的含义有两点：

其一，咨询关系是"求"和"帮"的关系。当来访者或当事人不主动求助的时候，心理咨询师是不能去主动帮助的。心理咨询强调当事人的主观求助意愿，一般来讲，当事人主动求助的意愿更强，心理咨询效果会更好。

其二，帮助求助者解决的问题，只能是心理问题，或由心理问题引发的行为问题或躯体症状。除此之外，心理咨询师不帮助求助者解决任何生活中的具体问题。例如一个男生失恋了，他很想去跟前女友解释清楚，试图挽回这一段感情，于是请咨询师出面去帮忙传话。这样的事情心理咨询师是不能做的，因为它已经超出了心理咨询的范畴。这样的工作你可以找你的同学、朋友来帮忙，心理咨询师只解决咨询过程中发现的问题。

（二）心理咨询的特点

（1）人际互动。心理咨询师与来访者之间的交流是双向的而不是单向的，这就意味着在心理咨询的过程中，心理咨询师与来访者之间是一个相互影响的过程，心理咨询师会全面了解来访者各个方面的情况，看似是来访者说、心理咨询师听的过程，实质上来访者也会时刻观察心理咨询师的反应，思考接下来要讲的内容。心理咨询不同于平日的看病——医生提问，患者回答，而是一个相互发生影响的过程，心理咨询师会在这个过程中引导来访者积极地进行自我探索和思考，进而发生行为的改变。

（2）心理性。首先，心理咨询工作的内容是心理、行为方面的困扰或问题，例如人际交往困扰、抑郁症、焦虑症、压力应对等，具体的生活事件不属于心理咨询的范畴；其次，心理咨询的目标是帮助来访者在心理和行为方面发生积极的改变，例如缓解焦虑情绪、提升能力等；最后，心理咨询所使用的理论、技术和方法均来自心理学的研究。

（3）助人自助。咨询的过程是建立在心理咨询师与来访者良好人际关系的基础上的。在咨询过程中，心理咨询师利用心理学的理论与技术帮助来访者自立自强，咨询师并不是直接解决来访者的问题，而是帮助来访者以更有效的方式看待自己、他人和生活中的难题，其工作是“助人自助”。

二、心理咨询的对象

（一）心理咨询对象的类型

（1）精神正常，遇到了与心理有关的现实问题并询求帮助的人群。

（2）精神正常，心理健康水平较低，因产生心理障碍导致无法正常学习、工作、生活并询求帮助的人群。

（3）特殊对象，即临床治愈或潜伏期的精神障碍患者。

（二）心理咨询对象需做的准备

内心有困扰去找心理咨询师，如同躯体有病到医院看大夫。但由于人们对心理咨询的知识一般了解不多，以致把看躯体疾病的习惯用于看心理咨询师，从而影响咨询效果。所以去做心理咨询前，略知些咨询常识为好。

（1）来访者本人要有心理咨询的愿望。心理咨询是以语言沟通为基础，双方的沟通是建立在咨询者对咨询师的信任和自愿的基础上的。若来访者没有沟通的愿望或是被亲朋好友带领至此，可能会不情愿地谈及真实的自我，使咨询效果受到影响。

（2）咨询者不必担心谈话的内容外露。心理咨询工作的原则之一是为咨询者保密，有些咨询者因有这种担心，咨询时往往隐去某些问题，这不利于咨询师搜集资料和提供帮助。

（3）咨询者最好有自助意识。心理咨询除需要心理咨询师的启发引导帮助，还需要咨询者积极主动配合。有的咨询者没有这种意识，在咨询后对咨询师布置的作业不完成。如对恐惧症患者的治疗是先练习放松法，再进行系统脱敏疗法，这是一个连贯程序。有的咨询者回家不练习，总想在咨询师那里讨一种简单的治疗方法，导致咨询半途而废。

（4）咨询者勿急于追求效果。心理问题、心理疾病不是一天两天形成的，可能是多种原因造成的。比如人际交往障碍，有的咨询者出现障碍的原因是性格偏内向、口吃、怕别人讥笑、拒绝与人交往等，咨询时先要打破这一循环链，使咨询者改变自身对问题的认识，消除紧张焦虑情绪，学习与人交往的方法技巧。这是一个积累的过程，并不是短期就能达到的。还有些心理问题或疾患需要有关人员同步参与咨询，如孩子的问题需父母参与，婚姻问题需夫妻参与。

扩展阅读

保密原则

在心理咨询的过程中，心理咨询师会保密与你谈话的内容，或者在取得你同意的时候才会告知相关人士。这一保密规定的例外情况为：(1) 若你尚未满 18 岁，为维护你的最佳利益并尊重父母监护权利，需要时，父母或监护人有权了解会谈相关信息；(2) 当你有自杀或自伤的危险时；(3) 当你有伤害他人的危险时。在这些时候，咨询师会在尽量维护你隐私的前提下，调动一切资源，帮助你渡过危机。①

三、心理咨询的设置

(一) 地点设置

心理咨询的场景一般在固定的、环境比较适宜的场地——心理咨询室。

(二) 时间设置

(1) 个人咨询的时间一般以每次 50 分钟为宜。心理咨询中的疗程一般在 6~20 小时。

(2) 在不同的咨询阶段，根据咨询的不同任务，咨询时间的长度和频率还需要不断进行调整。

(三) 预约设置

咨询师的咨询时间安排需要有严格的预约设置，一般不接受临时到访者，除非遇到紧急情况。

(四) 转介设置

在遇到下列情况时，咨询师可以将来访者转介到其他机构或咨询师：不属于心理咨询解决的范畴；咨询师个人的问题。转介的目的是维护来访者的利益。②

① 钱铭怡. 心理咨询与心理治疗：重排本 [M]. 北京：北京大学出版社，2016：15.

② 夏翠翠. 大学生心理健康教育：慕课版 [M]. 北京：人民邮电出版社，2019：215-216.

扩展阅读

来访者须知

开放和坦诚很重要。在心理咨询过程中，来访者要做到开放和坦诚，愿意讲自己的问题，坦诚地表达自己的观点。

如果觉得咨询对自己没有帮助，应该怎么办？一走了之？不，应该坦诚地向咨询师表达，商讨适合自己的方式。

除了短程咨询，通常情况下心理咨询都需要一个持续过程，第一次咨询通常是了解情况和建立关系，不要在进行一次咨询之后觉得对自己没有帮助就停止，建议咨询 2~ 3 次后再作决定。

四、大学生常见的心理障碍

（一）焦虑症

焦虑症又称焦虑性神经症，是神经症这一大类疾病中最常见的一种。它以焦虑情绪体验为主要特征，分为慢性焦虑（广泛性焦虑）和急性焦虑发作（惊恐障碍）两种形式。焦虑症主要表现为无明确客观对象的紧张担心，坐立不安，还有自主神经症状，如心悸、手抖、出汗、尿频等。

焦虑是人面对压力情境下的正常情绪表现或者说是一种生物学的防御现象，因而应当将正常的焦虑情绪与病理性焦虑情绪区分开来。病理性焦虑的严重程度通常与客观事实或处境的压力明显不符，或持续时间过长，症状表现为持续焦虑担心在 6 个月以上。它主要症状表现为：

（1）身体、情绪过分紧张。在没有明显诱因的情况下，经常出现与现实情境不符的过分担心、紧张害怕，这种紧张害怕常常没有明确的对象和内容，或者担心的程度与现实的压力对象的危险性明显不匹配。感觉自己一直处于一种紧张不安、提心吊胆、恐惧、害怕、忧虑的内心体验中，从而影响了自己的正常生活和个人发展。

（2）自主神经症状。如头晕、胸闷、心慌、呼吸急促、口干、尿频、尿急、出汗、震颤等躯体方面的症状。

心理测试

广泛性焦虚障碍，是一种以持续而且显著的紧张不安，并伴随主神经功能兴奋和过分警觉为主要特征的精神障碍性疾病，其特征包括焦虑的心理症状（如恐惧感和易激惹）和躯体症体（如疲劳感和肌紧张）。该病会导致多种不良症状，严重影响患者的正常生活，必须引起重视，广泛性焦虑障碍表-7（Generalized Anxiety

Disorder Assessment，GAD-7）是一种常见的测量广泛性焦虑障碍的工具，其具体测试情况可用表 1-1 来展示。

表 1-1 **广泛性焦虑障碍量表-7（GAD-7）**

条目	症状描述	评 分
1	感觉紧张、焦虑或急躁	0=完全没有 1=有几天 2=一半以上的日子 3=几乎每天
2	不能停止或控制担忧	0=完全没有 1=有几天 2=一半以上的日子 3=几乎每天
3	对各种各样的事情担忧过多	0=完全没有 1=有几天 2=一半以上的日子 3=几乎每天
4	很难放松下来	0=完全没有 1=有几天 2=一半以上的日子 3=几乎每天
5	由于不安而无法静坐	0=完全没有 1=有几天 2=一半以上的日子 3=几乎每天
6	变得容易烦恼或急躁	0=完全没有 1=有几天 2=一半以上的日子 3=几乎每天
7	害怕将有可怕的事发生	0=完全没有 1=有几天 2=一半以上的日子 3=几乎每天

结果解释如下：

（1）总分计算：将各条目评分相加得到总分，总分范围在 0~21 分之间。

（2）焦虑程度评估：

0~4 分：无临床意义上的焦虑，即个体可能较少出现或基本上未出现焦虑症状，属于正常情绪反应。

5~9 分：可能有轻微焦虑症状，建议咨询心理医生或心理医学工作者进行下一步评估。

10~14 分：可能有中度焦虑症状，最好咨询心理医生或心理医学工作者以获取专业帮助。

15~21 分：可能有非常严重的焦虑症状，建议尽快寻求心理医生或精神科医生的帮助。

（二）抑郁症

抑郁症又称抑郁障碍，以显著而持久的心境低落为主要临床特征，是心境障碍的主要类型。临床上，患者的心境低落往往与其处境不相称。这种情绪消沉可表现为从闷闷不乐到悲痛欲绝不等，常伴有自卑和抑郁，严重者甚至可能出现悲观厌世情绪，产生自杀企图或行为，或进入木僵状态。部分病例会表现出明显的焦虑和运动性激越。在严重情况下，患者可能出现幻觉、妄想等精病性症状。每次发作持续时间至少为 2 周，长者可达数年。多数病例具有反复发作的特点，虽然大多数发作可以得到缓解，但部分患者可能残留症状或转为慢性病程。

迄今为止，抑郁症的病因并不清楚，但可以肯定的是，生物、心理与社会环境诸多因素参与了抑郁症的发病过程。生物学因素主要涉及遗传、神经生化、神经内分泌、神经再生等方面；与抑郁症关系密切的心理学易感素质是病前性格特征，如抑郁气质。成年期遭遇应激性的生活事件，也是导致出现具有临床意义的抑郁发作的重要触发条件。然而，以上这些因素并不是单独起作用的，遗传与环境或应激因素之间的交互作用，以及这种交互作用的出现时点在抑郁症发生过程中也具有重要的影响。

抑郁症可以表现为单次或反复多次的抑郁发作，以下是抑郁发作时的主要表现。

1. 心境低落

主要表现为显著而持久的情感低落，抑郁悲观。轻者闷闷不乐、无愉快感、兴趣减退，重者痛不欲生、悲观绝望、度日如年、生不如死。典型患者的抑郁心境有晨重夜轻的节律变化。在心境低落的基础上，患者会出现自我评价降低，产生无用感、无望感、无助感和无价值感等，常伴有自责自罪情绪，严重者可能出现罪恶妄想和疑病妄想，部分患者可能出现幻觉。

2. 思维迟缓

严重的抑郁症患者思维联想速度缓慢，反应迟钝，思路闭塞，自觉“脑子好像是生了锈的机器”，“像涂了一层糨糊一样”。临床表现为：主动言语减少，语速明显减慢，声音低沉，对答困难，严重者无法顺利进行交流。

3. 意志活动减退

患者意志活动呈显著持久的抑制状态。临床表现为：行为缓慢，生活被动、疏懒，不想做事，不愿和周围人接触交往，常独坐一旁，或整日卧床，闭门独居、疏远亲友、回避社交。严重时连吃、喝等生理需要和个人卫生都不顾，蓬头垢面、不修边幅，甚至发展为不语、不动、不食，称为“抑郁性木僵”，但通过仔细的精神检查，患者仍流露出痛苦等抑郁情绪。伴有焦虑的患者，有坐立不安、手指抓握、搓手顿足或踱来踱去等症状，严重的患者常伴有消极自杀的观念或行为，认为“结束自己的生命是一种解脱”“自己活在世上是多余的人”。这是抑郁症最危险的症状，应提高警惕。

4. 认知功能损害

研究认为，抑郁症患者存在认知功能损害。这主要表现为近事记忆力下降、注意力存在障碍、反应时间延长、警觉性增高、抽象思维能力差、学习困难、语言流畅性差，空间知觉、眼手协调及思维灵活性等能力减退，等等。认知功能不仅损害会导致患者社会功能障碍，而且会影响患者远期预后。

5. 躯体症状

主要有睡眠存在障碍、乏力、食欲减退、体重下降、便秘、身体不同部位出现疼痛、性欲减退、阳痿、闭经等。躯体不适的主诉可涉及各脏器，如恶心、呕吐、心慌、胸闷、出汗等，自主神经功能失调的症状也较常见；病前躯体疾病的主诉通常加重。睡眠障碍主要表现为早醒，一般比平时早醒2~3小时，醒后不能再入睡，这对抑郁发作具有特征性意义。有的患者表现为入睡困难，睡眠不深；少数患者表现为睡眠过多。

心理测试

PHQ-9是一种抑郁症自我筛查量表，包含9种抑郁症状，评分0~27分，分数越高抑郁程度越重。它有一定的准确性，但不能替代专业诊断。HQ-9 量表列出了 9 种与抑郁症相关的症状，要求被测者根据过去两周的情况，对每个症状的出现频率进行评分。这些症状包括心境低落、兴趣丧失、精力减退、睡眠问题、食欲改变、自我评价低、注意力难以集中、动作和语速减慢以及有自杀意念等（表 1-2）。

表 1-2　**PHQ-9 抑郁筛查量表**

条目	症状描述	评　分
1	有多少时候，您感到对大部分事情不感兴趣或乐趣缺失？	0＝未发生　1＝几天　2＝一半以上的日子　3＝几乎每天
2	有多少时候，您感到情绪低落、抑郁或无助？	0＝未发生　1＝几天　2＝一半以上的日子　3＝几乎每天
3	有多少时候，您感到睡眠质量不佳？	0＝未发生　1＝几天　2＝一半以上的日子　3＝几乎每天
4	有多少时候，您感到疲倦或缺乏精力？	0＝未发生　1＝几天　2＝一半以上的日子　3＝几乎每天
5	有多少时候，您感到食欲缺乏或过度进食？	0＝未发生　1＝几天　2＝一半以上的日子　3＝几乎每天
6	有多少时候，您感到自己很糟糕，或者自责？	0＝未发生　1＝几天　2＝一半以上的日子　3＝几乎每天
7	有多少时候，您感到集中力不佳，或者思维迟缓？	0＝未发生　1＝几天　2＝一半以上的日子　3＝几乎每天
8	有多少时候，您感到动作或说话速度变慢，或者坐立不安？	0＝未发生　1＝几天　2＝一半以上的日子　3＝几乎每天
9	有多少时候，您产生了自杀或者自伤的想法？	0＝未发生　1＝几天　2＝一半以上的日子　3＝几乎每天

结果解释如下：

（1）总分计算：将 9 个问题的得分相加得到总分，总分范围在 0~27 分。

（2）抑郁程度评估：

0~4 分：无抑郁症相关症状。

5~9 分：可能有轻微抑郁症。

10~14 分：可能有中度抑郁症。

15~19 分：可能有中重度抑郁症。

20~27 分：可能有重度抑郁症。

（三）强迫症

强迫症属于焦虑障碍的一种类型，是一种以强迫思维和强迫行为为主要临床表现的神经精神疾病，其特点为有意识的强迫和反强迫并存。患强迫症后，一些毫无意义，甚至违背自己意愿的想法或冲动会反复侵入患者的日常生活；患者虽体验到这些想法或冲动来源于自身并极力抵抗，但始终无法控制，二者强烈的冲突使其感到巨大的焦虑和痛苦，进而影响学习工作、人际交往甚至生活起居。

强迫症的病因复杂，尚无定论，目前认为主要与社会、个性、遗传及神经、内分泌等因素有关。许多研究表明，患者在首次发病时常遭遇过一些不良生活事件，如人际关系变得紧张、婚姻遇到考验、学习工作受挫等。强迫症患者的个性中，或多或少地存在追求完美、对自己和他人高标准严要求的倾向。

强迫症的主要症状可归纳为强迫思维和强迫行为。强迫思维又可分为强迫观念、强迫情绪和强迫意向。其内容多种多样，如反复怀疑门窗是否关紧，碰到脏的东西会不会得病，太阳为什么从东边升起西边落下。强迫行为往往是为了减轻强迫思维产生的焦虑而不得不采取的行动，患者明知是不合理的，但不得不做，比如患者有怀疑门窗是否关紧的想法，相应地就会去反复检查门窗以确保安全；害怕碰到脏东西而得病的患者就会反复洗手以保持干净。一些病程迁延的患者由于经常重复某些动作，久而久之就形成了某种程序。比如洗手时一定要从指尖开始洗，直至洗到手腕，如果顺序反了或是中间被打断了就要重新开始洗，为此常耗费大量时间，自己也痛苦不堪。

强迫症具有以下特点：

（1）属于患者自己的思维或冲动，而不是外界强加的。

（2）必须至少有一种思想或动作仍在被患者徒劳地加以抵制，即使患者已不再对其他症状加以抵制。

（3）实施动作的想法本身会令患者感到不快（单纯为缓解紧张或焦虑的，不视为真正意义上的愉快），但如果不实施就会产生极大的焦虑。

（4）想法或冲动总是令人不快地反复出现。

（四）恐惧症

恐惧症是一种以恐惧症状为主要临床表现的神经症。恐惧症患者会对某些特定的对象或处境产生强烈和不必要的恐惧情绪，而且伴有明显的焦虑及自主神经症状，并主动采取回避的方式来解除这种不安。患者明知恐惧情绪不合理、不必要，但无法控制，以致影响其正常活动。恐惧的对象可以是单一的或多种的，如动物、广场、闭室、登高或社交活动等。恐惧症以青年期与老年期发病者居多，女性更多见。

恐惧症的核心症状是恐惧性紧张，并因恐惧引起严重焦虑甚至达到惊恐的程度。因恐惧对象的不同可分为社交恐惧症、广场恐惧症、幽闭恐惧症等，发作时有焦虑和自主神经症状，因此有反复或持续的回避行为。需要注意的是，一般人对有些对象均有恐惧的情绪，如害怕猛兽、黑暗等；但普通的恐惧情绪与恐惧症应加以区分，处境是否具有危险性、症状的严重性及有无回避行为是鉴别的要点。

扩展阅读

网友求助：恐怖情绪是一种怎样的体验

网友一：我是一个23岁的女生，从初中时就有了口吃的毛病，到现在越来越严重，工作生活都受到很大影响。我还有社交恐惧，有时候脑袋一片空白，即使和别人相处，也不敢表现真实的自己，什也么不敢说、什么也不敢做，只有一个人的时候才能感到自在。我不知道这是怎么回事？说是社交恐惧，我和那些看上去很随和不强势的人相处会很轻松，可和那些自认为很强势的人相处就很恐惧！封闭太久后，出去找工作时说话总是结结巴巴，看医生吃药效果很慢。我不知道这到底是怎么回事，我很想弄清楚！我小的时候，爸爸妈妈对我没有怎么关心过，打骂倒是不少；他们对我都是负面的教育，我很少得到他们的肯定，现在我和爸妈的关系也不是很亲密。

网友二：我是一个非常怕生的人，不喜欢接触陌生人，有点抗拒朋友带不认识的人来一起玩，所以朋友圈很小，不怎么喜欢大集体。而且，我很怕众人的目光，如果对面有一群人尤其是年龄相仿的人走过来，心里就会很不安，走路都会有点不自然，更不要说上台讲话这些了。我特别怕一个人出门，感觉一个人的时候什么都做不好，也什么都不想做，“宅”在家里是最安全的。这导致我现在特别黏我的男朋友，好像整个世界围着他转了，其实我不想这样，我该怎么改善这种情况？

（五）精神分裂

1. 精神分裂的概念

精神分裂症是一种严重的心理病理形式，常伴有感知、思维、情感、行为、语言和交流等方面的障碍和精神活动的不协调，其特征包括思维和情感的分裂、突出的妄想或幻觉、显著的社会功能障碍。

精神分裂症的临床症状复杂多样，可涉及感知觉、思维、情感、意志行为及认知功能等方面，个体之间症状差异很大，即使同一患者在不同阶段或病期也可能表现出不同症状。

（1）感知觉障碍。精神分裂症可出现多种感知觉障碍，最突出的感知觉障碍是幻觉，包括幻听、幻视、幻嗅、幻味及幻触等，而以幻听最为常见。

（2）思维障碍。思维障碍是精神分裂症的核心症状，主要包括思维形式障碍和思维内容障碍。思维形式障碍主要表现为思维联想过程障碍，包括思维联想活动过程（量、速度及形式）、思维联想连贯性及逻辑性等方面的障碍。思维内容的障碍主要表现为妄想、超价观念与强迫观念，其中，妄想是最常见、最重要的思维内容障碍，如被害妄想、关系妄想、影响妄想、嫉妒妄想、夸大妄想、非血统妄想等。

（3）情感障碍。情感淡漠及情感反应不协调是精神分裂症患者最常见的情感症状，此外，不协调性兴奋、易激惹、抑郁及焦虑等情感症状也较常见。

（4）意志和行为障碍。多数患者的意志减退甚至缺乏，表现为活动减少、离群独处，行为被动，缺乏应有的积极性和主动性，对工作和学习兴趣减退，不关心前途，对将来没有明确打算；某些患者可能有一些计划和打算，但很少执行。

（5）认知功能障碍。在精神分裂症患者中，认知缺陷发生率较高，约 85% 的患者出现认知功能障碍，表现为信息处理、选择性注意、工作记忆、短时记忆，以及学习、执行功能等方面的缺陷。

2. 精神分裂的症状

精神分裂症的主要症状为感知觉障碍、思维障碍、意志减退和行为障碍等，具体表现为以下几个方面。

（1）幻觉，指没有相应的客观刺激作用于感官却出现的知觉体验。精神分裂症患者的幻觉体验既可能是生动的，也可能是模糊的，但患者多信以为真，在其支配下做出不合常理的举动，如在幻听的影响下会辱骂他人，甚至做出伤害他人的举动。幻觉有幻视、幻听、幻嗅、幻触等形式，其中前两种较常见。幻视是指患者常常看到并不存在的人或物，如上帝、外星人等。幻听大多是命令性的、争论性的、评价性的，最常见的幻听内容是有人嘲讽或议论他的思想或行为。例如，一位中年女性出去买东西，刚一出门就听到有个声音说："长舌妇又出门了。"她听后十分气愤，扭头就回家，谁知又听到有声音说："假装什么呀。"

（2）妄想，指尽管有明显的证据表明某种想法是错误的，但患者仍坚持其非理性的信念。常见的妄想有被害妄想和关系妄想。例如，患者总认为和他有矛盾的人会监视他、伤害他等，且认为别人的一举一动、一颦一笑都和他有关。

（3）联想障碍（如联想松弛）、逻辑障碍（如逻辑倒错）患者会出现语言不连贯，上下句之间缺乏内在的意义联系；还会自编词汇，出现"词语杂糅""音联韵联"，即连着说西瓜、黄瓜、傻瓜等症状。

（4）情感淡漠或不协调，表现为没有可察觉的情绪表达，对家人和朋友的关心反应冷淡、迟钝；情感反应与当时的情境不适宜，甚至出现情感倒错的情形，对痛苦的事情表现为开心等。

（5）意志活动减少，生活懒散，不讲个人卫生，行为紊乱，出现木僵（可以几个月不吃、不说、不动等），严重时出现蜡样屈曲（患者就像一个蜡做的人体模型，任人摆成各种姿势，且保持不变）、行为怪异（如踮脚尖走路、吃粪便）、作态（像小孩一样说话）等。

在精神分裂症的活跃期，患者表现为有幻觉、妄想、思维不连贯、行为紊乱，而在其他时间表现为情感迟钝、意志减退、情趣减低或社交缺乏。精神分裂症多为慢性症状，即使最严重的病人也不总是处于活跃期。

3. 精神分裂的临床分类

（1）青春型又称混乱型。患者的行为缺乏一致性且非常混乱，思维不连贯且怪诞，表情呆板、漠然，说的话全是不完整的句子，社交退缩，人格几乎完全解体。

（2）紧张型。该型以动作活动的紊乱为主要特征。患者有时会神情恍惚，处于一种木僵的状态，即保持一种奇怪的姿势很长时间不变，对外界的任何刺激都没有反应，严重者表现出蜡样屈曲的症状。患者偶尔也会从木僵状态转成暴发状态，并出现暴力行为；有时则会极端执拗，对所有命令都原因不明地做出抵抗行为。

（3）偏执型。该型是最常见的精神分裂症，发病晚于其他类型的精神分裂症。主要症状有：夸大妄想，即声称自己是百万富翁、万能的上帝、像爱因斯坦那样的伟人；受迫害妄想，总觉得有人要谋害自己；嫉妒妄想，无理由地怀疑伴侣对自己不忠。与其他妄想型障碍不同的是，偏执型精神分裂症患者还会出现幻觉，且其妄想内容非常离奇。

（4）单纯型。该型早期多表现为类似于神经衰弱的症状，如易疲劳、活动兴趣降低、嗜睡、学习效率低下等。患者社交活动减少，对生活感到无意义，懒散、幻觉、妄想等表现不明显。发病初期常不被重视，被误认为“意志消沉，不求上进，有思想问题”等，故疗效差。

（5）未定型。精神分裂症是现实中存在的疑难病症，病人的实际情况会很复杂，有些患者症状表现为妄想、幻觉、思维不连贯、行为混乱中的一项还是多项往往很难描述清楚，这类患者被归为未定型精神分裂症患者。

4. 精神分裂的治疗

药物治疗是其治疗的基础，没有药物治疗，其他治疗就难以奏效。常见的药物有氯丙嗪、奋乃静、舒必利、氯氮平等。入院时配以心理治疗，告诉病人这是医院不是监狱，同时运用支持性心理治疗和整合心理治疗。还可将阳性强化、代币治疗等行为疗法用于慢性精神分裂症患者。同时，也可采用社会技能训练，如用药自我管理、休闲娱乐活动、基本会话、整洁和自理生活等来帮助治疗。①

五、如何面对自身的“心理问题”

随着心理健康教育的普及，人们对心理健康的认识已逐渐加深，但一些大学生在对待他人的态度上比对待自己显得更为理性，一旦涉及自己则表现得优柔寡断，难以启齿，常常不知所措。要改善这一心态，建议作如下调整：

（1）坦然面对。心理健康也跟身体健康一样，在人的一生中难免会出现这样或那样的问题，出现心理困惑只是成长中的正常状态。没有问题哪有成长可言，因而不必大惊小怪、怨天尤人。

（2）不要急于“诊断”。心理问题本身多种多样，成因往往也很复杂，切忌盲目地从一些书籍上断章取义，或者道听途说，急于“对号入座”，认定自己患了什么病。弄清问题当然是必要的，但大学生的问题还是发展性的居多，很多是“成长中的烦恼”，实在不必自己吓自己。

---

① 王祥君．大学生心理卫生与发展（第2版）［M］．重庆：重庆大学出版社，2023：186-202.

（3）转移注意力 。心理问题往往有这么一个特点，就是你越注意它，似乎它就越严重。所以，不要老盯着自己所谓的问题，而应把注意力转移到学习、生活、工作的方方面面。研究表明，发现自己感兴趣的事情并全力投入是很有利于心理健康的。

（4）调整生活规律。很多时候，只要将自己已经习惯了的生活规律稍加调整，就会使自己整个的精神面貌带来焕然一新，所谓的心理问题也会随之轻松化解。

（5）不要讳忌心理咨询。对于严重的、难以排解的心理问题，应主动寻求专家咨询及心理卫生机构的帮助。

思考题

1. 如何在学习、生活中保持心理健康？
2. 根据本章内容，观察你自己的心理行为特点。
3. 在学习本门课程之前，你是如何认识心理学的？

第二章　大学生自我意识

自我意识是我们对自身存在的认知和理解，它是我们作为有意识的个体体验世界的核心。

——卡尔·罗杰斯

第一节　你认识自己吗

导入

在大学生自我意识的探索中，了解自己是第一步。我们只有深入了解自己的内心和特点，才能更好地与他人进行交流，追求个人成长和梦想的实现。但“人贵有自知之明”，这说明一个人认识自己并非易事。认识自己的过程艰难而曲折，并且贯穿人的一生。

我是谁？我是否有价值？我为什么要生活？我努力奋斗为的是什么？我的人生目的是什么？

一、自我意识及其内涵

依据系统论的整体观点，意识是人类心理机能的整体活动状态。人类意识是各系统活动的产物，包括认知、情感、意志三大方面，其中，自我意识是意识结构中最有特色的组成部分。①

（一）自我意识的定义

自我意识是指个体对自己的主体性以及对自身存在和行为状态的认知和理解，具体包括认识自己的生理状况（如身高、体重、体态等）、心理特征（如兴趣、能力、气质、性格等），以及自己与他人的关系（如与自己周围的人相处的关系，自己在集体中的位置和作用等）。

（二）自我意识的内容

从自我意识的定义来看，自我意识包含三个方面的内容：生理自我、心理自我和社会自我。

1. 对生理自我的认识和评价

对生理自我的认识和评价是指个体对自身生理特征、身体感知和身体功能的认知和评价，其中包括身体外貌、健康状况、体能能力等方面。个体对自己的身材、外貌、身高、体重、健康状况等方面的评价可能是积极的，对自己的体型感到满意和自豪；也可能是消极的，对自己的体型感到不满意或自卑。这些认知和评价在一定程度上可以影响个体的自尊心、自信心和自尊感。积极的生理自我评价有助于个体保持身心健康和积极

① 夏翠翠．大学生心理健康教育：慕课版［M］．北京：人民邮电出版社，2019：31.

的心态，而消极的生理自我评价则可能导致自尊心低下、焦虑等心理问题。

2. 对心理自我的认识和评价

对心理自我的认识和评价是指个体对自己的心理特点、情绪状态、个性特征和内心体验的认知和主观评价。个体通过反思和内省，观察自己的思考过程、情绪反应和行为表现，形成对自己心理特点的认知，这种认知可以包括对自己性格特质、情绪倾向、价值观和个人信念等方面的了解。积极的心理自我评价有助于个体培养自我接纳、积极向上的心态以利于心理成长，而消极的心理自我评价可能造成自卑、抑郁等心理问题。

3. 对社会自我的认识和评价

对社会自我的认识和评价是指个体对自己在社会中的地位、角色、关系和与他人的互动的认知和主观评价。个体的社会自我认知和评价对于其自尊心、自信心和社会适应能力具有重要影响。积极的社会自我评价有助于个体在社会中培养良好的自我认同感和自信心，能够积极投身于社会活动和人际关系；然而，消极的社会自我评价可能导致自卑、社交焦虑等问题。

课堂提问

回答20次“我是谁”，要求不能重复，结合马克思的“人是一切社会关系的总和”这句话，分享自己回答问题之后的感受。

二、自我意识的结构

自我意识是指作为主体的“我”对自己以及自己与周围事物之间的关系的认识。人需要把“我”与“非我”区别开来，才能觉察到自己内心的想法、体验和感受，才能认识到自己与他人以及自己与周围客观事物之间的关系，逐步积累关于自己的知识。这种关于自己的全部知识，如对自己内心活动的觉察及调控，对自己行为的认知，对自己整体的评价，就构成了自我意识。①

自我意识的结构涉及个体对自己的内在特征、身份、行为和关系等方面认知和理解的组织和连接方式。尽管自我意识的结构有不同的理论和模型，但一般可以概括为以下几个基本组成部分：

（一）自我认知

自我认知是个体对自己的认知和理解，包括对自身身份、特征、能力、价值观等方面的了解。同时，自我认识是自我意识的核心组成部分，包括对自己外在特征（如性别、年龄、外貌）和内在特征（如个性、能力、价值观）的认知，个体通过反思和自我观察来形成和更新自我认识。

① 王祥君．大学生心理卫生与发展［M］．重庆：重庆大学出版社，2019：20.

扩展阅读

斯芬克斯之谜

在传说中，古希腊的奥林匹斯山居住着诸神，包括主神宙斯以及他所统率的众神。凡人是难以涉足神界的，而神的箴言——人，认识你自己——应该让人知晓。于是，传说中的一个奇特的生物——狮身人面的斯芬克斯，作为神的使者，带着神对人类的忠告，从奥林匹斯山来到忒拜城堡，驻扎在城堡通向城外的唯一道路上。她把那句神的箴言化作一个谜语——什么东西早晨用四条腿走路，中午用两条腿走路，晚上用三条腿走路？每个路过的人都必须面对她猜一猜这个谜语，如果猜不到，就会被她毫不留情地吃掉。当时忒拜城堡中没有一个人知道谜底，整个城邦都陷入恐慌。有一天，一个叫俄狄浦斯的青年路过这里，解答出了斯芬克斯的谜语——那就是人本身。新生的婴儿不会走路，只能在地上爬，是用“四条腿”走路的；长大了能够直立行走了，是用“两条腿”走路的；但是到了老年，就需要借助拐杖了，是用“三条腿”走路的；而人一生中从婴儿到成年到晚年，正相当于一天中的早晨、中午和晚上。俄狄浦斯解答了斯芬克斯之谜，解救了城堡中的人，斯芬克斯也完成了自己的使命，即告诫人类要对自己或自身进行认识——作为人，你必须认识你自己。

（二）自我体验

自我体验是指个体对自身思维、情感、感觉和意识体验的感知和理解。它包括个体对自己内心世界、情绪状态、情感体验以及自身行为和思考过程的体验和理解。自我体验反映个体对自己内在世界的觉察和理解，形成个体对自己的情感反应、自我评价和行为的认知。

（三）自我调节

自我调控是指个体对自身行为、情绪和思维的监控和控制。个体通过自我调控来管理自己的行为、情绪和认知，以适应不同情境和实现自身目标。自我调控涉及个体的意志力、注意力、情绪调节等能力，以及对自我目标、价值观和社会规范的处理和整合。

自我认知、自我体验、自我调控相互关联和相互支持，形成了自我意识的结构。个体的自我认识提供了对自己的认知框架，自我体验反映了个体对自身的感知和体验，而自我调控帮助个体管理和控制自己的行为和情绪。这些方面共同构成了个体对自身的整体认知和理解，对于个体的意识形态、情感状态和行为表现具有重要的影响。

需要注意的是，个体的自我意识结构是动态的、变化的，并受到多种因素的影响，包括社会化过程、文化背景、人际互动和个人经历等。研究表明，积极的自我认知、自我体验和自我调控有助于个体的自我发展和心理健康。

扩展阅读

自我妨碍

自我妨碍是指当自己担心没有能力完成某项任务时，就会故意采取一些破坏行为，以尽力维护自尊的一种自我防御策略。

如果你担心自己不能通过某个重要的考试，你可能会主动约朋友聚会而不是珍惜考前的宝贵时间去努力准备。这样，如果你没有取得成功，你可以将失败解释为"因为我参加了聚会，我不太关注"。即使自我妨碍保护了你的自尊也只是暂时的，它会令你缺乏一种自我认知，即对自己是否具备真正能取得成功的能力的认知。你没有为明天的考试而抓紧时间学习，却在图书馆睡着了或者去逛商场了，如果在考试中没有得到好成绩，你只是解释为："唉，我真的没有努力。"

你有采取自我妨碍的类似情况吗？

三、自我意识的特征

自我意识在个体发展中具有十分重要的作用，是认识外界客观事物的条件，是个体自觉性的前提，也影响着人的道德判断和个性的形成。自我意识具有意识性、社会性、能动性、同一性等特点。

（一）意识性

意识性是一种具有主观意识的状态，在个体的思维、情感和行为中起着指导和调控的作用。它包括对自身存在、身份、特点、行为和内心体验的认识和觉察，同时也使个体能够意识到自己在环境中的位置和与他人的关系，从而促使其对自身的思考和行为进行反思和评估。

（二）社会性

社会性是在社会交往和互动中形成和发展的。个体通过与他人的交流、社会比较和社会规范的接受，形成对自己在不同社会环境中的角色、身份和群体归属的认知，使个体能够构建自我与他人的社会关系和互动，参与社会生活，并在社会中获得认同和价值感。

（三）能动性

自我意识具有能动性，即个体能够主动地参与和管理自己的思维、情感和行为。个体通过自我观察、自我反省和自我调控等手段，对自己的行为和经验进行监控、调整和控制。自我意识使个体具备主动性和主体性，能够在一定程度上塑造和改变自己的认知和行为模式。

（四）同一性

自我意识涉及个体对自己的身份、特点和价值的认知和评价。个体通过自我认同的形成，明确自己在社会中的定位和所属群体的身份认同。自我意识使个体在多个领域（如性别、职业、文化背景等）中形成持久且相对稳定的自我认同，帮助个体理解自己的角色和目标，并与他人建立起相应的关系。

这些特征共同构成了自我意识的多维度特性，它们能帮助个体在认知、情感和行为中建立对自己的认知和评价。自我意识是个体认知和人类意识的核心组成部分，对于个体的自我发展、社会适应和心理健康具有重要作用。

第二节　自我意识的形成与发展

导入

从个体发展的角度来看，大学阶段正是个体逐渐走向成熟、走向独立的重要阶段，是大学生走向社会的适应阶段。随着生理的成熟与知识技能的进一步提高，大学生的自我意识是如何发展的？有哪些特点？

小马，男，19 岁，大一学生，小学时为人老实，唯父母和老师的意见是从。上初中后，妈妈还是像过去一样没完没了地唠叨，一件小事，总是千叮咛万嘱咐，小马一听就烦。于是他一反常态，开始和家长唱反调。进入大学后小马更是不相信他人，我行我素，凡是学校和班级要求的，他就反对，凡是学校和班级反对的，他偏要去做。

请分析小马的自我意识。

一、自我意识的产生与发展

（一）自我意识产生与发展的三个阶段

自我意识的产生与发展经历了三个阶段：生理自我、社会自我、心理自我。①

1. 第一阶段：生理的自我意识阶段——自我中心期

人出生时，并不能区分自己和非自己的东西，处于在主客体未分化的状态；七八个

① 林崇德．发展心理学［M］．北京：人民教育出版社，2018：215-217.

月的婴儿开始出现自我意识的萌芽，即能意识到自己的身体，听到自己的名字会明确作出反应；2 岁左右的儿童，开始掌握第一人称代词“我”的使用，这在自我意识的形成过程中是一个飞跃；3 岁左右的儿童，开始出现羞耻感、占有欲，凡事要求“我自己来”（要求自主性），其自我意识有了新的发展。但处于这一时期的幼儿的行为是一种以自我为中心的行为，他们以自己的身体为中心，从自己的想法和情感出发去认识外部世界并把自己的情感投射于其中。因此，这一时期的自我意识被认为是生理自我时期，也有人称之为自我中心期，它是自我意识最原始的形态。

2. 第二阶段：社会的自我意识阶段——以社会要求、他人要求为标准

从 3 岁到青春期（3~14 岁）这段时期，是个体接受社会教化影响最深的时期，也是角色学习的重要时期。人们在幼儿园、小学、中学接受正规教育，通过在游戏、学习、劳动等活动中的不断练习、模仿和认同，逐渐习得社会规范，形成各种角色观念，如性别角色、家庭角色、同伴角色、学校中的角色等，并能有意识地调节控制自己的行动，道德心理开始发展。虽然青春期的青少年开始积极关注自己的内部世界，但他们主要是根据别人的观点去评价事物、认识他人，对自己的认识也屈从于权威或同伴的评价。因此，这一时期个体自我意识的发展被称为社会自我发展阶段，也称为客观化时期。在此阶段，自我意识服从于社会和他人，即“用别人的观点评价事物，认识他人，对自己的认识也屈从于权威或同伴的评价”。

3. 第三阶段：心理的自我意识阶段——主体我对客体我进行考察认识，独立意向增强

从青春发育期到青年后期，是自我意识发展的关键期。其间，自我意识经过分化、矛盾、统一而趋于成熟。此时，个体开始清晰地意识到自己的内心世界，关注自己的内在体验，喜欢用自己的眼光和观点去认识和评价外部世界，开始有明确的价值探索和追求，强烈要求独立，产生了自我塑造、自我教育的紧迫感和实现自我目标的驱动力。这一时期既被称为心理自我发展时期，也被称为自我意识主观化时期。青年的世界观、人生观、价值观的形成是心理自我成熟的标志。

（二）青少年自我意识发展

青少年自我意识发展，经历着一个特别明显的、典型的分化、矛盾和统一的过程。

1. 分化

进入青春期以后，个体的视线由外向内转移，开始关注自己的内心世界和内心体验，于是个体自我分裂为两部分：主体自我和客体自我。主体自我处于自我意识的主体地位，起着观察者、评价者和调节者的作用；客体自我处于自我意识的客体地位，充当被观察、被评价和被调节的角色。经过分化，个体开始认识和改造自己的主观世界，进入心理自我的发展时期，也可以说进入自我意识发展的主观化时期。

2. 矛盾

自我意识的分化，引起了自我意识内部的矛盾，使青少年开始感受到儿童时期从未体会到的种种内心冲突和思想斗争。自我意识的矛盾最突出地表现在理想自我与现实自

我的矛盾。理想自我往往与主体自我相联系，反映了个体希望成为什么样的人，体现了一定社会要求和道德准则的内化情况；现实自我则往往与客体自我相联系，反映了个体实际上是怎样的人，体现了个体各方面的实际发展情况。自我意识的矛盾就是当主体自我去考察、认识和评价客体自我时，常常会发现现实自我不能符合理想自我，于是出现了心理不平衡，即自我的分裂。为此，他们常常感到内心困惑、苦闷和烦恼，甚至迷茫不解。能否解决好这个问题，对青少年的心理发展将会产生重大影响。

3. 统一

经过一段时间的矛盾与冲突，个体的自我便在新的水平上实现了协调与一致，即自我统一。但怎样统一、统一的性质如何，则是个体自我意识发展的关键。

二、大学生自我意识发展的特点

当代大学生自我意识明显在“主观的我和客观的我”“理想的我与现实的我”方面出现了分化。这就使得大学生会主动、迅速地关注自己的内心世界和行为，由此而来的种种激动、不安、焦虑和喜悦也随之增加，自我沉思则增多，要求有属于自己的一片空间，渴望被理解、被关怀。大学生自我意识发展有以下四个特点：

（一）自我认识的矛盾性

由于自我意识的分化，加剧了“理想自我”和“现实自我”之间的矛盾冲突，大学生开始对现实自我不满，产生了“我是什么样的人”和“我希望是什么样的人”等类似的困扰。同时，还产生了独立性与依附性、社交性与封闭性、自尊感与自卑感等的矛盾。这些矛盾一方面使大学生产生不安和焦虑，另一方面也促使大学生积极思考，使自我意识逐渐统一。

（二）自我体验的情绪化

自我体验的情绪化是个体对于客观事物符合自己的需求而产生的心理体验。大学生的情绪常常表现出短暂、易变等特点，他们的自我评价常常发生矛盾，对自我的态度常常是波动的。他们在情绪好的时候自我认同度高，对自己充满信心；情绪低落遇到挫折时自我认同感骤然下降，自我判断失准，认为自己什么都不会。另外，他们的情绪容易走极端，考虑问题时容易受到各种社会思潮与其他外部环境的影响。

（三）自我调节的中心化

大学生的自我意识较强，容易从个人角度和标准出发去认识、评价事物和他人，并据此采取行动。随着自我意识的发展、能力的提升、活动范围的扩大、思维水平的提高以及知识经验的积累，他们逐渐形成了对社会和人生的独特观念体系。然而，由于社会经验不足，他们对社会现象的认识往往存在偏差，评价事物时容易局限于单一视角，难以从他人立场或多角度分析问题，也不善于理解长辈（如父母、教师）的观点。加之其情绪体验较为深刻且容易极端化，这些因素共同强化了他们的自我中心倾向。

（四）自我意识发展的阶段性

大学生自我意识发展非常迅速，已经开始探索自我，建立自我同一性。在这个过程中并非所有人都一帆风顺，很多人会经历“怀疑自己—找不到方向—迷茫”的阶段。然而，他们一旦能够从迷茫中重新找回自己，便会重建一个新的自我。根据现有的研究，这个阶段大致如下：大一是自我意识分化的时期；大二、大三是内心矛盾冲突最尖锐、思想斗争最激烈的时期；大三、大四是自我意识趋于稳定和统一的时期。

扩展阅读

自我同一性

自我同一性，即青少年同一性的人格化，是指将青少年的需要、情感、能力、目标、价值观等特质整合为统一的人格框架，即：具有自我一致的情感与态度、自我贯通的需要和能力、自我恒定的目标和信仰。自我同一性最早是由美国精神分析学家埃里克森在人格发展八阶段的理论中提出来的。

自我同一性本义是证明身份，指个体尝试把与自己有关的各方面结合起来，形成一个自己决定协调一致不同于他人的独具一格的自我。简单理解，就是把自己“众多的人格”统一起来，形成一个比较稳定的人格；具体是指个体在寻求自我的发展中，对自我的确认和对有关自我发展的一些重大问题，诸如理想、职业、价值观、人生观等的思考和选择。在这一过程中，必然涉及个体的过去、现在和将来这一发展的时间维度。自我同一性的确立，就意味着对个体和自身有充分的了解，能够将自我的过去、现在和将来，组合成一个有机的整体，确立自己的理想与价值观念，并对未来自我的发展作出自己的思考。① 如果无法将众多人格统一起来，那么就会出现自我同一性混乱。

案例

小张，24 岁，有许多爱好，大四时通过了会计师资格考试，是同届男生中取得会计师资格证最年轻的一位，因此受到了周围很多人的关注。他提前进入了当地相当著名的会计师事务所，在毕业之前就开始了实习工作。在最后一个学期还要继续上学的同学们都很羡慕他，但是小张本人对会计工作一点兴趣都没有，他从来就没有做会计师的打算。小张是在还不知道自己喜欢什么、该做什么工作的状态下被朋友们拉去准备会计师资格考试的，意想不到的是他通过了考试，并且突然就开始了社会生活。不久前，小张递上了辞呈并开始旅行。

① 张雅伦，周兰芳．大学生心理健康［M］．北京：北京理工大学出版社，2019：56.

分析：小张就是在不明确自我同一性的状态下经历社会环境变化的情况。在这种变化的社会环境和自我观念的相互作用中，我们会不断地针对存在感、同一性等事项向自己提问。最终小张所直接面对的社会变化要求他重新整理个人观念，明确自我同一性。虽然我们还不知道他是否通过旅行找到了自己，但是他这种积极探索自己的态度，想要在确信之后再来建构社会生活的想法值得我们为他鼓掌。

换句话说，自我观念越清晰，就越能正确地理解与自己不同的其他人的感情和想法，作为独立的个体就越能够尊重其他人并接受他们的意见。只有把对社会性存在的“我”的理解作为基础，社会性的相互作用才能顺利进行。因此，大学生应加强自我认识，认识到当前的主要任务就是学习，大学的学习机会是非常宝贵的；同时，还应积极参加各种有益的校园活动使自身心态趋于平和，更加努力地学习，逐渐使自己成熟起来。

心理测试

自我同一性测验

此问卷主要用于评估“自我同一性 VS 角色混乱”。问卷可以让你了解你在同龄人中所处的位置，初步了解自我同一性的状况。以下呈现的问题，如果哪一种适合你自身的实际情况，请在对应的括号里画上“✓”。

	没有	偶然	一般	经常
1. 我常常思考我是一个什么样的人。	（ ）	（ ）	（ ）	（ ）
2. 人们似乎改变了对我的看法。	（ ）	（ ）	（ ）	（ ）
3. 我对人生中应当做什么相当确定。	（ ）	（ ）	（ ）	（ ）
4. 对某些东西在道德上是否正确，我感到不能确定。	（ ）	（ ）	（ ）	（ ）
5. 对我是一个什么样的人，大多数人的看法是一致的。	（ ）	（ ）	（ ）	（ ）
6. 我感到我的生活道路适合于我。	（ ）	（ ）	（ ）	（ ）
7. 我的价值被其他人认同。	（ ）	（ ）	（ ）	（ ）
8. 当远离那些非常熟悉我的人群时，我感到非常轻松。	（ ）	（ ）	（ ）	（ ）
9. 我感到生活中做的许多事情不那么有价值。	（ ）	（ ）	（ ）	（ ）
10. 我感到我在自己生活的社区里很融洽。	（ ）	（ ）	（ ）	（ ）
11. 我很骄傲自己成为这种类型的人。	（ ）	（ ）	（ ）	（ ）
12. 别人看我和我看自己的方式不太一样。	（ ）	（ ）	（ ）	（ ）

13. 我感到被别人忽视。　　( )( )( )( )

14. 人们似乎不赞同我的观点。　　( )( )( )( )

15. 我改变了向生活索取的观点。　　( )( )( )( )

16. 我不确定别人是如何看待我的。　　( )( )( )( )

17. 我对自己的看法改变了。　　( )( )( )( )

18. 我感到我正在付诸行动，或努力使一些事情生效。　　( )( )( )( )

19. 我为成为我所生活的社会中的一员而感到骄傲。　　( )( )( )( )

【结果统计与解释】

题3、5、6、7、10、11和19，没有得1分，偶然得2分，一般得3分，经常得4分。题1、2、4、8、9、12、13、14、15、16、17和18，没有得4分，偶然得3分，一般得2分，经常得1分。

每项得分加起来得到总分。我们提供了一个平均分为59、标准差为6的常模参数，可以帮助你了解你的自我同一性以及在同学们中的大致水平。

得分≤47，与你同水平的概率为2%。

得分48~53，与你同水平的概率为14%。

得分54~58，与你同水平的概率为34%。

得分59~64，与你同水平的概率为34%。

得分65~71，与你同水平的概率为14%。

得分≥72，与你同水平的概率为2%。

第三节　大学生自我意识常见偏差

导入

个人对自我的认知决定着其人格的发展和健康心理的发展。一个具有积极统一的自我意识的大学生，对现实自我和理想自我的认知比较清晰和客观，形成了较好的自我同一性，这样的大学生往往目标具体、心情舒畅、积极进取。相反，一个具有消极统一的自我意识的大学生，对自己的评估或高或低，理想自我与现实自我之间的差距过大。这样的大学生往往容易悲观失望，难有作为。

一、大学生自我意识偏差的表现

作为高素质、高层次群体，大学生在社会变迁中不可避免地面临适应与发展的挑战。个体常常经历“理想我”与“现实我”之间的冲突，若两者无法实现积极统一，便可能导致自我意识的偏差。

（一）缺乏客观的自我评价

由于年轻和经验不足，大学生往往难以客观地评估自己。他们可能对自己抱有过高或过低的期望。过高的期望可能导致他们追求完美，对自己的不足过于苛责；而过低的期望则可能使他们缺乏自信，不敢迎接挑战。因此，大学生需要学会客观地看待自己的能力和表现，既要认识到自己的优点和潜力，也要正视不足，并积极改进。

（二）缺乏正确的自我体验

大学生在从高中到大学的转变中，面临着新的环境和挑战，需要重新认识自己。然而，有些同学可能对自己的兴趣、价值观和人生目标缺乏清晰的认识，导致在选择专业、参与社团活动或处理人际关系时感到困惑。正确的自我体验需要他们积极参与各种活动，拓宽视野，不断尝试和探索自己的兴趣爱好，从而更好地了解自己的特点和优势。

（三）缺乏持久的自我控制

相较于中小学生，大学生拥有更大的自由和选择权，需要自觉地管理自己的行为。然而，由于情绪不稳定、意志力薄弱等因素，有些大学生容易陷入放纵和冲动的状态，进而导致他们的行为和决策不够理性和稳定。持久的自我控制需要大学生培养健康的生活习惯，提升时间管理能力，增强自我约束力，避免冲动行为的发生，并在重要决策中能够理智思考和权衡利弊。

综上所述，缺乏客观的自我评价、缺乏正确的自我体验以及缺乏持久的自我控制是大学生自我意识偏差的一些表现。大学生应该注意完善自我评价方式，积极进行体验和探索，同时培养自我控制能力，以更好地认识自己和发展自己。

二、自我意识发展中的偏差

（一）自我概念偏差——自我中心

适度的自我关注、自我分析有利于正确、客观地认识自己，有利于正确地意识到自己所采取的行为和做法，从而能够准确、及时、适当地调整自己不当的行为，克服自己的不足。但也有大学生对自己过于关注，一切以自我为中心，不考虑他人的感受，也不考虑对方的立场。遇事只从自己的角度考虑，凡事都认为自己是正确的，由此筑起一堵墙，与同学相互对立。在一个提倡合作的社会里，如果人人都想利己，那最终受损的仍是自己。

（二）消极的自我——自卑

自卑是自我评价偏低、自愧无能而丧失自信，并伴有自怨自艾、悲观失望等情绪体验的消极心理倾向。主要表现为不自主地过分夸大自己的缺陷，甚至毫无根据地臆造许多弱点；喜欢拿自己的短处跟别人的长处相比，不能冷静地分析自己所受的挫折，总把这些挫折和失败归因于自己的无能；不能客观看待别人对自己的评价，认为自己一无是处，对那些稍微作点努力就能完成的任务也轻易放弃。这种影响在性格内向者身上表现得尤为明显。自卑源于不合理的认知，产生自卑的原因有很多。① 例如，身体或生理上的原因，觉得自己身材矮小、外貌不佳而自卑；家庭经济等原因，觉得自己家庭条件相对较差而自卑；能力等原因，觉得自己技不如人而自卑；经历挫折等原因，觉得自己在学习上屡屡经历失败而自卑。从表面上看，自卑似乎都有客观原因，但实质上造成自卑的主要原因是主观方面的因素，即个体没有正确地认识这些问题，对自己缺乏正确的认识和评价。

（三）扭曲的自尊——虚荣

虚荣是一种扭曲的自尊心，是指个体过分追求外在表现、社会地位或他人对自己的认可和赞赏，以此来维持自己的自尊感和自我价值感。

虚荣通常源于个体对自己价值的片面认知和倚重，将自尊感过度依赖于外界的认可和赞赏。首先，个体可能会对自己的外貌、财富、社会地位等进行夸大或夸张，期望通过这种表面的光鲜来获取自尊感。其次，虚荣也可能导致个体不断追求外部的物质或社会条件，以增强自己的价值感和自尊心。虚荣也会对个体产生一些负面影响。首先，个体可能会过于关注他人对自己的评价和赞赏，在他人的眼光中寻求自我肯定，这种过度依赖外部的认可容易使个体的自尊感受波动不定，对他人意见的敏感会使其易受外界的影响而失去自我价值感。其次，虚荣可能导致个体追求表面的虚荣成就和物质财富，忽视了内在的价值和精神层面的提升，这可能会使个体在心灵层面感到空虚和不满足。

（四）退缩的自立——从众

从众是指个体在群体中，为了追求认同感、避免孤立或者寻求安全感而倾向于与大多数人持相似或一致的观点、态度和行为，这些观点和行为的产生，不是依据自己的判断和价值观。

个体的从众行为往往源于人们对他人的赞许或者担心被排斥的恐惧。个体常常希望得到他人的接受或认可，因此会选择与大多数人保持一致，以避免风险和压力。从众行

① 黎君．应对“空心病”，培养大学生积极的自我意识［J］．大学教育，2021（8）：103-105.

为对个体和社会都有一定的影响。首先，个体在追求认同感的过程中可能放弃了独立思考和判断的能力。他们可能会失去对自己真实需求和价值观的认识，导致自我意识的偏差。其次，从众行为可能导致群体中的意见和决策出现集体盲点和错误，缺乏创新和变革的力量。要应对从众行为，个体需要培养独立思考和判断能力，并建立自己的价值观和目标。个体应该学会审视和质疑社会准则，勇于表达自己独特的观点，同时尊重他人的不同意见。此外，建立适当的信息获取和思考机制，培养决策能力和批判性思维，可以帮助个体摆脱盲从和从众的偏见。

（五）消极的自信——自负

自负是个体自以为是、自命不凡的一种情感体验和情绪表现。随着时代的变迁，自信已成为当今青少年较为普遍的优秀品质，他们能独立思考，对自己的未来踌躇满志。但有些同学过度自信，这就变成了自负。自负常常产生于“现实我”与“理想我”的矛盾中，一般来讲，“现实我”与“理想我”总是不一致的，两者之间总有着距离，如何看待这两者的距离直接关系着自我体验。当对缩短两者距离充满信心时，表明个体正处于积极体验，即认为自己可以努力提高“现实我”。但有些学生过度自信，过高评价自己，在生活与学习中，处处显示自己的优越感，希望超过别人，这种自我膨胀、过度的自信即“自负”。自负的人往往目空一切，过分相信自己的能力，听不进师长的教诲，听不进同龄人的意见，一意孤行，骄傲自大。由于缺乏自知之明，自负的人容易失败，也容易受伤害。

扩展阅读

阿德勒的《自卑与超越》

> 阿德勒，奥地利心理学家，对躯体和心理的自卑进行了研究，坚持自卑感是人的行为的原始决定力量或向上意志的基本动力。一方面，他认为人生本来并不是完整无缺的，有缺陷（包括身体缺陷）就会产生自卑感，而自卑感能摧毁一个人，使人自暴自弃或发生精神疾病；另一方面，自卑感能够使人发奋图强，振作精神迎头赶上，如此解决原始缺陷和追求优越之间的矛盾。生活的意义在于，接纳并分享他人的活动，善于合作，甘于奉献，恰当使用“追求卓越”的心理动力以补偿与生俱来的自卑感。下面摘述的阿德勒《自卑与超越》一书中的一段话，形象地说明了自卑的不同表达方式。

自卑感以千万种方式表达自身。也许我们可以用三个孩子第一次被带进动物园的故事来说明。当他们站在狮子笼前面时，其中一人畏缩在他妈妈后面，颤抖地说道：“我想回家。”第二个孩子站在那儿，脸色苍白，瑟瑟发抖地说：“我一点也不怕。”第三个孩子狠狠地盯着狮子，问他妈妈："我可以向他吐唾沫吗?"这三个孩子确实感到了自卑，但每个人都以与其生活风格一致的方式表达他的感觉。

三、自我意识产生偏差的成因分析

（一）社会比较

大学生常常面临与同龄人的比较和竞争，这种社会比较容易导致自我意识出现偏差。他们可能会过于关注他人的成就和优势，从而低估自己的价值和能力。与其他同学的比较可能导致自我怀疑而产生，或者过高估计自己的地位和能力。

（二）家庭和社会环境的影响

家庭环境中的过度溺爱或过度要求，以及社会上的标准和期望，都可能导致大学生对自己产生过高或过低的评价。一些大学生可能受到过度保护，缺乏自主性和自信心；而另一些可能受到过度批评或期望，导致自尊感受到压力和负担。

（三）成功经验和失败经验

成功经验可能增强他们的自信心和自我认同，而失败经验可能导致他们产生自卑感和自我怀疑。特别是在面对挫折和困难时，一些大学生可能将失败看作对自己能力的否定，从而产生自我意识的偏差。

（四）社交媒体的影响

社交媒体在大学生中普遍存在，并对他们的自我意识产生影响。社交媒体上的滤镜化和精心编辑的生活展示可能给大学生制造了一种虚假的印象，使他们对自己的生活和外貌产生不实的评价。同时，社交媒体上的比较和追求赞扬也可能导致大学生对自己的价值感到不安，产生自我意识的偏差。

心理测试

自尊调查表

请做出"像我"或"不像我"的回答（"像我"1分，"不像我"0分）。

1. 我花很多时间做白日梦。（　）
2. 我对自己很有把握。（　）
3. 我常希望自己是其他什么人。（　）
4. 我容易喜欢上什么。（　）
5. 我和我父母在一起时开心事很多。（　）

6. 我从不为什么事担心。（ ）
7. 我发现当着全班同学的面讲话很难。（ ）
8. 我希望自己的年龄再小一些。（ ）
9. 如果可能的话，我要改变自己的很多事。（ ）
10. 我无论遇到多大困难都能拿定主意。（ ）
11. 我有许多开心事。（ ）
12. 我在家里很容易不高兴。（ ）
13. 我总是做我该做的事。（ ）
14. 我对自己的学习成绩感到自豪。（ ）
15. 我总是需要有人告诉我该做什么。（ ）
16. 我要花很长时间才能习惯新事物。（ ）
17. 我常对我做的事感到后悔。（ ）
18. 我在与同龄的孩子中，很吃得开。（ ）
19. 我的父母通常能顾及我的心情。（ ）
20. 我从来不会不高兴。（ ）
21. 我正在做我所能做的最好的事情。（ ）
22. 我很容易屈服。（ ）
23. 我一般能照顾好自己。（ ）
24. 我很快乐。（ ）
25. 我更愿意与比我年龄小的孩子玩。（ ）
26. 我的父母对我的期望太多了。（ ）
27. 我喜欢我认识的每一个人。（ ）
28. 我喜欢在班上被提问。（ ）
29. 我了解我自己。（ ）
30. 我真是太不走运了。（ ）
31. 在我的生活中，所有的事情都乱成一团。（ ）
32. 孩子们通常会听从我的主意。（ ）
33. 在家里，没有人特别留意我。（ ）
34. 我从未被责骂过。（ ）
35. 在学校我表现得不如我希望的那么好。（ ）
36. 我能拿定主意并坚持下去。（ ）
37. 我真不愿意做个男孩（女孩）。（ ）
38. 我对自己的评价较低。（ ）
39. 我不喜欢与其他人在一起。（ ）
40. 我有许多次想离开家。（ ）
41. 我从不害羞。（ ）
42. 在学校我常感到不开心。（ ）

43. 我常为自己感到羞愧。（　）
44. 我长得不如大多数人好看。（　）
45. 如果我有事说，通常我会讲出来。（　）
46. 孩子们经常欺侮我。（　）
47. 我的父母很了解我。（　）
48. 我总是讲真话。（　）
49. 我的老师使我觉得自己不够好。（　）
50. 我对自己将遇到什么事不在乎。（　）
51. 我是一个失败者。（　）
52. 当我被责骂时，很容易变得激动不安。（　）
53. 大多数人比我更招人喜欢。（　）
54. 我常常觉得我的父母似乎正在惩罚我。（　）
55. 我总知道要对人们说些什么。（　）
56. 在学校里我总遇到令人灰心的事情。（　）
57. 通常没有什么事情能烦我。（　）
58. 人们无法依靠我。（　）

【结果统计与解释】

分值越高，自尊感越高。

第四节　大学生自我意识的提升

导入

大学生自我意识的提升是其成长过程中的关键环节，这一过程涉及个体对自身能力、价值和目标的认识与理解，以及对积极应对自我评价偏差能力的认知与理解。大学阶段是自我认知与发展的重要时期，通过增强自我意识，大学生能够更有效地应对生活中的困境与挑战，确立正确的人生观和价值观，最终实现个人成长与自我实现的目标。

一、健康的自我意识的作用

（一）积极的自我意识是个体心理健康的重要标志

心理健康的人，具有积极的自我意识，如能较为客观地认识自己、悦纳自己，有适当的自尊，能及时洞察自己的感觉和意图；而心理不健康的人则具有消极的自我意识，如自卑、自我否定、缺乏自制力等。只有认识和了解自我，对自己的经验持接受态度的人，才可能得到快乐幸福的生活，才能充分发掘自己的潜能，获取更大的成功。

（二）正确的自我意识可以促进个体生活质量的提高

一个具有良好自我意识的人，能够客观、全面地分析、评价自己；其理想自我与现实自我之间的相关度较高；能够自觉地按现实的要求设计、安排自己的生活。这样的人生活充实，自我发展顺利，生活质量较高。

（三）良好的自我形象是个体成功的基础

自我形象设计是当代大学生成长发展过程中极为关注的内容之一。良好的自我意识恰恰是大学生塑造良好自我形象的前提。事实证明，主观自我和客观自我越接近的人，他的自我形象越良好。自我形象良好的大学生，对自己有合理的期望，乐观从容，善于抓住和利用个人成长中的机会改进和完善自己。

大学生在建立良好的自我意识过程中必须坚持自信自立。在成长与学习的过程中，我们逐渐发现中国人民和中华民族从近代以后的深重苦难走向伟大复兴的光明前景，从来就没有教科书，更没有现成答案。党的百年奋斗成功道路是党领导人民独立自主探索开辟出来的，马克思主义的中国篇章是中国共产党人依靠自身力量实践出来的，贯穿其中的一个基本点就是中国的问题必须从中国基本国情出发，由中国人自己来解答。当然了，这些答案也可以实实在在用在大学生个人发展及自我意识的建立中。

自我形象不仅影响人的心理健康，而且影响人的成就水平。一般而言，有恰当自尊的人才能尊重别人，有自信的人往往也相信别人。自我形象差的人大多伴随这样那样的心理困扰，这使他们在走向成功的路上困难重重。

心理测试

个人评价问卷

以下列出了许多反映普遍情感、态度和行为的陈述，请仔细阅读每一条陈述，考虑一下它是否适用于你。尽量诚实、准确地回答，但没有必要每一条都刻意花太多时间。除非特别标明时间界限，否则请考虑一下近两个月内这些条目对你是否适用。请像下面所列的那样，表明你同意每一个陈述情况的程度（非常同意 1 分，基本同意 2 分，基本不同意 3 分，极不同意 4 分）。

1. 我是个会交际的人。（　）
2. 近几天来有好几次我对自己非常失望。（　）
3. 使我烦恼的是我的模样不能更好看点。（　）
4. 维持一个令人满意的爱情关系对我而言没有困难。（　）
5. 我此刻比之前更快乐。（　）
6. 我对我的身体外貌很满意。（　）

7. 有时我不去参加球类及非正式的体育活动，因此我认为自己对此不擅长。（　）
8. 当众讲话会使我不舒服。（　）
9. 我愿意认识更多的人，可我又不愿外出和他们见面。（　）
10. 体育运动是我擅长的活动之一。（　）
11. 学业表现是显示我的能力、让别人认识我的成绩的一个方面。（　）
12. 我比一般人长得好看。（　）
13. 在公共场合演节目和讲话，我想都不敢想。（　）
14. 想到能参加大多数体育活动时，我便充满热情和渴望，而不是疑虑和焦虑。（　）
15. 即使身处那些我过去曾应付得很好的场合，我仍然常常对自己没把握。（　）
16. 我常怀疑自己是否有这份天资能成功地实现我的职业和专业目标。（　）
17. 我比与我年龄、性别相同的大多数人更擅长体育。（　）
18. 我缺少使自己成功的一些重要能力。（　）
19. 当众讲话时，我常常有把握做到清楚、有效地表达自己的看法。（　）
20. 我真庆幸自己长得漂亮。（　）
21. 我已经意识到，与其他人相比，我并不是个好学生。（　）
22. 最近几天，我对自己不满意的地方比以往更多。（　）
23. 对体育运动不擅长是我一个很大的缺点。（　）
24. 对我来说，结识一个新朋友是我所盼望的愉快事情。（　）
25. 许多时候，我感到自己不像身边许多人那样有本事。（　）
26. 在晚会或其他聚会上，我几乎从未感到过不舒服。（　）
27. 比起大多数人来，我很少怀疑自己的能力。（　）
28. 在建立爱情关系方面，我比大多数人困难很多。（　）
29. 和过去相比，今天的我对自己的能力更无把握。（　）
30. 令我烦恼的是，我在智力上比不上其他人。（　）
31. 当事情变得糟糕时，我通常相信自己能妥善地处理。（　）
32. 我比大多数人更担心自己在公共场合讲话的能力。（　）
33. 我比我认识的多数人更自信。（　）
34. 当我考虑继续约会时，我感到紧张或没把握。（　）
35. 大多数人可能会认为我的外表没有吸引力。（　）
36. 当我学一门新课时，我通常可以肯定自己在结束时成绩处于班上前1/4。（　）
37. 我像大多数人一样有能力当众讲话。（　）
38. 当我参加社交聚会时，常感到笨拙和不自在。（　）
39. 通常我的爱情生活似乎比大多数人好。（　）

40. 有时我因为不想当众发言而回避上课或做其他事情。（　）

41. 当我必须通过重要的考试或完成其他专业任务时，我知道自己能行。（　）

42. 我似乎比大多数人更擅长结识新朋友。（　）

43. 我今天比平时更为自信。（　）

44. 我时时避开那些可能会与之产生爱情关系的人，因为我在他/她们身边会感到太紧张。（　）

45. 我希望我能改变自己的容貌。（　）

46. 我比大多数人更少担心在公共场合讲话。（　）

47. 现在我感到比平时更加乐观和积极。（　）

48. 对我来说，吸引一个渴慕得到的男朋友或女朋友从来就不成问题。（　）

49. 假如我更自信一点，我的生活就会好一些。（　）

50. 我喜欢做那些在智力上富有挑战性的事情，因为我知道我能比大多数人做得更好。（　）

51. 我能毫无困难地得到许多约会。（　）

52. 我在人群中不能像大多数人那样感到舒服。（　）

53. 今天我比平时对自己更有把握。（　）

54. 要是我长得更好看一些，我会在约会上更成功。（　）

【结果统计与解释】

雅典卫城的帕特农神庙里刻着一句永恒的神谕："认识你自己。"在心理学中，一个人对自己的认知往往表现为对自己的评价。"个人评价问卷"常用来评定自我评价的一个重要方面——自信。一般认为，自信是一个人对自己能力或技能的感受，是对自己有效地应付各种环境能力的主观评价。这份问卷考查的是你在以下六个方面对自己的评价：学业表现、体育运动、外表、爱情关系、社会相互作用及同他人交谈。问卷使用的是自测法，也就是请你对自己的各个健康指标作出主观评定。

量表的总分范围为54~216分，得分越高表示你越自信。

二、提升大学生自我意识的方法

（一）正确认识自我

大学生应该全面客观地认识自己的个性特点、优点和不足，并意识到个人的价值与责任。这需要大学生审视自己的过去经历，通过反思和思考，找到自己的人生目标和意义，建立自信和自尊。孔子尚且"吾日三省吾身"，作为大学生，更应该对自己每时每刻的行为、言谈做出反思。我的行为过程中还有哪些不足？我这样说是不是因为自己太过于自大？我有必要这样忧郁吗？在一次次的自我反思中，去粗取精，扬长避短，调整自我，完善自己。①

（二）积极悦纳自我

积极悦纳自我是指积极看待自己，接受和喜欢自己的个性和外貌，抱有积极向上的心态。大学生应该从积极的角度审视自己的优点，并认识到自己的潜力和能力。同时，也要接受自己的不足之处，并通过努力和学习来完善自己。只有积极悦纳自我，才能保持健康的心态，更好地应对挑战和困难。美国现代成人教育之父卡耐基说过："你应该庆幸自己是世上独一无二的，应该把自己的禀赋发挥出来。经验、环境和遗传改变了你的面目，无论是好是坏，你都得耕耘自己的园地；无论是好是坏，你都得弹起生命中的琴弦。"

（三）合理调控自我

人常言："人生不如意者十之八九。"几乎每个人一生之中都难逃失败和挫折的经历，但面对困境所作出的反应和最终的结果却是截然不同的，成功往往来自失败。因此，大学生要根据自身的目标和价值观，合理地管理和调节自己的行为和情绪；在面对压力和诱惑时，应该学会控制自己的情绪，避免情绪的过度蔓延，保持内心的平静。同时，大学生要合理规划自己的时间和精力，避免浪费和分散注意力。通过合理调控自我，大学生能够更好地实现个人目标，提高自我管理能力。

（四）不断超越自我

不断超越自我是指大学生应该不断挑战自己的极限，追求个人的进步和成长。大学生应该勇于尝试新事物，积极参与社会实践活动，培养创新精神和实践能力。同时，大学生还要时刻保持谦虚和谨慎的态度，不断反思和改进自己的不足之处。通过不断超越自我，大学生能够实现个人价值的提升，并为社会的发展作出积极贡献。

扩展阅读

有裂缝的水罐

印度有个挑水工，他有两只水罐。一只水罐有一条裂缝，而另一只水罐完好无损。完好的水罐总能把水从远远的小溪满满地运到主人的家，而那只破损的水罐到达目的地时里面只剩下半罐水了。挑水工每次挑水到主人家时，只有一罐半水，这样日复一日地过去了两年。那只完好的水罐不禁为自己的成就更为自己的完美感到骄傲，但那只可怜的有裂缝的水罐因自己天生的裂痕而感到十分惭愧，心里一直很难过。

---

① 赵兴燕．当代大学生自我意识问题的深度分析［J］．教育教学论坛，2021（19）：169-172.

两年后的一天，有裂缝的水罐在小溪边对挑水工说："我为自己感到惭愧，我想向你道歉。"挑水工问："你为什么要感到惭愧？""在过去的两年中，我一直觉得惭愧。在你到主人家的路上，水从我的裂缝渗出，我只能运半罐水。你尽了自己的全力，却没有得到你应得的回报。"水罐答道。挑水工听到水罐这样说感到难过，他同情地对它说："在我们回主人家的路上，我希望你注意小路旁那些美丽的花儿。"

当他们上山时，那只破水罐看见太阳正照着小路旁边美丽的鲜花，这美好的景象使它感到一丝快乐，但到了小路的尽头，它仍然感到伤心，因为它又漏掉了一半的水。于是它再一次向挑水工道歉。但挑水工说："难道你没有注意到刚才那些美丽的花儿只长在你这一边，并没有长在另一只水罐那边？那是因为我早知道你的裂缝，并且利用了它。我在你这一边撒下了花种子，于是每天我们从小溪边回来的时候，你就浇灌了它们。两年中，我就摘下这些美丽的花去装饰主人的桌子。如果没有你，主人不会有这么美丽的花朵来美化他的家。"

法国大思想家卢梭说过："大自然塑造了我，然后把模子打碎了。"许多人不肯接受这个已经失去了模子的自我，于是就用自以为完美的标准，即公共模子，把自己重新塑造一遍，然而却失去了自我。认识自我不容易，要高兴地接受自己的一切，包括自己的优势和劣势就更不容易。悦纳自己是一种心理状态，与客观环境并不完全相关。有些人虽然有生理缺陷，但却很乐观；有些人五官端正，相貌堂堂，但却不喜欢自己；有些人并不富裕，却知足常乐；有些人有钱有势，却并不感到愉快。有一位皇帝问一位哲学家，究竟谁是世界上最快乐、最幸福的人。哲学家回答说："他自己认为是最快乐、最幸福的人，就是世界上最快乐、最幸福的人。"有句谚语这样说："你所以感到巨人高不可攀，只是因为你跪着。"一个人要活得快乐、幸福，必须先在心理上悦纳自己。

扩展阅读

海伦·凯勒的奇迹

拿破仑·希尔曾说："有方向感的信心，可令我们每一个意念都充满力量。当你有强大的自信心去推动你的成功车轮，你就可以平步青云，无止境地攀上成功之岭。"克服身体残疾，终身致力于社会福利事业，被称为"奇迹人"的海伦·凯勒成功的一生，无疑是这句话最好的印证。

海伦刚出生时，是个正常的婴孩，能看、能听，也会咿呀学语。可是，一场疾病使她丧失了视觉和听觉——那时她才 19 个月大。生理的剧变，令小海伦性情大变。稍不顺心，她便会乱敲乱打，野蛮地用双手抓食物塞入口里；若试图去纠正她，她就会在地上打滚乱嚷乱叫，简直是个十恶不赦的"小暴君"。父母在绝望之余，只好将她送至波士顿的一所盲人学校，特别聘请一位老师照顾她。所幸的是，小海伦在黑暗的悲剧中遇到了一位伟大的光明天使——安妮·沙莉文女士。沙莉文女士也是一位有着不幸经历的女性。她 10 岁时和弟弟两人一起被送进麻省孤儿院，在孤儿院的悲惨生活中长大。由于房间紧缺，幼小的姐弟俩只好住进放置尸体的太平间。在卫生条件极差又贫困的环境中，幼小的弟弟 6 个月后就夭折了，她也在 14 岁时得了眼疾，几乎失明。后来，她被送到帕金斯盲人学校学习凸字和指语法，再后来便做了海伦的家庭教师。从此，沙莉文女士与这个蒙受三重痛苦的姑娘的“斗争”就开始了。洗脸、梳头、用刀叉吃饭都必须一边和她格斗一边教她。固执己见的海伦以哭喊、怪叫等方式全身反抗着严格的教育。沙莉文女士究竟是如何做到在一个月的时间就和生活在完全黑暗、绝对沉默世界里的海伦沟通的呢？答案是这样的，自我成功与重塑命运的方式是相同的——信心与爱心。

关于这件事，在海伦·凯勒所著的《我的一生》中有感人肺腑的深刻描写：一位年轻的复明者，没有多少教学经验，将无比的爱心与惊人的信心，灌注于一位全聋全哑的小女孩身上——先通过潜意识的沟通，靠着身体的接触，为她们的心灵搭起一座桥。接着，自信与自爱在小海伦的心里产生，使她从痛苦的孤独地狱中挣脱出来，通过自我奋发，将潜意识那无限能量发挥，步向光明。就是如此，两人手携手，心连心，用爱心和信心作为“药方”，经过一段艰难的挣扎，唤醒了海伦那沉睡的意识力量。一个既聋又哑且盲的少女，初次领悟到语言的喜悦时，那种令人感动的情景，实在难以描述。海伦曾写道：“在我初次领悟到语言存在的那天晚上，我躺在床上，兴奋不已，那是我第一次希望天亮——我想再没有其他人可以感觉到我当时的喜悦吧。”失明且失聪的海伦，凭着触觉（指尖）去代替眼和耳，学会了与外界沟通。她 10 多岁时名字已传遍全球，成为残障人士的模范。

1893 年 5 月 8 日是海伦最开心的一天，这也是电话的发明者贝尔博士值得纪念的一天。贝尔博士在这一天成立了著名的国际聋人教育基金会，而为会址奠基的正是 13 岁的小海伦。若说小海伦没有自卑感，那是不确切的，也是不公平的。幸运的是她自小就在心里树立了颠扑不灭的信心，完成了对自卑的超越。

小海伦成名后并未因此而自满，她继续孜孜不倦地接受教育。1990 年，这个 20 岁就学习了手指语法、凸字及发声，并通过这些手段获得超过常人的知识的姑娘，进入了哈佛大学拉德克利夫学院学习。她说出的第一句话是：“我已经不是哑巴了！”她发觉自己的努力没有白费，兴奋异常，不断地重复说：“我已经不是哑巴了！”4 年后，她作为世界上第一个受到大学教育的盲聋哑人以优异的成绩毕业。海伦不仅学会了说话，还学会了用打字机著书和写稿。她虽然是位盲人，但读过的书却比视力正常的人还多，而且，她著了 7 册书，比正常人更会鉴赏音乐。

海伦的触觉极为敏锐，只需用手指头轻轻地放在对方的唇上，就能知道对方在说什么。把手放在钢琴、小提琴的木质部分，就能“鉴赏”音乐。她能以收音机和音箱的振动来辨明声音，又能利用手指轻轻地碰触对方的喉咙来“听歌”。如果你和海伦·凯勒握过手，5 年后你们再见面握手时，她也能凭着握手来认出你，知道你是美丽的、强壮的、体弱的、滑稽的、爽朗的，或者是满腹牢骚的人。这个克服了常人无法克服的残疾的“造命人”，其事迹在全世界引起了震惊和赞赏。她大学毕业那年，人们在圣路易博览会上设立了“海伦·凯勒日”。她始终对生命充满信心，充满热忱。她喜欢游泳、划船，以及在森林中骑马；她喜欢下棋和用扑克牌算命；在下雨的日子，她就以编织来消磨时间。

海伦·凯勒凭着她那坚强的信念，最终战胜自己，体现了自身价值。她虽然没有发大财，也没有成为政界伟人，但是，她所获得的成就比富人、政客还要大。第二次世界大战后，她在欧洲、亚洲、非洲各地巡回演讲，唤起了社会大众对身体残疾者的注意，被《大英百科全书》称颂为有史以来残疾人中最有成就的代表人物。

一个不信任自己心灵力量的人，不懂爱护自己，未能推己及人，即使耳能听目能见，也不会有什么成就。海伦·凯勒既盲且聋，但她信任自己的心灵力量，爱护自己，推己及人，于是她的心眼亮了、心耳开了，创造了物质财富、也创造了心灵财富。

身受痛苦，却能克服它并向全世界投射出光明的海伦·凯勒及沙莉文女士的成功事迹，说明了什么问题呢？拿破仑·希尔给我们作出了最好的回答：“信心是心灵的第一号化学家。当信心融合在思想里，潜意识会立即拾起这种震撼并把它变成等量的精神力量，再转送到无限智慧的领域里促成成功思想的物质化。”

的确，心存疑惑，就会失败；相信胜利，必定成功。

（谈宁：《智慧用人》，北京：中国城市出版社 1993 年版，第 274~277 页，有改动）

（五）思考与收获

1. 我的优点

____

____

____

2. 我的缺点

____

____

____

3. 完善自我的方法

____

____

____

扩展阅读

美国社会心理学家库利在实验的基础上提出了“镜像自我”理论。他认为每个人对自己的意识是在与他人交往过程中，根据他人对自己的看法和评价而发展起来的，这个过程在人的一生中一直进行着。库利将之形象地比喻为：将他人看作一面镜子，从这面镜子中可以照出我们自己的样子，而我们从镜子中看到的那个样子就构成了我们的自我。

每个人对自己的意识不是一生下来就有的，而是在其发展过程中逐步形成和发展起来的。人首先是对外部世界、对他人的认识，然后才逐步认识自己。

每个人都是一心灵画家，不过，这名画家的水平是逐渐提高的，当我们对自己的认识达到以下水平时，我们对自己的画像就基本完成了：能意识到自己的身体特征和生理状况；能认识并体验到内心进行的心理活动；能认识并感受到自己在社会和集体中的地位和作用。一个人心理健康的发展是与他的心理自我发展是否完善密切相关的。心理自我发展完善的个体能够以客观的社会标准来认识社会和评价事物，树立正确的伦理道德观念，形成对待现实的正确态度、理想与信念等。

思考题

1. 为什么说良好的自我意识是心理健康的重要指标？
2. 作为刚刚步入大学生活的我，该如何提升自己的自我意识？
3. 自我意识包含哪些内容，有什么样的结构？
4. 大学生自我意识的特点是怎样的？

第三章　大学生情绪调节与压力应对

任何人都会生气，这很简单。但选择正确的对象，把握正确的程度，在正确的时间，出于正确的目的，通过正确的方式生气，这却不简单。

——亚里士多德

第一节 情绪及大学生的情绪特征

导入

愚蠢的聪明人

杰森是佛罗里达州科勒尔斯普林斯中学高中二年级全优生，考入哈佛大学医学专业是他的梦想，这要求他每门功课都必须得“优”。他的物理老师戴维·波洛格鲁图是一名要求严格的教师，也一直把杰森当成自己最得意的门生，但在一次测验中却给杰森打了 80 分，仅仅算是“良”。杰森认为这个分数使得他的哈佛梦泡汤，于是压抑、愤怒的情绪不能自持，他带着一把菜刀来到学校。杰森在物理实验室与波洛格鲁图发生了争执，用刀砍中了老师的锁骨，后被人制服。

法官认为杰森无罪，因为他在事件中暂时失去了理智。由四位心理学家和精神病学家组成的小组宣誓做证，认为杰森在争执时精神处于失常状态。杰森声称自己去找波洛格鲁图是想告诉他，因为分数过低想自杀。波洛格鲁图则讲述了不同版本的故事：“我认为他想用那把刀要我的命。”因为杰森对分数感到非常愤怒。

杰森后来转学到一所私立学校，两年后他以班级最好成绩毕业。虽然杰森以最高荣誉毕业，但波洛格鲁图却抱怨杰森从来没有为自己的攻击行为向他道歉甚至负责。

杰森智力超群却做出了没有理智、愚蠢的事情，可见学业、智力情况与情绪及生活关系并不大。如果将群体作为一个整体考察的话，智商和生活环境有一定的关系：智商非常低的人往往从事收入微薄的工作，而智商高的人通常会获得高薪，当然这并不是绝对的。

在成功人生的决定因素中，智商最多有 20% 的贡献率，其余 80% 由其他因素决定，即情绪智力。情绪智力包括自我激励、百折不挠；控制冲动和延迟满足；自我调节情绪和防止困扰情绪影响思维能力；富有同理心和充满希望。

一、情绪

（一）情绪的含义

“情绪”的词源来自拉丁语“motere”，意为“行动、移动”，加上前缀“e”含有“移动起来”的意思，这说明每一种情绪都隐含着某种行动的倾向。情绪导致行动，这在动物或儿童身上表现得尤为明显。情绪是深层的驱动力，在广义的动物世界中，只有在“受教化”的成年人身上，才会经常出现情绪与反应存在很大偏差的现象。

情绪，是对一系列主观认知经验的统称，是多种感觉、思想和行为综合产生的心理和生理状态。可以从生理的、经验的和外在行为的变化等方面加以描述。普遍、通俗的情绪有喜、怒、哀、惊、恐、爱等，也有一些细腻微妙的情绪如嫉妒、惭愧、羞耻、自豪等。情绪常和心情、性格、脾气、目的等因素相互作用，也受到荷尔蒙和神经递质影响。无论正面还是负面的情绪，都会引发人们行动的动机。尽管一些情绪引发的行为看上去没有经过思考，但实际上意识是产生情绪的重要一环。人的情绪既有先天的因素也有后天的影响。

“情绪”的概念始于 1830 年，之前没有人知道情绪一说。当时人们感知到的是“激情”“灵魂的意外”“道德情操”之类，而且此类解读和我们今天对情绪的理解大相径庭。古希腊人认为藐视一切的怒火是由恶风带来的。早期定居沙漠中的基督徒认为厌倦是由邪恶的魔鬼植入人的灵魂中的。15—16 世纪，人们认为激情不再为人类所专有，也会给其他生命体带来奇妙的影响，于是，棕榈树可以谈恋爱、彼此朝思暮想，猫看起来也变得郁郁寡欢。伦敦的解剖学家托马斯·威利斯提出，一阵喜悦之情或紧张颤抖的感觉的产生是因为精密复杂的神经系统，这个系统围绕大脑而运行。

情绪也存在文化差异，格尔茨提出：眨两只眼和眨一只眼的区别是什么？如果我们用纯粹的生理学术语回答，说这是眼睑肌肉的一系列收缩运动，那么眨两只眼和眨一只眼几乎没有区别。但是你需要联系文化语境才能理解眨一只眼的深层含义，你需要理解戏耍和玩笑，以及嘲讽和做作等约定俗成的社交惯例。

（二）情绪表达的特点

情绪表达是个体表达情绪的各种方式，具有先天性、共同性、习得性和可控性。

（1）先天性。情绪表达是先天的本能活动，不需要学习和模仿。儿童生来就有表情，即使先天盲童早期的表情也与正常婴儿一致。

（2）共同性。基本的情绪表达方式（如表情），世界各个民族都是一样的，代表同样的意义，与文化背景无关。

（3）习得性。环境和学习影响着个体部分情绪的表达方式。婴儿在会说话之前的表情是先天的，但随着年龄的增长，表情的复杂性也随之增加。有些面部表情在全世界都是一样的，但有更多表情在不同文化与种族间是不一样的。

（4）可控性。可控性指情绪表达的外显行为可以为意志所掩饰，或模仿，或夸张做作，诱导他人误解。

（三）情绪的外部表现

1. 面部表情

人能做出的表情非常多。如果单独计算参与构造表情的面部肌肉运动的组合数量，这些肌肉理论上可以构造出的不同的面部形态数量，远远超过你的想象（约 4000 万种），这当中还没有计算收缩程度的不同。当然，不是所有的形态都能称为表情，但也足以想象出表情的丰富程度。不同社会生存的人，可能具备某些独特的面部表情用于交流，这些表情很多是后天学习到的。人类表达愤怒、厌恶、恐惧、惊讶、快乐和悲伤的表情是与生俱来的，是跨文化、跨领域、全球皆准的。无论哪种语言与文化，这六种基本情绪引发的面部肌肉变化大致是一样的。而且，情绪的表达是下意识的，基本上难以抑制或隐瞒，如：惊奇是由意想不到的善意事件引发的，愤怒是因为目标被干扰，恐惧是危险的场景引发的，耻辱是因为自尊受到打击，等等。

①快乐。当我们快乐时，通常额头平展，眼睛闪光而微亮，面颊上提；嘴角后拉，上翘如新月；出声笑时，面部肌肉运动程度加大，眼睛更加明亮。人在快乐的时候，主要的生理变化是负责抑制负面感觉及提升可用能量的大脑中枢活跃度增强，而产生忧虑情绪的大脑中枢趋于平静。不过此时生理状态保持静止，不会产生特殊的变化，身体复原的速度要快于悲伤情绪引起的生理变化。这种特征使身体能够得到正常的休息，同时为即将面临的任务以及朝着目标努力储备充足的热情和力量。

②惊奇。当我们惊奇时，双眉高挑，眼睑睁开，眼睛睁大并呈关注状态，下颌自然张开，嘴部张开用于轻微快速吸气。眉毛会往上挑，使视野更加开阔，同时允许更多的光线射向视网膜，从而捕捉更多关于意外事件的信息，以便准确分析当下的情况，确定最佳行动方案。

③愤怒。当我们愤怒时，额眉内皱，目光凝视，鼻翼扩张，张口呈方形或紧闭，并在愤怒的大哭中表现最明显。在文明社会被认为是粗野的，通常与厌恶、轻蔑相结合，成为敌意情绪。人在愤怒时，血液会流到手部，以方便抓起武器或攻击敌人，同时心率加快，肾上腺素激增，为强有力的行动提供充沛的能量驱动。

④厌恶。当我们厌恶时，额眉内皱，肌肉紧张，双眼眯起，鼻头皱起，口微张，牙齿紧闭，嘴角上拉，或表现为单侧嘴角翘起的不完整微笑。厌恶的面部表情——上唇撇向一边，鼻头微微皱起，达尔文认为这是人类的一种本能反应，为了不吸入有害气体而屏住呼吸，或者吐出有毒的食物。

⑤恐惧。当我们恐惧时，额眉平直，眼睛张大，额头有些抬高或平行皱纹，眉头微皱，上眼睑上抬，下眼睑紧张；口微张，双唇紧张，显示口部向后平拉，窄而平。严重恐惧时，面部肌肉较为紧张，口角后拉，双唇紧贴牙齿。

⑥悲伤。当我们悲伤时，额眉下垂，眼角下塌，口角下拉，可能伴有流泪。但悲伤痛苦表情因较少显露，不容易被识别。婴幼儿悲伤常伴随哭泣，有鲜明的外显形式；成人的痛苦则很大程度上受文化的制约而被掩盖。悲伤的主要作用是帮助个体适应重大的损失，比如亲人的死亡或者极大的失望。悲伤会降低生命活动的能量和热情，尤其是娱乐活动。随着悲伤情绪的加深并慢慢滑向沮丧，人体的新陈代谢就会减缓，降低能量消耗。

这六种主要的情绪在新生儿时期就能表现出来，每一种情绪都有特定的神经基础，以自己独特的方式表现，有自己特殊的适应功能。

扩展阅读

达尔文在1872年出版的《人类和动物情绪的表达》中第一次尝试在很多方面科学地记录儿童的情绪表达，并解释其起源。书中的大部分数据来源于达尔文对儿子 Doddy 的细心观察。比如，达尔文是这样记录 Doddy 第一次表现出的愤怒的：很难确定多早才能感到愤怒；在第 8 天，他哭之前皱着眉头，眼睛四周的皮肤也皱了。但这可能是因为疼痛或者悲伤，不是因为愤怒。大约 10 周的时候，有一次给他喂很冷的牛奶，他吸的时候前额一直皱着。那个样子就像大人被强迫做自己不情愿做的事情。快到 4 个月的时候，也许更早些，从涨红了的脸和头顶的样子判断，他无疑很容易有激烈的情绪。达尔文认为表情特点是我们遗传的一部分，他是从求生的斗争中演化而来的反应模式，其他的灵长类动物也是这样。他大胆指出人类情绪不是固化的反应，而是进行了几百万年并仍在继续的进化过程的结果。

两个月的孩子坐在婴儿椅上，胳膊上系着一根线。孩子很快发现，胳膊一扯就会放出一小段音乐，他们对这回报以各种高兴的表现：张开嘴、睁大眼、大笑。当试验员关掉音乐，扯胳膊不再有想要的效果后，孩子们清楚地表现出各种愤怒的样子：咬牙切齿、噘嘴、皱眉。各种表情的显现总是带有一些特殊的适应价值，比如，婴儿吃了难吃的东西时会有厌恶的表情，这是想要排斥这个东西的一部分反应，哭是为了提醒看护人采取相应的行动。和动物一样，我们的情绪就像呼吸和消化，是我们赖以生存的重要基础，如厌恶防止我们吞下毒药，爱或同情帮助我们建立联系、精诚合作。

2. 姿态表情

姿态表情可分成身体表情和手势表情两种。身体表情是表达情绪的主要方式之一。人在不同的情绪状态下，身体姿态会发生不同的变化，如高兴时“捧腹大笑”，恐惧时“紧缩双肩”，紧张时“坐立不安”等。举手投足、两手叉腰等身体姿势都可表达个人的某种情绪。

手势是表达情绪的一种重要形式，常常和语言一起使用，表达赞成还是反对、接纳还是拒绝、喜欢还是厌恶等态度和思想。手势也可以单独用来表达情绪、思想，或作出指示，在无法用言语沟通的条件下，单凭手势也可以表达开始或停止、前进或后退、同意或反对等思想感情。“振臂高呼”“双手一摊”“手舞足蹈”等手势，分别表达了个人的激愤、无可奈何、高兴等情绪。

心理学家的研究表明，手势是通过学习得来的，它不仅存在个别差异，而且存在民族或团体差异。同一种手势在不同的民族中用来表达的情绪也不同。

3. 语调表情

语调是说话时语音高低轻重配置而形成的。随着表达的进行，我们的声音会随着情绪的起伏变化，语音、语调、语速都会发生改变，可以把声音的表达视为一首音乐，在高低起伏中，它所传递的情绪一般与我们要表达的内容是同步的。朗朗笑声表达愉快，呻吟声表达痛苦。言语是人们沟通思想的工具，同时，语音的高低、强弱、抑扬顿挫等也是表达情绪的手段。美国一位女演员用悲调念 26 个英语字母，竟使听众落泪，而一位波兰喜剧演员用另一种语调念同样的 26 个字母，却把听众引得哄堂大笑。比如“怎么了”三个字可以表达出几种不同的情绪。

4. 面部反馈假设

人为地表现某种面部表情，能导致与其相应的情绪体验的产生或增强。这种认为人为表现的面部表情对情绪体验具有反馈效果的观点，被称为面部反馈假设。该研究让被试做不同的面部表情并填写情绪分化量表，对面部反馈假设进行检验。结果表明：愤怒表情显著地增强了被试愤怒体验的强度；面部表情的反馈具有两重性，既有分化性的反馈效果（它能增强与其相应的情绪体验的强度），又有加强或减弱“愉快—不愉快”维度上相反极的情绪体验；面部表情反馈的发生无须以“自我知觉”作为中介。

快乐表情使痛苦、悲伤等负性情绪体验显著减弱，恐惧和愤怒表情则使快乐这种正性体验显著减弱，且使痛苦、悲伤、愤怒等负性情绪体验显著增强。这些结果说明，正性情绪的面部表情能引起“愉快—不愉快”维度上愉快端情绪体验的增强及不愉快端情绪体验的减弱，而负性情绪表情的反馈效果恰与此相反。

（四）情绪健康的特征

健康的情绪，即良好的情绪状态。良好的情绪状态，首先是情绪上的成熟，即一个人的情绪的发展、反应水平和自我控制的能力与其年龄和社会对此的要求相适应，并为社会所接受。以下是情绪健康的特征：

（1）情出有因。情绪的变化大多有一定的原因，可喜的现象引起欢乐、开心的情绪，不幸的事件引起悲痛、伤心、难过的情绪，挫折引起沮丧的情绪等。无原因的情绪变化，如无缘无故的喜、怒、哀、乐，莫名其妙地持续性悲伤、恐惧，就不是情绪健康的表现。

（2）表现恰当。一定的刺激会引起一定的情绪反应，反应和刺激应该相互吻合，例如因成功而喜悦，因失败而痛苦，该高兴就高兴，该悲哀就悲哀。假如失去亲人还哈哈大笑，或者受到挫折反而高兴，受到尊敬反而愤怒，则是情绪不健康的表现。

（3）反应适度。情绪表现的持续时间和强烈程度都应适当，即刺激强度越大，情绪反应就越强烈；反之，情绪反应也就越弱。并且一般来说，情绪反应开始时比较强烈，随着时间的推移，反应逐渐减弱。如果微弱的刺激会引起强烈的情绪反应或情绪反应时强时弱，常处于不稳定状态，则是情绪不健康的表现。

（4）心情愉快。情绪的基调是积极、乐观、愉快的，积极情绪多于消极情绪。如果一个人经常情绪低落，愁眉苦脸，心情郁闷，则是心理不健康的表现。

（5）有情绪调节能力。对不良情绪有自我调控能力，面对各种各样的消极情绪能积极进行调节，并且能够通过自己的努力将消极的情绪转化为积极的情绪，也可把激情转化为冷静。

（五）情绪与情感

情绪和情感作为一种主观体验，是对客观现实的反映，但它反映的不是客观事物本身，而是具有一定需要的主体和客体之间的关系。情绪和情感是两种难以分割而又有区别的主观体验。

（1）情绪与情感的区别。从广义上讲，情感与情绪一样，都是人对客观事物的态度体验。从狭义上讲，情感又不同于情绪，是和人的社会性需要相联系的一种比较复杂而又稳定的态度体验，如道德感、审美感、理智感、爱和恨的体验等。从严格意义上讲，情感与情绪有以下区别。

①从需要角度看，情绪是和有机体的生物需要相联系的体验形式，如喜、怒、哀、乐等；情感则是同人的高级的社会性需要相联系的，如与人交往的友谊感，与遵守道德行为准则和规范相关的道德感，等等。

②从发生角度看，情绪发生较早，为人类和动物所共有，但是无论从种系或是个体发展来看，情感体验都发生得较晚，是人类所特有的，是个体社会化进程发展到一定阶段才产生的。

③从稳定性程度看，情绪永远带有情境的性质；情感则既具有情境性，又具有稳固性和长期性，稳固的情感体验是情绪概括化的结果。

④从表现角度看，情绪着重于描述情感过程的外部表现及可测量的方面，带有冲动性；情感则着重于表明情绪过程的主观体验方面，始终在意识的控制之下。

（2）情绪与情感的联系。

①情绪是情感的基础，情感离不开情绪。这表现在：情感是在情绪的稳定基础上发展和建立起来的；情感通过情绪的形式表达出来。

②对人类而言，情绪离不开情感，是情感的具体表现。这表现在：情感的深度决定着情绪的强度，情感的性质决定了一定情境下情绪表现的形式；情绪发生过程中往往深含着情感因素。

（六）情绪、情感与需求

情绪与情感是以需求为中介反映客观事物的。需求是人脑对生理需求和社会的需求的反映。根据需求的起源，可把需求分为生理需求和社会需求；根据需求对象的性质，可把需求分为物质需求和精神需求。

（1）马斯洛需求层次理论。需求层次理论是美国心理学家马斯洛于 1954 年提出来的，他是人本主义心理学的创始人之一。

（2）马斯洛需求层次理论结构图。马斯洛需求层次理论的主要观点如下。第一，将人类需求像阶梯一样从低到高按层次分为生理需求、安全需求、爱与归属需求、尊重需求和自我实现需求。这些都是人的基本需求，是人与生俱来的。第二，作为一种基本动力，需求推动人在获得低一层级需求的满足后继续寻找高一层级需求的满足。马斯洛认为，五种需求像阶梯一样，按层次逐级递升。在一般情况下，当某种低层次的需求得到满足之后，就会向高层次的需求发展，如“衣食足而后知荣辱”。但这种需求层次的等级也不是绝对的，有时人会在低级需求尚未得到满足之前去寻求高级需求（如自我实现的需求）。第三，同一时期，一个人可能有几种需求，但每一时期总有一种需求占支配地位，对行为起决定作用。任何一种需求都不会因为更高层次需求的发展而消失。各层次的需求相互依赖和重叠，高层次的需求发展后，低层次的需求仍然存在，只是对行为影响的程度大大减小。

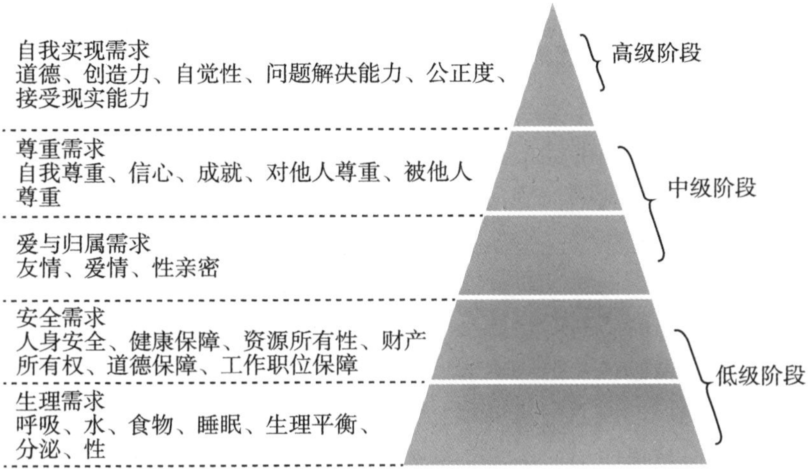

图 3-1 马斯洛需求层次

需求是情绪产生的主要基础，人们对“无所谓”“不在乎”的客观事物是不会产生情绪和情感的。越是基本的需求，引起的主观体验越强烈，情绪和情感影响需求的强度，对已有的需求有放大作用。

二、情绪的生理基础

情绪的生理机制是指情绪体验和情绪的身体反应的生理过程。大脑颞叶根部有一个泪滴状结构，叫作杏仁核，神经学家称之为人类情绪的“控制中枢”。杏仁核评估来自外界的刺激，然后决定是接近还是避开。它会激起一系列的反应，如加快心跳，命令腺体分泌荷尔蒙，收缩肢体或让眼皮震颤。

杏仁核承担报警的任务，它对每个处境和认知进行判断并作出反应，向大脑的各个部位发出信号，向脑干发出指令。身体分泌出荷尔蒙，驱动神经中枢，激活心血管系统、肌肉和内脏器官，于是身体各部位作出反应。接收到输入的感觉信号之后，杏仁核就会扫描每一种应对烦恼的经验。杏仁核在心理生活中处于强有力的地位，类似于心理哨兵，它质疑每一种处境、每一种认知，此时大脑中会出现一类最原始的问题：“我讨厌它吗？它会伤害我吗？我害怕它吗？”假如答案是肯定的，或者在当前时刻趋于肯定，杏仁核就会作出即时反应，就像神经警报一样，向大脑的各个部分发出危机信号。在人脑的构造中，杏仁核相当于一家警报公司，操作员随时待命，一旦家庭安全系统发出遇险信号，立即向消防队、警察局及邻近社区发出紧急警报。一旦收到警报，比如恐惧，杏仁核就会向大脑各主要部分发出紧急信息，促使身体分泌“战斗或逃跑”的荷尔蒙，驱动运动中枢，同时激活心血管系统、肌肉以及内脏器官。与杏仁核联结的其他神经回路还会指挥身体紧急分泌出大量的去甲肾上腺素，提高大脑关键区域的反应能力，使感觉更加敏锐，确保大脑时刻保持警觉。杏仁核还会向脑干发出附加指令，使个体面部流露出恐惧的表情，冻结肌肉当前进行的无关活动，使心跳加速、血压升高、呼吸减缓。此外，杏仁核还会发出指令密切留意恐惧的来源，让肌肉准备采取相应的行动。与此同时，大脑皮质的记忆系统开始启动，检索与当前紧急状况相关的知识，优先于其他无关的思想。

大脑中的理性逻辑思维中枢海马体记忆的是纯粹的事实，杏仁核则保留了伴随事实的情绪“味道”。比如我们尝试在双车道公路上超车，却差点与对面开来的车迎头相撞，海马体会记住这件事情的细节：我们当时是在哪条公路，和谁在一起，对面那辆车的样子等。杏仁核却会在事件发生之后，当我们再次在相似情况下准备超车时，在我们体内激发焦虑情绪。正如勒杜克斯所说：“海马体对你认出表姐的脸起到关键作用，而杏仁核则会提醒你不是真的喜欢她。”

杏仁核唤起的程度越强，记忆就越深刻，那些最令我们害怕或恐慌的生活经历是我们最难以磨灭的记忆。这说明大脑实际上有两个记忆系统，一个用来记忆普通的事实，另一个用来记忆刻有情绪印记的事实。当然，这种情绪记忆的特殊系统非常符合生物进化的原理，确保动物对使它们感到威胁或愉悦的事物留有特别鲜明的记忆。不过情绪记忆也有可能对当前情况产生误导。

三、大学生的情绪特征

（一）丰富性与阶段性并存

大学生活的丰富多彩使得大学生们有了更多情绪情感的体验，大学之前情绪情感的体验多与学业和家庭有关，而到了大学，除了学业和家庭，人际关系、兴趣爱好、恋爱、社会实践、国家和社会的发展等都将使得大学生们有更丰富的情绪、情感的体验。

此外，大学生的情绪情感的体验与年级存在较大关系，大一时，刚刚接触大学生的学习、生活环境，多表现为情感高涨，对新环境、新事物的好奇；大二、大三时，情绪进入平稳期，此时也慢慢习惯大学生的学习、生活模式；大四时，由于面临人生的重大选择，是升学还是就业，就业又该选择什么样的岗位、选择哪些城市的工作、如何准备求职面试等，大学生们所承受的压力较大、情绪波动较大。

（二）稳定性与波动性并存

相较于初高中学生，大学生们的身心发展日渐成熟，拥有一定的情绪管理能力，情绪相对稳定。但是，相较于进入社会的成年人，大学生的人生观、价值观尚未完成稳定，认知能力依然处于发展中，所以大学生们的情绪较为敏感，情绪波动较大，他们会因为吃到美食而开心、会因为游戏失败而愤怒、会因听到一首感伤的歌而难过、会因为完成作业而激动、会因为室友脱单而激动。①

---

① 蒋传发，邹亚超．大学生心理健康教育（微课版）［M］．北京：人民邮电出版社，2018：104.

(三)外显性与内隐性并存

有时，大学生们的喜怒哀乐表现得很明显，有时，大学生们也会隐藏自身的情绪、情感体验。大学生的自尊心比较强，当处于让自己放松的环境中时，很愿意表达自己的情绪，若是所处的环境不是很适宜，大学生们也会适当隐藏自己的情绪，从而以其他更合适的方式表达自己的情绪。

(四)冲动性与理智性并存

相较于初高中生，大学生更加成熟，但是他们的情绪体验较为强烈，有时甚至会做出冲动性行为。所以，大学生要注意三思而后行，不能完全被情绪控制，而要做情绪的主人。

第二节　大学生常见情绪困扰

导入

如果你对周遭的任何事物感到不舒服，那是你的感受所造成的，并非事物本身如此。借着感受的调整，可在任何时刻都振奋起来。

——奥雷柳斯

戈尔曼提出情绪智力，即管理情绪的能力，是影响个人适应环境要求与压力的非认知面的技能、潜力及胜任能力的总和。情绪智力代表一个人能否适当地处理自己情绪的能力。通常情况下，情绪智力简称情商（EQ），有学者认为用情智（EI）作为情绪智力的简称比用情商更为准确。

一、情商

情商就是管理情绪的能力。人体如同一驾马车，马车由马来拉动，人体由情绪推动。控制马的工具叫作缰绳，管理情绪的工具叫作情商。管理情绪的能力包括：认识自身情绪的能力；妥善管理情绪的能力；自我激励的能力；认识他人情绪的能力；管理人际关系的能力。可以把这五个能力简单归纳成认识自己、管理自己、激励自己、认识别人、管理别人。

同人打交道的人情商要高，同事情打交道的人智商要高。影响家庭幸福的前五个因素分别是健康、情商、财商、家庭责任以及社会环境。家庭中许多疾病、酗酒、吸毒、犯罪、摩擦、冲突、家庭不和谐、职场不顺利等不如意的事情，都与情绪管理有关。智商高、情商也高的人，春风得意；智商不高、情商高的人，贵人相助；智商高、情商不高的人，怀才不遇；智商不高、情商也不高的人，一事无成。

二、情绪对健康的影响

心理神经免疫学是一门新兴的学科，是研究心理、神经、免疫系统之间的联系的学科。通过对神经递质（化学信使，如多巴胺、去甲肾上腺素）的研究表明：在大脑和免疫系统活动最广泛的神经递质，在调节情绪的神经区域分布也最为密集。由此，可以推断出情绪会通过一条直接的物理通道影响免疫系统。

免疫系统是机体进行自我监控的系统，它与感染、过敏症、癌症和自身免疫性疾病有关。免疫系统的主要功能是识别自体细胞与入侵物（抗原），攻击和清除外来入侵者，保护机体免受外来攻击。当免疫系统正常工作时，传染病和疾病被阻止在外面。免疫系统过度反应就会导致过敏。如果免疫系统将自体细胞误认为抗原，则会产生自身免疫紊乱。

扩展阅读

英国的帕克斯博士和他的同事们，于1969年公布了他们关于鳏夫寿命的研究，他们发现鳏夫的死亡率高得惊人——常常在女方去世后6个月内相继去世，他们认为这是心理应激损害了人的防御系统所造成的。澳大利亚的研究者对26名男女丧偶者进行过一项简单的血液实验，他们分别在2周和6周之后抽取了两组血样。从血样中发现，2周后免疫能力没有下降，但是6周以后免疫细胞的反应性下降了，该组织研究人员第一次宣称，严重的心理应激会使免疫功能的异常达到明显的水平。

（一）消极情绪对健康的影响

研究表明，消极情绪与较差的免疫功能之间存在相关性，如抑郁与细胞免疫的很多改变有关，尤其是与引起淋巴细胞对抗原的增殖反应降低、NK细胞活性降低有关。研究还显示，抑郁程度越高，细胞免疫功能减弱得越明显。

（1）灾害。飓风袭击后，受灾害地区人群的NK细胞活性明显降低，而细胞数目增加，一些特定类型的T细胞明显下降。关于三里岛核电站事件的一组研究也表明，在追踪十年后，三里岛居民体内的疱疹抗体仍高于人口特征类似的控制组居民，说明细胞免疫能力较低。

（2）日常生活事件。学校生活中的考试、公开演讲和其他应激事件可以使心血管活动更加频繁，改变免疫功能指标。一项研究对40名大二医学生期末考试前6周和期末考试时的免疫功能进行评估，结果显示：考试期间，NK细胞活性明显抑制，淋巴细胞反应性也下降到基础值以下。另外，对幼儿园儿童入学的研究也发现，儿童对入学这一应激源也表现出皮质醇和免疫功能指标的改变。也有研究者发现，那些认为发生在他们身上的事件特别严重的人，更可能表现为NK细胞活性持续低下。

（3 人际关系。澳大利亚的研究人员研究了居丧与免疫的关系，发现居丧者与对照组比较，居丧者对于抗原刺激的反应程度降低。孤独者与不孤独者相比，孤独者健康状况更差，免疫指标显示其免疫功能减弱更严重。

癌症是多种有着共同特点的一系列疾病的总称，它是仅次于心脏病引发死亡的第二大障碍。由于 DNA 功能出现，控制细胞生长和增殖的部分程序异常，引起异常细胞的过度生长和增殖，这就是俗称的引发了癌症。巴恩森等在 1981 年的研究指出，癌症病人使用否认、克制及反向表达情感的防御机制，在面对应激情况时他们常感到抑郁和绝望，以及潜在的无助感。

对动物和人类的研究都揭示了生活事件与癌症之间的关系。将动物暴露于如拥挤一类的应激源时，其恶性肿瘤的发生率会增高。对人类的前瞻性研究也发现了无法控制的应激与癌症之间的联系，缺乏或失去社会支持也会影响癌症的发生发展过程，童年时代缺乏亲密的家庭关系似乎也与癌症有关。人们在美国加州的一项癌症长期研究中发现，长期社会性孤立的女性死于癌症的危险性明显增高。

（二）积极情绪对健康的影响

一项采用日记方法的研究考察了积极情绪和消极情绪在 8 周中与一种对口服异体抗原的抗体反应之间的关系，发现抗体在被试报告积极情绪较高的日子里水平较高，而在被试报告消极情绪较高的日子里水平则较低。如以下得以证实的研究。

（1）乐观。西格斯托姆等发现，乐观和积极的应对策略对免疫功能有益。他通过 90 位法律系大一学生在入校时和第一学期的期中完成“如何应对学校应激”调查问卷，同时检测免疫指标。结果显示：乐观和较少使用逃避应对策略的学生较少陷入困境；而悲观逃避、情绪不佳的学生 NK 细胞活性减弱，T 细胞数目减少。

（2）信念。研究者认为，内控的、稳定的、全面的归因方式（如持悲观生活态度的人往往自责）对个体以后可能面临较差的健康状况有预测作用，悲观通过 T 细胞的减少和免疫抑制与健康相关。格里尔等指出，斗争精神、不绝望等信念能预测乳腺癌的存活率。以色列心理学家针对第二次世界大战集中营幸存妇女开展的更年期适应性研究发现，在信念系统中，存在内聚感（有强烈的意义感，对自己面对生活挑战的能力有足够的信心）的个体健康状况较好。

（3）自我效能/自我控制。自我效能感和面对应激事件的自我控制感，与应激时免疫减弱相关。一项针对女性风湿性关节炎的研究发现，那些认为她们能够应对应激性生活事件、对自己应对能力满意的人，血液循环中 B 细胞水平较高。

（4）放松。放松可以缓和应激对免疫系统的影响。研究者将中年被试分配到放松训练组、社会接触组和无干预组。放松训练组的成员在干预后，NK 细胞活性明显高于基础值，这表明细胞免疫的增强与放松有关。另一项关于恶性黑色素瘤病人的研究发现，被分配到包括放松训练、问题解决技巧、有效应对策略等干预计划组的病人在干预完成 6 个月后，NK 细胞活性和数目百分比较对照组高，另外，接受干预的患者较少发生恶性肿瘤的复发。

（5）社会支持。伯克曼等对 4700 名 30~69 岁的男性和女性被试的社会支持进行评估，随后追踪调查了 9 年，发现增加社会支持可以降低死亡率。研究表明，有较高水平社会支持的妇女患生育并发症的概率较小。另外，阿内茨等研究了 25 位妇女的免疫功能，发现接受心理支持的无工作的被试比仅仅接受福利的被试有更强的免疫功能。

三、常见的消极情绪

人的情绪或情感是人类心理活动的重要方面，它常伴随着人的认识活动而出现，同时也决定着人的意志与行为。人的情绪通常分为积极情绪（如高兴、欢乐、愉快等）和消极情绪（如抑郁、悲伤、愤怒、焦虑、嫉妒、恐惧等）两类，消极情绪如果长期得不到缓解，则会影响正常的生活、学习及健康。

（一）焦虑

1. 焦虑的情绪表现

焦虑一词源于希腊语“angh”，意为“紧压，挣扎，因悲伤而颓丧”，从这个词根中很容易看出压迫感和束缚感。焦虑是十分常见的现象，是一种类似担忧的反应或是自尊心受到潜在威胁时产生的担忧反应倾向，是个体主观上预料将会有某种不良后果而产生的不安感，是紧张、害怕、担忧等混合情绪体验。人们在面临威胁或预料到某种不良后果时，都有可能产生这种体验。

2. 焦虑与智力活动的关系

焦虑是常见的情绪状态，对人的影响是复杂的，适度的焦虑可以成为成长成才的内驱力，提高智力活动的效率，对人的成长起促进作用。焦虑程度过重，也会影响智力活动的效率。实验证明，中等焦虑能使人维持适度的紧张状态，注意力高度集中，促进学习；过度焦虑则会带来不良的影响，如在临考前夜的失眠或考试时“怯场”，在竞赛中不能发挥正常水平等，多是过度焦虑所致。被过度焦虑困扰时，常常会感到内心极度紧张不安、惶恐害怕、心神不宁、思维混乱、注意力不能集中，甚至记忆力下降，同时还容易产生头痛、失眠、食欲不振、胃肠不适等不良生理反应，以及内心深处有一种无法解脱、不愿正视的心理问题。焦虑只是矛盾、冲突的外显，焦虑的人往往陷入重复性思维，要借此作为防御机制以避免更深层次的困扰。

3. 调节焦虑的方法

首先了解焦虑背后深层次的潜在冲突，在此基础上给予支持性的专业心理辅导。焦虑情绪使人不停地思考相同的问题，陷入恶性循环，造成混乱的情况。当思考过度对我们有害的时候，必须采取行动，转移注意力，并问自己四个问题：“我担忧什么？”“我能怎么办？”“我决定怎么做？”“我什么时候开始做？”并将答案写出，付诸行动。

（二）抑郁

1. 抑郁情绪的表现

抑郁最明显的症状是心情压抑，此外容易发火、感到愤怒或负罪感。抑郁常常伴随焦虑，对所有活动失去兴趣，不想与人交流。抑郁也伴随个体思维方式的转变，比如注意力不集中、记忆力衰退或者很难做出决定。在思考中可能有更多的心境转变，消极地看待世界、自我和未来。因此，抑郁的人很难回忆起美好的事情，常不适当地责备自己，认为他人会更消极地看待自己，对未来感到悲观。与此同时，还伴随身体症状（如常常乏力，起床变得困难，严重时睡眠方式也会发生改变，睡得太多或者早醒，并且无法再次入睡），也会出现饮食紊乱，吃得过多或过少，随之而来体重激增或剧减。抑郁是一种持续时间较长的低落、消沉的情绪体验，常常与苦闷、不满、烦恼、困惑等情绪交织在一起。

扩展阅读

19 岁的 M 一向很合群，但突然之间，她没办法与其他女孩相处了，而且更加烦恼的是，她怎么也无法抓住男朋友的心。M 整天愁眉苦脸，萎靡不振，对吃饭以及其他一切好玩的东西都失去了兴趣。她感到既绝望又无助，做什么也摆脱不了这种情绪，甚至想过自杀。最近与男朋友的分手使她陷入抑郁而无法自拔。她刚刚转到一所新学校，对和学校里的女生交朋友感到害羞、不自在。她不愿意主动聊天，只有在别人和她说话时才会与人交谈。她无法让别人了解她是什么样的人，甚至不知道在“你好”之后应该说些什么。她参与了哥伦比亚大学关于抑郁青少年的实验性项目，并接受心理治疗。治疗的重点是帮助她学会更好地处理人际关系：如何建立友谊，和同龄人相处时如何更加自信，如何表达感情。

2. 抑郁比例增加

世界各地的数据表明，抑郁已成为一种现代流行病，并随着世界范围内的现代化而扩散蔓延。20 世纪以来，世界范围内每一个后继世代一生中遭受重度抑郁的风险都高于他们的父辈。重度抑郁不仅表现为忧郁，还表现为像全身麻痹一样无精打采、垂头丧气和自我怜悯，以及无法逃避的绝望感。个体出现这些症状的年龄也越来越小。一度不被了解（至少未被辨认出来）的童年期抑郁，已成为现代社会的特征之一。

现代人生活方式的变化，促使抑郁情绪的增加。如现代人接受阳光照射时间减少，运动量减少，生物节律改变，睡眠减少，褪黑色素酶、脑血清素、多巴胺等与引发抑郁相关的神经递质浓度改变都会使抑郁增加；社会压力源增多，高度信息化，以及无限扩张和拥挤的城市等也是增加抑郁情绪的压力源。

所以，做有氧运动、接受充足的阳光照射、保证充足的睡眠、写日记等对抑郁情绪有一定的调适作用。

（三）愤怒

1. 愤怒的消极影响

愤怒是一种激烈的主观情绪反应，其产生源于客观现实与主观愿望的背离或愿望受挫。心理学研究表明，愤怒情绪具有快速爆发、快速消退的特点，这与身体激素的急剧变化密切相关。从生理机制来看，愤怒会促使血液流向手部以准备攻击行为，同时引发心率加快和肾上腺素激增，为身体行动提供能量支持。这种情绪反应具有双重性：一方面，在进化过程中，愤怒产生的强大爆发力有助于保护资源和利益。另一方面，在现代社会，愤怒常导致显著的负面影响。具体表现为：在生理上可能引发心跳加速、心律失常、高血压等躯体症状；在心理上会削弱甚至丧失自制力，造成思维受阻和行为冲动，往往导致事后追悔莫及的行为或无法挽回的损失。值得注意的是，愤怒是最难以伪装和掩饰的情绪之一；而且，愤怒情绪在身体激素的作用下产生得很快，消失得也快。

2. 愤怒的合理性

愤怒会让你做好（思想）斗争的准备。在关于恐怖袭击的研究中，没有遭受任何过激情绪的人，在客观预测被袭击的概率上做得更好。在这种情况下，愤怒是比恐惧更加理智的反应，但对愤怒自身而言则不然。愤怒在其他情况下表现会更好，因此，一点点的愤怒也能让我们批判地进行思考，并站在有力论据的一边。愤怒对人际交往技能和社会有好处。愤怒不会让你变成没有头脑、无法下结论的人，但它会孤立你，不是吗？没有一种关系能靠愤怒发展出来，这是事实，但我们也没有必要压抑或者任意发泄它。在一项调查中，人们要记录下什么时候生气，并思考自己可以做什么，他们总是可以找到方法不再感到生气。如果你的另一半有摔门的习惯，可以花一点点钱、一点点时间，就能换一个关门时没有声音的液压闭门合页，那么你是否还值得在共同生活的时间里，为他的缺乏耐心、不体贴而暗自生气？如果你讨厌公交车上别人大声地讲电话，那就拿起耳机线，听听音乐或电子书。把愤怒当作解决问题的信号而不是争吵，能扩大你的人际关系。

3. 愤怒的建设性表达

愤怒本身是合理的，没有好坏之分，但是如何建设性地表达愤怒才是最重要的。首先，要识别自己的愤怒，明白愤怒的原因；其次，使用建设性的语言来表达自己的愤怒，要明白只是为了表达自己的情绪，而不是去攻击别人；最后，如果感觉这种愤怒无法表达出来，或者情绪无法控制，可以暂时抽离原来的场景，深呼吸，让自己安静下来。

（四）恐惧

恐惧是人类进化的情绪遗产，可以促使我们保护家人免遭危险。进化生物学家认为，恐惧的本能反应已经在人类神经系统中打下了深深的烙印，这是因为在漫长而关键的史前时期，这种本能反应对人类具有生死攸关的意义。更为重要的是，本能反应还关系到人类进化的主要任务，即繁衍后代，让后代继承这些基因倾向。

人在恐惧的时候，血液会流到大块的骨骼肌，比如双腿，以方便逃跑，而且面部会由于血液的流失而发白（因此会有血“变凉”的感觉）。与此同时，也许是因为需要考虑是否应该躲藏，身体有那么一瞬间会呆住不动。大脑情绪中枢的回路释放出大量使身体保持警觉的激素，人的感觉变得敏锐，为行动做好充分的准备，同时集中精力分析当前的威胁，更有效地评估即将采取的行动。

四、消极情绪的调适

（一）情绪 ABC 理论

情绪 ABC 理论是由美国心理学家埃利斯创建的。这一理论认为，激发事件（A）只是引发情绪和行为后果（C）的间接原因，而引起情绪和行为后果的直接原因则是个体对激发事件的认知和评价而产生的信念（B），即人的消极情绪和行为障碍结果，不是由某一激发事件直接引发的，而是由经受这一事件的个体对它不正确的认知和评价所产生的错误信念直接引发的。

如图 3-2 所示，A 指事情的前因，C 指事情的后果，有前因必有后果，但是有同样的前因 A，产生了不一样的后果 C1 和 C2。这是因为从前因到后果之间，一定会透过一座桥梁 B，这座桥梁就是信念和我们对情境的评价与解释。同一情境 A 之下，不同的人的理念以及评价与解释不同（B1 和 B2），会得到不同结果（C1 和 C2）。因此，事情发生的一切源于我们的信念（即人们对事件的想法、解释和评价等）。

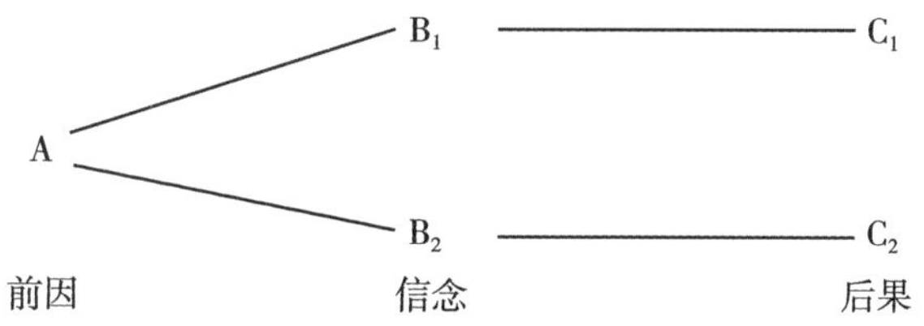

结论：事物的本身并不影响人，人们只受对事物看法的影响。

图 3-2　情绪 ABC 理论逻辑图

埃利斯对人的本性的看法可归纳为以下几点：

（1）人既可以是有理性的、合理的，也可以是无理性的、不合理的。当人们按照理性去思维、行动时，就会很愉快、富有竞争精神及行动有成效。

（2）情绪是伴随人们的思维而产生的，情绪上或心理上的困扰是由于不合理的、不合逻辑的思维所造成的。

（3）人具有一种生物学和社会学的倾向性，倾向于有理性的合理思维和无理性的不合理思维，即任何人都不可避免地具有或多或少的不合理思维与信念。

（4）人是有语言的动物，思维借助于语言而进行，不断地用内化语言重复某种不合理的信念，这将导致被无法排解的情绪困扰。

为此，埃利斯宣称：人的情绪不是由某一诱发性事件的本身所引起，而是由经历了这一事件的人对这一事件的解释和评价所引起，这就成了 ABC 理论的基本观点。

（二）寻求帮助

寻求帮助的方式有很多种，如对信任的人述说事件及其内心感受，以达到宣泄的目的；向专业心理咨询师寻求帮助，述说事件以及内心感受，待情绪缓解之后，与咨询师一起切入实质问题，展开分析。

（三）合理宣泄法

进行剧烈运动、放声歌唱、大声喊叫、写日记等，在可控的范围内将心中的不快用适当的方法表达出来等都是合理宣泄法，可以帮助我们释放不良情绪。如心理宣泄室是让不同人群在一个安全的地方将心中的不快在可控范围内宣泄出来的场所，是压力释放极为有效的工具之一。

（四）积极的自我暗示

积极的自我暗示是指通过主观想象某种特殊的人或事物的存在的积极特性来进行自我刺激，达到改变行为和主观经验的目的。

1. 重复定律

重复使最难的事情变得容易，是潜能开发的金钥匙。经常重复一种思想会产生信念，进而变得坚信不疑。重复使鉴别力和第六感觉更敏锐，使潜意识工作更精确，成绩自然而然也更加卓著。开水之所以能沸腾是因为不断重复加温的结果，如果烧到99℃就停止加温，仍然只是温水而不是开水。生活中许多广告利用了重复的心理规律，一句广告语不断重复，一个好的表情不断重复，就在你的潜意识中输入一个程序。比如在上台演讲前反复对自己说“我能行”，你紧张的情绪可以得到一定的缓解。

2. 内模拟定律

当一个人的内心在想什么事时，他的表情会不由自主地模拟什么，称为内模拟。比如当你内心想着美丽的人物或风景时，你的心情也会变得很好。

3. 替换定律

科学研究发现，我们的潜意识只能在同一时间内主导一种感觉，用积极正面的思想反复地灌输给大脑中的潜意识，原来的思想就会慢慢地衰弱、萎缩，新的思想就会占上风。潜意识是你的内在听众，你必须说它听得懂的语言，否则，它不会理睬你所说的话。想成功就要给予正面积极的暗示，潜意识最懂得带有强烈情感和感受的语言。

这类语言一定不要带有否定词，如果你说“我不会害怕”这时候，消极的陈述很难完全改变潜意识里的想法，你可能还是觉得有点恐惧。你必须用另外一种新且积极的言辞来代替，比如“我充满自信”之类的肯定语句，并且投入所有的情感才能产生较好的效果。记住，你有选择的能力，你应该而且必须选择正面的暗示，保持积极的心态。当你习惯于想快乐的事时，你的神经系统便会习惯地令你处于一个快乐的身心状态，然后再拥有成功的人生。

（五）自我放松法

一个人的心理反应包含“情绪”与“躯体”两个部分。假如能改变“躯体”的反应，“情绪”也会随着改变。至于躯体的反应，除了受自主神经系统控制的“内脏内分泌”系统的反应不易随意操纵和控制，受随意神经系统控制的“随意肌肉”反应则可由人们的意念来操纵。也就是说，经由人的意识可以把“随意肌肉”控制下来，再间接地把“情绪”松弛下来，建立轻松的心情状态。基于这一原理，自我放松疗法就是通过意识控制使肌肉放松，同时间接地松弛紧张情绪，从而达到心理轻松的状态，有利于身心健康。

（六）注意力转移法

注意力转移法就是把注意力从引起不良情绪反应的刺激情境，转移到其他事物上去或从事其他活动的自我调节方法。当出现情绪不佳的情况时，要把注意力转移到自己感兴趣的事上来（如外出散步，看电影，看电视，读书，打球，下棋，找朋友聊天等），有助于情绪平静下来，在活动中寻找到新的快乐。这种方法，一方面防范了不良刺激源发挥作用，能有效防止不良情绪的泛化、蔓延；另一方面，通过参与新的活动特别是自己感兴趣的活动，从而达到增进积极的情绪体验的目的。

第三节　压力、挫折及其对大学生的影响

导入

不经历风雨，怎能见彩虹。

——《真心英雄》

压力既是一种刺激或消极的感受，也是一种人与环境的互动过程。压力的大小，既取决于压力源的大小，又取决于个人身心承受压力的强弱程度。

一、压力

压力是指人们在社会适应过程中，对各种刺激作出生理和行为反应时产生的一种紧张的心理体验和感受。压力在西方文献中也称为应激，压力是一般意义上使用的概念，应激则是临床上使用的概念。

（一）压力是一种心理感受和体验

这里所说的压力，不同于力学范畴中的压力。力学中的压力是实实在在的直接作用，可以测量，并且也容易控制和消除。心理压力则是一种心理感受，同时存在个体差

异。压力是心理失衡的结果，来源于内心冲突。心理作为现实的反映，必定将我们日常生活中遇到的各种各样的矛盾（如理想与现实、自我与社会等冲突），引入我们的内心世界，从而引发焦虑、苦恼等的情绪体验和感受。

（二）压力是压力源作用的结果

压力虽然是一种体验，但离不开客观刺激——压力源。诸如生活费超支、即将到来的期末考试、毕业后的就业问题等，都可能成为大学生压力的来源。按压力对主体的影响，压力源可分为以下三种类型：

（1）生物性压力源，即直接影响主体生存与种族延续的事件，包括躯体创伤或疾病、饥饿性剥夺、睡眠剥夺、噪声、气温变化等。

（2）精神性压力源，即直接影响主体正常精神需求的内在和外在事件，包括错误的认知结构、个体不良经验、道德冲突以及长期生活经历造成的不良个性心理特点（如易受暗示、多疑、嫉妒、自责、悔恨、怨恨等）。

（3）社会性压力源，即直接影响主体社会需求的事件。社会性压力源可分为两类：第一类是纯社会性的社会环境压力源，如重大社会变革，重要人际关系破裂（失恋、离婚），家庭长期冲突、战争、被监禁等；第二类是由自身状况（如个人精神障碍、传染病等）造成的人际适应问题（如社会交往不良）等社会环境性压力源。

心理测试

生活事件量表

托马斯·赫尔姆斯（Thomas Holmes）和理查德·瑞赫（Richard Rahe）为不同压力列了一个表，用来量化各种生活变故事件带来的压力值（表 3-1）。请勾出你在近一年内经历的压力事件，并且计算出最后的压力总分。

表 3-1　　生活事件量表

生活事件	压力值	生活事件	压力值
配偶死亡	100	儿女离开家	29
离婚	73	与亲戚发生矛盾	29
分居	65	显著的个人成就	29
判刑	63	配偶停止工作	28
家庭成员死亡	53	开始上学或毕业	26
受伤或生病	53	生活条件改变	26
结婚	50	个人习惯改变	25
失业	47	与老板发生矛盾	24

续表

生 活 事 件	压力值	生 活 事 件	压力值
破镜重圆	45	工作时间和条件改变	23
退休	45	居住地方改变	20
家人生病了	44	学校改变	20
性交困难	40	娱乐方式改变	20
新增家庭成员	39	社会活动变化	18
商业调整	39	一年纯收入的抵押或贷款	17
经济状况变化	39	睡眠习惯变化	16
好友死亡	38	家庭成员团聚的次数发生了变化	15
换工作	37	饮食习惯发生变化	15
与配偶的争吵越来越多	36	假期	13
超过两年纯收入的抵押	35	春节	12
丧失抵押品或贷款的赎取权	31	轻度违法	11
工作职责改变	30		

算出你的压力总分是多少了吗？

如果你的分数在 150~190 分之间，那么你在一年内的压力处于较低水平，你需要适当的刺激和改变来保持向上的动力；200~299 分，表明压力处于适当水平；超过 300 分，表明你的压力过大，需要减压。

（三）压力反应与主观评价

压力并不直接产生感受和体验，而是我们对压力的认识反应或主观评价，决定了我们的感受和体验。压力反应包括心理和行为两个方面。

1. 压力的心理反应

在压力情境下，个体的感知功能被激活，注意力集中，记忆力增强，思维也变得活跃。个体的认知反应既有积极的作用，也可有消极的作用。积极的作用是认知活动增强，有利于应对压力情境，迎接威胁与挑战；但也可能产生诸如“灾难化”的消极认知反应，即对负性压力源的潜在后果估计得过分严重。消极认知反应还包括自我评价降低，使得个体的自主感知和自信心丧失。例如，一个长期得到师生称赞的学生，突然面对考试失利，很可能就会一蹶不振，怀疑自己。个体的心理反应还集中在情绪方面，面对压力，个体最常见的情绪反应包括焦虑、恐惧、愤怒、怨恨、抑郁等。

2. 压力的行为反应

在压力情境下，行为反应与心理和情绪反应密切相关，因而可以将其视为心理和生理过程的外显反应。行为反应主要涉及面部表情、目光、身姿和动作，也包括声调、音高、语速和节奏等可言语线索。当压力超过个体承受能力的时候，个体的行为反应可能会显得惊慌失措，以致身体的协调能力和灵活性下降，动作刻板，搓手顿足，或因运动减少而呆滞木僵。

3. 对压力的认知和评价

个体对压力的反应，不是直接而单纯的，而是要受到中介机制——认知评价的影响，它决定着个体如何看待刺激的性质与压力的大小。认知与评价机制主要取决于以下几个因素：

（1）压力源本身的性质与特点。压力源既是单一性的也是复合性的，既是一般性的也是破坏性的。

（2）社会支持系统。当个体具有较强的社会支持系统时，他可能对压力感觉较浅，相信自己可以得到帮助；相反，社会支持系统薄弱的人会很沮丧，有一种独自面对困难的悲伤。

（3）当事人自身的身心特点。这主要包括：性别、年龄、受教育程度、经济状况、婚姻状况、职业等人口统计学状况；体魄强壮与否的生理状况；认知与归因风格、性格倾向、情绪状态、应对能力与应对风格、人格动力特征、自我概念等心理因素。

扩展阅读

压力的内省体验——心理冲突

按冲突的形式，勒温和米勒将心理冲突分为以下四类。

1. 双趋冲突——鱼与熊掌不可兼得

两件事都有吸引力，都想趋之，但二者不可兼得，难以抉择。这是一种难以取舍的心理困境。两个动机促使个体在行为上追求两个目标，两个目标无法同时兼得（购房子就不能买汽车）时，二者取其一而又不愿割舍其他的心态，即属双趋冲突。

2. 双避冲突——左右两难

两件事都有排斥力，都力求避免，但必须择取其一，难以决定。当个体发现两个目标可能同时具有威胁性，即可兴起二者都要逃避的动机（患病者既不愿吃药，又不愿开刀），迫于形势，两难之中必须接受其一时，即形成双避冲突。

3. 趋避冲突——进退两难

个体遇到单一目标同时怀有两个动机（嗜酒者不得不戒酒）时，一方面好而趋之，另一方面又恶而避之，使个人的情感与理性矛盾而形成的精神痛苦，即起于趋避的心理冲突。

4. 双重趋避冲突

这是双避冲突与双趋冲突的复合形式，也可能是两种趋避冲突的复合形式，即两个目标或情境对个体同时有利和有弊，面对这种情况，当事人往往左右为难，即陷入双重趋避冲突。例如，单身汉有自由之乐，但也有寂寞之苦；结婚有家庭之乐，但也有家务之累。又如，在挑选工作时，一个机会物质待遇优厚而社会地位却不高，另一个机会社会地位高而物质待遇菲薄，这些都是生活中双重趋避冲突的例子。

人的生活是多层面的，有家庭的层面，有事业的层面，也有社会的层面。在不同层面中遇到的问题，都需要个人选择判断。在选择判断时，有的重感情，有的重理性，更有的因患得患失而不得不考虑利害关系。如此看来，日常生活中心理冲突的困扰在所难免。甚至我们也可以想象，能力越强、条件越好的人，在精神上越可能感受到心理冲突和困扰。因为，他们比一般人拥有更多的选择机会，也比一般人拥有更多的动机和追求目标。

（四）压力反应的阶段

压力作用于个体之后，会引发一系列的变化，如心跳加快加强，血液循环加快，血压升高；内脏血管收缩，骨骼肌血管舒张，血流量重新分布；呼吸加深加快，肺通气量增多；汗腺分泌迅速；代谢活动加强，为肌肉活动提供充分的能量等。这一系列活动均有利于机体动员各器官的储备力，尽力应对环境的变化。根据内分泌学和生化学家塞利的研究，在适应压力的过程中，个体的生理、心理及行为特点可分为三个不同的阶段。

1. 警觉阶段

警觉阶段又称唤醒期或准备期，指发现事件并引起警觉，同时准备应对。交感神经支配肾上腺分泌肾上腺素和副肾上腺素，这些激素促进人体的新陈代谢，释放储存的能量，于是主要器官的活动处于兴奋状态，包括呼吸、心跳加快，汗腺分泌加速，血压、体温上升，骨骼肌紧张等。

2. 搏斗阶段

搏斗阶段又称战斗期或反抗期，指继警觉之后，人体全身心投入战斗，或消除压力，或适应压力，或退却。这一阶段人体会出现以下生理、心理和行为特征：警觉阶段的生理生化指标表明恢复正常，外在行为平复，实则处于意识控制之下的抑制状态；个体内部的生理和心理资源以及能量被大量耗费；此时个体变得极为敏感和脆弱，即便是微小的刺激，也能引发个体强烈的情绪反应。比如，爱人的唠叨、孩子的纠缠等会让一个下班后精疲力竭的丈夫或者妻子勃然大怒，找对方“出气”。

3. 衰竭阶段

衰竭阶段又称枯竭期或倦怠期，指由于抗击压力的能量已经消耗殆尽，此时个体在短时间内难以继续承受压力。如果一个压力反应周期之后，外在的压力消失了，经过一定时间的调理休息，个体很快就能恢复正常的体征。如果压力源持续存在，个体仍不能适应，那么一个能量已经消耗殆尽的人，就必然会发生危险，此时，疾病、死亡等是极有可能的。长期处于叠加性压力和破坏性压力状态下的人容易出现身心疾病，就是这个道理。

课堂活动

我的压力圈

1. 请在图 3-3 中大小圈内写出你的各种压力，圈越大代表压力越大。

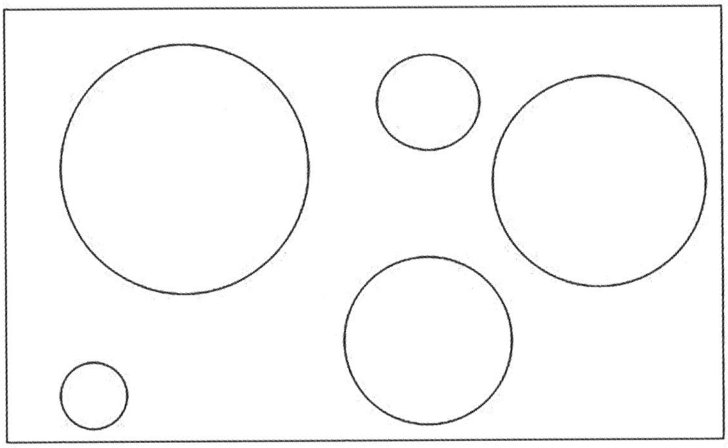

图 3-3　压力圈图示

2. 分享与交流：

❖ 你的压力源有哪些？

❖ 这些压力源为什么给你带来这么大的压力？

❖ 每个压力圈给你的感觉是什么？

二、挫折

（一）挫折的含义

挫折是指个体在从事有目的的活动过程中遇到障碍或干扰，致使个人动机不能实现，需要不能满足时的情绪状态。心理学上指个体有目的的行为受到阻碍而产生的必然的情绪反应，会给人带来实质性伤害，表现为失望、痛苦、沮丧不安等。挫折易使人消极妥协。挫折包含三个方面的含义：挫折情境、挫折认知、挫折反应。[①]

① 夏翠翠．大学生心理健康教育：慕课版［M］．北京：人民邮电出版社，2019：173.

1. 挫折情境

挫折情境是指对人们的有动机、有目的的活动造成的内外障碍或干扰的情境状态或条件①，构成刺激情境的可能是人或物，也可能是各种自然、社会环境，如被诈骗、期末考试挂科等。

2. 挫折认知

挫折认知指对挫折情境的知觉、认识和评价，对于同样一个挫折情境，每个人的认知都不一样，如期末考试挂科，有的人会觉得本次期末考试不理想并不代表自己本身能力不行，接下来总结经验，继续努力，而有的人会觉得学业没有希望了，自己不擅长学习，自己是一个很失败的人。

3. 挫折反应

挫折反应是指个体在挫折情境下所产生的烦恼、困惑、焦虑、愤怒等负面情绪交织而成的心理感受，即挫折感。其中，挫折认知是核心因素，挫折反应的性质及程度，主要取决于挫折认知。

一般来说，挫折情境越严重，挫折反应就越强烈；反之，挫折反应就越轻微。但是，只有当挫折情境被个体感知时，个体才会产生挫折反应。如果出现了挫折情境，而个体没有意识到，或者虽然意识到了但并不认为很严重，那么，就不会产生挫折反应，或者只产生轻微的挫折反应。因此，挫折反应的性质、程度主要取决于个体对挫折情境的认知。

挫折反应和感受是形成挫折的重要方面，个体受挫与否，是由个体对自己的动机、目标与结果之间关系的认识、评价和感受来判断的。对某人构成挫折的情境和事件，对另一个人不一定构成挫折，这就是个体感受的差异。正如巴尔扎克所说："世上的事情，永远不是绝对的，结果完全因人而异。苦难对于天才来说是一块垫脚石，对于能干的人是一笔财富，而对于弱者是一个万丈深渊。"

（二）挫折承受力

挫折承受力，是指个体在遭遇挫折情境时，能否经得起打击和压力，有无摆脱和排解困境而使自己避免心理与行为失常的一种耐受能力，即个体适应挫折、抵抗和应付挫折的一种能力。② 挫折承受力较强的人，往往挫折反应小、持续时间短、对自己的消极影响少；而挫折承受力较弱的人，则容易在挫折面前不知所措，挫折的不良影响大且易受伤害，甚至会出现心理和行为失常。

---

① 孙慧．挫折承受力视角下大学生社会适应性增强策略分析［J］．吉林省教学学院学报，2021，37（1）：57-60.

② 孙慧．挫折承受力视角下大学生社会适应性增强策略分析［J］．吉林省教学学院学报，2021，37（1）：57-60.

心理测试

受挫能力测试

每个人在生活中会不同程度地遭受挫折，人们在受挫后恢复的能力却各不相同。有些人受挫后弹性十足，有些人却一蹶不振，而大多数人则介于两者之间。下列问题可以测验出你应付困境的能力。在回答这些问题时，请你用“同意”或“不同意”作答。请根据自身情况真实作答！（同意的画“✓”，不同意的画“×”）

1. 胜利就是一切。（　）
2. 我基本上是个幸运儿。（　）
3. 白天工作不顺利，会影响我整晚的心情。（　）
4. 一个连续两年都名列最后的球队，应退出比赛。（　）
5. 我喜欢雨天，因为雨后常是阳光普照。（　）
6. 如果某人擅自动用我的东西，我会气上一段时间。（　）
7. 汽车经过时溅我一身泥水，我生一会儿气便算了。（　）
8. 只要继续努力，我便会得到应有的报偿。（　）
9. 如果有感冒流行，我常是第一个被感染的人。（　）
10. 如果不是因为几次霉运，我一定比现在更有成就。（　）
11. 失败并不可耻。（　）
12. 我是个有自信的人。（　）
13. 落在最后，常让人提不起竞争心。（　）
14. 我喜欢冒险。（　）
15. 假期过后，我需要舒散一天才能恢复常态。（　）
16. 遭遇的每一次否定都使我更进一步接近肯定。（　）
17. 我想我一定受不了被解雇的羞辱。（　）
18. 如果向我所爱的人求婚而被拒绝，我一定会精神崩溃。（　）
19. 我总是不忘过去的错误。（　）
20. 我的生活中，常有些令人沮丧气馁的日子。（　）
21. 负债累累的光景叫我寒心。（　）
22. 我觉得要建立新的人际关系相当容易。（　）
23. 如果周末不愉快，星期一便很难集中精力学习和工作。（　）
24. 在我生命中，我已有过失败的教训。（　）
25. 我对侮辱很在意。（　）
26. 如果聘任职务失败，我仍会愿意尝试。（　）
27. 遗失了钥匙会让我整个星期感到不安。（　）
28. 我已达到能够不介意大多数事情的地步。（　）

29. 想到可能无法完成某项重要事情，我会不寒而栗。（　）
30. 我很少为昨天发生的事情而烦心。（　）
31. 我不容易心灰意冷。（　）
32. 必须有50%以上的把握，我才敢冒险把时间放在某件事上。（　）
33. 命运对我不公平。（　）
34. 对他人的恨可以维持很久。（　）
35. 聪明的人知道什么时候该放弃。（　）
36. 偶尔做个败北者，我也能坦然接受。（　）
37. 新闻报道中的大灾难，使我无法专心工作。（　）
38. 任何一件事遭到否决，我都会寻求报复的机会。（　）

【结果统计与解释】

上列问题，列入“不同意”者为1、3、4、6、9、10、15、17、18、19、20、21、23、24、25、27、28、29、32、33、34、35、36、37，其余问题为“同意”。

依上列答案，相符者给1分，相反者给0分。如果你只得到10分或者更少，说明你就是那种易被逆境、失望或挫折左右的人。你容易把逆境看得太严重，一旦跌倒，要很久才能站起来，你不相信“胜利在望”，只承认“见风转舵”。如果你的总分在11~25分，说明遇到某些灾祸或逆境的时候，你往往需要相当长的时间才能振作起来，不过却也能找到很多的技巧和策略来获取个人的利益。如果你的总分高于25分，则显示你应付逆境的弹性极佳，不理想的境遇对你虽然会造成伤害，但不会持久，你在情感上通常相对成熟，对生活也充满热爱，不承认有失败，纵或一时失败，仍坚信有“东山再起”的一天。

三、大学生压力、挫折的来源

（一）学业

首先，大学的学习模式不同于初高中，来自外部环境的督促减少，更加考验学生的自主管理能力，而很多学生的观念还停留在其他人要自己学习上，导致许多学生在大学学习过程中面对更大的压力和挫折，如上课听不懂课后不知道怎么办、查阅和总结资料信息的能力较差、期末考试挂科等。其次，大学的学习是专业性学习，当时高考填报志愿时认可和感兴趣的专业，在学习专业课程以及对专业有了更多的了解后可能发现，自己的个性、兴趣、能力或价值观并没有与所学习的专业相匹配，导致许多学生对学业丧失兴趣，感到迷茫。最后，学习动机与学业成就以及大学生活幸福感存在紧密的联系，有部分学生学习动机不当，迟到早退或旷课，沉迷于网络游戏、恋爱、网络人际交往等，不愿意学习，对学习没有兴趣；而有些学生学习动机过强，这些学生非常关注于学业成就，对自己的学业要求严格，将自身大部分的时间和精力都花在学业上，从而导致巨大的学业压力，也无法接受自己在学业方面的失败，容易产生挫败感。

（二）就业

找工作是大部分高年级学生必经的阶段。对于绝大多数大学生来说，找工作是首次，由于社会经验不足，许多学生在这个过程中面临着不同的困扰，如不知道如何选择职业，难以找到自己心仪的岗位的招聘信息，笔试、面试频频失败，自身能力与岗位要求存在较大差距，求职过程中被欺骗，由于经验不足签下不合理的劳动合同等。此外，大学生毕业人数总体呈上升趋势，而社会空缺岗位少于大学生毕业人数，导致大学生们在求职时面临着激烈的竞争以及较大的就业压力，对于自身心理素质较差、自我调节能力较差的学生而言，更是人生的困难时期。

（三）人际关系

相较于初高中，人际关系在大学生活中所占的比例较高，人际关系也成为大学生常见的困扰之一，具体表现为：来到新的环境，难以与他人建立起亲密的关系，从而产生孤独感、环境不适；缺乏社交技巧，在与他人建立关系的过程中易发生冲突，不知道如何解决冲突，从而产生郁闷、愤怒、烦躁等负面情绪。人际关系对于大学生学业、生活、情绪状态等方面有较大影响。

（四）恋爱与性心理

大学生们生理发育逐渐成熟，也会产生恋爱的想法，而大学较为宽松的环境也容易促使大学生们恋爱；但是，大学生接受恋爱和性心理方面的教育是较少的，大学生们心理尚未完全成熟，导致在恋爱过程中易遭遇一些困扰，如单相思、分手、恋爱中的冲突、婚前性行为、校园同居等，这些都容易给大学生们带来情绪困扰，甚至是身心健康问题。

（五）家庭经济状况

作为家庭中的一员，学生们自己家的家庭生活、经济状况会对学生造成较大影响。例如，家庭人口多、有家庭成员长期患病或残疾、家庭总体收入低的学生；家庭遭遇突发性、不可抗力变故，造成人身或财产损失的学生；家庭关系极差的学生，可能会面临学习、生活方面的现实困难，还可能具有较大的心理压力，他们的家庭可能也难以为学生提供强有力的支持。

四、压力、挫折对大学生的影响

压力、挫折是我们每个人人生必经的经历，会对个体产生积极的影响，也会对个体产生消极的影响。

（一）压力和挫折的积极影响

1. 适当的压力提升学习效率

耶克斯-多德森定律由心理学家耶克斯（R. M Yerkes）与多德森（J. D Dodson）提出，该定律解释了心理压力、工作难度与作业成绩三者之间的关系（图 3-4）。过大或过小的压力均不利于学习效率的提升，适度的压力可以提升个体的学习效率。当我们在面临各种考试和面试时，适度的压力会促使我们为考试或面试做充分的准备，从而能够在考试和面试中发挥我们应有的水平、更充分地展现我们的能力。

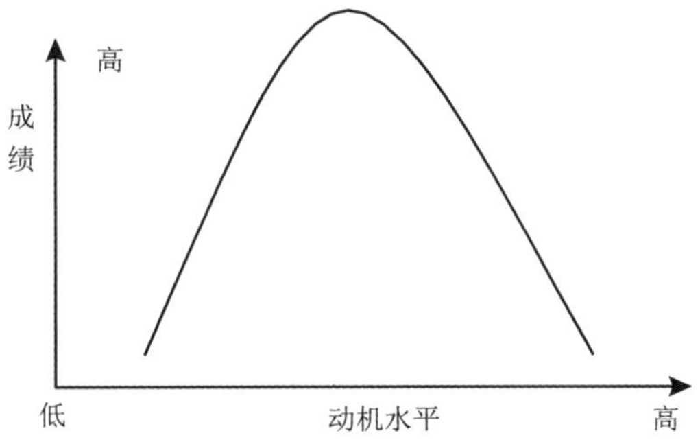

图 3-4　耶克斯-多德森定律

2. 压力和挫折有助于人格发展和心理健康

心理学研究表明，早年的心理压力是促进儿童成长和发展的必要条件。经受过生活压力的个体在以后的生活和工作中更容易适应环境，更容易取得成功；反之，早年生活条件太好，没经历过挫折和压力，犹如温室里成长的花朵，经不起生活的风吹雨打。

压力和挫折不仅能够使个体经验更加丰富，还能够磨炼人的意志，使个体拥有更强的心理韧性，从而有能力面对更大的困难。

此外，压力和挫折还会促使个体不断提升自身能力、学习各项技能，并且能够在困境中不断坚持，从而最终获得成功。

总之，对大学生而言，适度的压力和挫折是维持正常身心功能活动，激发积极性和主动性，锻炼和培养良好意志力品质的必要条件，从而使得大学生的人格发展更加健全，自身心理健康水平得以提升。

（二）压力和挫折的消极影响

1. 压力对身心健康有消极影响

压力的产生会在个体的身体、情绪和行动上出现一系列征兆，如个体会进一步去面对并克服所面临的障碍，或干脆逃避并忽略存在障碍的相关知觉。

短期生理征兆有头痛、头晕、眼睛疲劳、胃痛、气喘、便秘、心跳加快、血压上升、血糖增加与血液凝结等；长期生理征兆有心脏病、高血压、胆固醇增加、心室肥大、皮肤起疹、淋巴腺炎、甲状腺异常、秃头、胃及十二指肠溃疡、狭心症以及心肌梗死。个体在面对压力时，心理上或情绪上表现出来的差异是显著的，这与个人对情境的认知评价密切相关。与压力战斗所引起的心理征兆有消极、厌倦、不满、生气等。逃避压力所形成的心理征兆有冷淡、认命、健忘、幻想、心不在焉、能力丧失。

继时性压力和破坏性压力，已成为人们健康的杀手。继时性压力使人处于慢性心理应激状态，时间一久便容易引发一系列的身心症状，如产生呼吸困难、易疲劳、心悸和胸痛等生理症状。此外，如紧张性头痛、焦虑、抑郁、强迫行为等心理症状，属于慢性应激障碍。

破坏性压力，如地震、战争等，容易使人患上创伤后压力失调，或创伤后应激障碍，造成感知、情绪、行为等方面的系列问题，属于急性应激障碍。比如，女性被强暴后会变得呆滞、心因性记忆丧失、回避社会活动、失去安全感等；而在面对强大的自然灾害的心理反应，则比创伤后压力失调更为严重，会产生灾难综合征。

2. 挫折对人格和身心健康有消极影响

重大或持续性的挫折可能会促使个体人格的改变，比如一个自信、开朗的大学生，在毕业求职时一直不顺利，投出去许多简历，收到的笔试和面试信息却很少，在笔试和面试后没有得到期待的结果，又看到其他同学、朋友陆续有了升学或入职的好消息，导致该名大学生陷入自我怀疑，自尊心和自信心大受影响，对求职和未来的态度越来越悲观，甚至还可能出现对社会的不满以及冲动性行为。

当个体的目标无法实现，遇到挫折时，会感到失望、痛苦、沮丧不安、焦虑、心情低落，甚至还会自我怀疑、自我否定、对生活没有期待，如果情况一直得不到解决，自身状态没有得到调整，这种负面的能量很可能会损害个体的身心健康，甚至有可能成为心理疾病的诱因。

3. 压力和挫折会影响学习效率

当个体感知到的压力超越自身承受范围时，可能会出现焦虑、紧张等负面情绪，并且注意力、饮食、睡眠等都容易受到影响，从而影响自身学习和生活。而挫折容易使得个体受消极情绪所困，自身自信心受到影响，从而导致学习效率更低、学习效果不佳。在现实生活中，我们发现许多人在遇到父母离婚、考试失败、与他人发生重大冲突等挫折后，学习状态不佳、学习效果不好。

第四节　有效应对压力和挫折

导入

小孩在草地上发现了一个蛹，并把蛹捡起来带回了家。过了几天，小孩发现蛹身上出现了一道小裂缝，里面的蝴蝶挣扎了好久，身体似乎被什么东西卡住了，一直出不来。小孩看着挣扎的蝴蝶，于心不忍，小孩就拿起剪刀把蛹剪开，帮助蝴蝶脱蛹而出。不过，蝴蝶不久就死了。

蝴蝶为什么会过早死亡？

因为蝴蝶在离开蛹前必须经过痛苦的挣扎，直到它的双翅强壮了，才会破蛹而出。这是一个必经的过程，由于小孩的帮助导致蝴蝶过早地离开蛹体，导致蝴蝶并没有足够生存的能力，所以蝴蝶才会过早地死去。

没有压力和挫折，就没有成长。

一、压力管理的策略

（一）构建自己的社会支持系统

当一个人独自面对压力的时候，其应激反应的消极作用远远大于社会支持的效果。因此，要想不在压力面前孤立无助，最好构建自己的社会支持系统，其中包括自己的亲人、朋友、同学、老师等。社会支持系统可以在你需要的时候给你情感安慰、行动建议，帮助你渡过难关。强大的社会支持让你不再感到孤立无援，可以帮助你迅速恢复信心和勇气，面对挑战，解决问题。当然，要构建社会支持系统，你需要：

（1）学会尊重他人。其中当然包括你的同学和老师，因为只有尊重他人的人才能获得他人的友谊，也才可能获得帮助。

（2）扩大社会交往面，结识更多的朋友。首先，让你的同学成为你最亲密的朋友；其次，你需要一位人生导师，可以在你遇到困难的时候为你客观地分析和提供有益的观点，而这样的导师无疑就是你的老师或者其他长者。

（3）向亲人、朋友和老师敞开你的心扉。你可能基于自尊或面子的考虑而拒绝他人的帮助，但是在你确实无法解决的时候，将你面临的压力说给他们听，让他们帮你分析并提供建议。请相信这样做不会招致嘲笑，只会让他们感到你对他们的信任，你也可能得到最大的帮助。

（二）觉知和调整自己的生理状态

生理状态是压力最直接的指标。要想有效管理压力，首先要有压力意识，要能觉察压力的信号。人在应激状态下，本能会驱动机体的防御机制，这是自发发生的。现在，我们要进入自觉反应状态。有效的压力管理，需要我们建立一个对付压力，尤其是那些慢性压力的预警机制。为此，你需要：

（1）有意识地觉知自身的紧张、焦虑等情绪状态。当你处于应激状态时，自己的生理和情绪上会有什么样的不适反应？记录自己的这些压力反应，然后锁定这些反应指标，以后每当你产生这些不适反应时，便对自己发出警告。你的压力预警，就像战争中的雷达一样，让你保持必要的警惕。

（2）学会控制自己的不良生理指标。当你的压力知觉性提高时，你也需要提高生理指标控制力，比如心跳、呼吸、血压等。这实际上就是生物反馈过程，当然，提供反馈的不是机器而是你自己的觉知能力。

（三）减轻和消除自己的心理负累

应激，即便是本能反应，也足以使我们身心疲惫。现在，必须卸掉我们身上由压力带来的紧张和焦虑。否则持续性的压力累积效应，迟早会让我们垮掉。消除心理负累的方法有很多：

（1）理性辨析和积极归因。找来纸笔，将你面临的核心问题写下来，接下来，你需要围绕这些问题逐个回答：这个问题是如何产生的？这个问题真的与我有关吗？这个问题真的就是一种威胁吗？这个问题真的就不能解决吗？通过如此反复逐层深入的自我辨析，厘清问题症结所在，从而减轻对压力情景认识的模糊或者夸大威胁而产生的焦虑。

（2）学会经常进行放松训练。放松训练是通过一定的练习程序，学习有意识地控制和调节自己的身心活动，以达到降低机体唤醒水平，调整因紧张而紊乱的身心功能，从而使机体内环境保持平衡与稳定的过程（图 3-5）。①

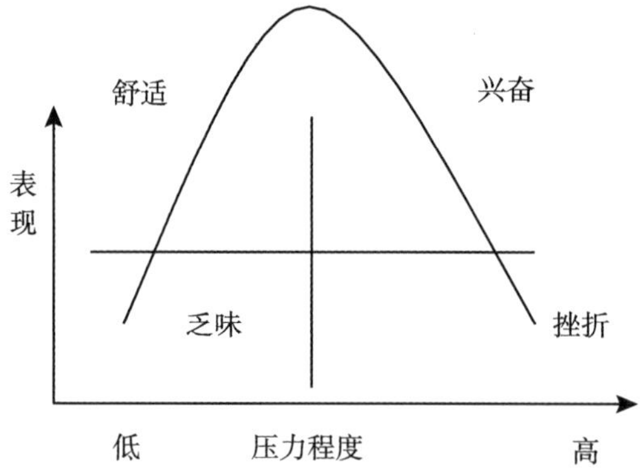

图 3-5　压力与表现的关系

（四）压力应对方式

人际关系处理得不好、工作学习不被认可、对职业未来的迷茫、经济困难和健康问题等，面对这些压力源，可采取消除压力的“4D”模式（表 3-2）来应对困境。

表 3-2　**压力“4D”模式**

	可改变因素	不可改变因素
高优先级	1	3
低优先级	2	4

① 王祥君．大学生心理卫生与发展［M］．重庆：重庆大学出版社，2019：84.

（1）发现（Detect）。要找出到底是什么原因让人感到压力，即找出压力源。

（2）区分（Divide）。要对压力源进行区分，在压力矩阵图中，可以看到两个关键因素，一个是优先级的区分，一个是可改变性的区分。

找出压力源后，要分析这个压力源是需要优先解决的压力源，还是非优先解决的压力源，然后区分压力源的可控性，即是否有可改变的因素。

（3）决定（Decide）。决定应对的策略，即用什么样的方式来处理不同区间的压力源问题。

（4）行动（Do）。采取行动，即通过采取行动来改变承受压力的现状。

二、挫折应对的策略

（一）调整认知，正确认识挫折

挫折对人的影响并不取决于挫折本身，而在于人们如何看待它。① 没有人的一生完全不会经历挫折，挫折往往与我们的生活相伴，挫折是普遍且客观存在的。所以，我们可以尽量做好充分应对挫折的心理准备，那么当我们真的面临挫折时，不至于慌乱无措，而是能够冷静地处理。此外，挫折的影响是双重的，对于有些人来说，挫折可能会使他们的生活变得糟糕，从此一蹶不振；而对有些人来说，挫折也是成长、强大的机会，他们面对挫折能够充满信心、积极应对，从而不断提升自己的能力、不断进步、获得成功。

（二）增强心理韧性，增强挫折承受力

心理韧性是个体应对各种困难、冲突情境（包括严重压力、灾难和一般生活事件）以维持、促进个体健康成长和幸福生活的一种相对稳定的心理特质。研究发现，高心理韧性的人不仅能够在困境中继续实现目标、保持幸福，生活得快乐有意义，而且能够对各种环境有更强的适应能力，拥有更强的对挫折的忍耐和接受的能力，即更强的挫折承受力。②

首先，大学生可以觉察自己拥有的外界支持和资源③（如“我有父母/朋友，无论什么时候，他们都会在我身边支持我”；“我有自己喜欢做的事情，做这些事情可以让我变得开心和有能量；“我有自己的学业，我可以从中获得价值感和成就感”），体验安全感和被保护的感觉。其次，发掘自身优势，发现自身的内在力量。最后，发现和培养人际技巧和问题解决能力（即创造力、恒心、幽默、沟通能力等），从而增强自身心

① 夏翠翠．大学生心理健康教育：慕课版［M］．北京：人民邮电出版社，2019：173.

② 王永，王振宏．大学生的心理韧性及其与积极情绪、幸福感的关系［J］．心理发展与教育，2013，29（1）：94-100.

③ 刘丹，石国兴，郑新红．论积极心理学视野下的心理韧性［J］．心理学探新，2010，30（4）：12-17.

理韧性，拥有更强的应对挫折的能力。①

（三）学习应对挫折的技巧

1. 合理宣泄挫折情绪

面临挫折时，个体可以通过与他人倾诉、书写挫折情绪、大喊、唱歌、运动、吃美食等方式合理发泄因挫折而产生的焦虑、不安等负面情绪。

2. 调整目标

有些挫折的产生是因为我们设置的目标对于此时此刻的我们而言，有些难以实现，在这种情况下，我们可以适当调整目标、降低自身期待值，确立一个更符合实际的目标。②

3. 合理归因

合理归因，可以增强大学生们应对挫折时的信心，从而成功地摆脱挫折情境。在面对挫折时，大学生们可以将挫折归因于可控的因素，如努力程度，即使本次任务没有做好，下次更加努力，或许事情就能成功了。另外，还可以归因于外部因素，如任务难度、运气好坏和外部环境。还可以归因于不稳定的因素，如努力程度、运气好坏、身心状态以及外界环境。

需要注意的是，进行归因时，不可过于片面，而要让自己冷静下来，对挫折产生的原因进行全面的分析，尽量客观全面地分析不仅可以帮助自己找到合理的挫折产生的原因，还能够让自己以后在面对类似情况时吸取经验从而做得更好。

4. 积极的自我暗示

积极的自我暗示能够给予自己更多的力量，从而能够应对挫折。在进行积极的自我暗示时，要注意使用肯定的、简短的话语，如“我能行”，另外，要选择适合自己的话语，有些自我暗示的语句是自己都不愿意相信的，如果使用自己都不相信或者不接受的话语进行自我暗示，其作用和效果是不可能达到自己的预期的。

5. 寻求帮助

大学生们在遭遇挫折时，可以寻求家人、朋友、老师或者心理咨询师的帮助，寻求有效的方法，更加积极地应对困难时期，缓解负面情绪，调整自身状态。

扩展阅读

合理运用心理防御机制

心理防御机制，是个体在遭受压力、挫折后或面临冲突的紧张情境时，自觉或不自觉地把主体与客观现实之间发生的问题，用自己较能接受的方式加以解释和处

① 王永，王振宏．大学生的心理韧性及其积极情绪、幸福感和关系［J］．心理发展与教育，2013，29（1）：94-100.

② 夏翠翠．大学生心理健康教育：慕课版［M］．北京：人民邮电出版社，2019：173.

理，以减轻挫折感，达到心理平衡的反应形式。心理防御机制有积极和消极之分，积极的心理防御机制有助于大学生应对压力、挫折并实现自我成长；消极的心理防御机制有时会使现实问题更复杂，使人陷入更大的挫折或冲突的困境。

三、积极的心理防御机制

（1）升华。个体把那些可能不道德或违反伦理的强烈潜意识欲念，以社会较能接受的形式表现出来，从而得到社会的认可和赞同，是一种积极的防御机制。比如某同学失恋了，然后写了一部关于恋爱的小说。

（2）认同。认同属于建设性的机制，指当个体在现实生活中无法获得满足或成功、产生挫败感时，向自己认可的成功者表达认同，从而获得内心的满足。

（3）幽默。当个体处于困境和尴尬局面时，运用含蓄、双关、幽默的语言，委婉、曲折的表达方式，避开冲突的锋芒，营造喜悦、轻松、愉快的氛围，缓解紧张情绪，从而渡过难关和克服挫折。

（4）补偿。当个体所追求的理想、目标受到挫折，生理上或心理上存在某种缺陷时，通过选择其他能成功的种种方法来弥补这种缺陷，以减轻心理上的不适感和挫折感。

四、消极的心理防御机制

（1）潜抑。个体无意识中对立的或现实中不能接受的冲动、欲望、想法、情感、痛苦经历等，不知不觉地压抑到潜意识中去，以致个体不能觉察或回忆而避免痛苦。

（2）转移。个体遭受压力和挫折时，将情绪反应转移给无辜的人或物，以发泄内心的不满，调节心理平衡（即迁怒于人、迁怒于物）。

（3）否定。个体把已经发生的挫折和不愉快的情境加以否定，从根本上认为它从没发生过，以避免心理上的不安和痛苦。

（4）合理化。当个体因挫折产生不良情绪时，为减轻精神上的苦恼和不快，维护个体的自尊和心理平衡，常常为自己遭受的挫折寻找借口或做歪曲的解释。

（5）倒退。又称退化，指个体遭受压力、挫折时表现出与自己年龄不相称的幼稚行为来应付情境的情况。

（6）固执。个人遭受挫折时，刻板地反复进行的某种无效动作。明知不会有任何结果，但仍要继续进行，不能随机应变。

（7）冷漠。个人遭受挫折以后表现出的对挫折漠不关心和无动于衷的态度和反应。

思考题

1. 情绪与健康的关系是什么？积极情绪和消极情绪对健康的影响有哪些？
2. 常见的消极情绪有哪些？如何调适？
3. 联系自身体验，思考如何运用情绪 ABC 调适情绪。你能从中获得什么感受？

4. 为什么抑郁症的发病率呈上升趋势？哪些原因导致抑郁症患者数量大量增加？
5. 结合实际谈谈如何消除压力，如何管理压力？
6. 结合自身实际情况谈谈如何应对挫折？

第四章　大学生人际交往

天时不如地利，地利不如人和。

——《孟子》

第一节　关于人际交往的心理学知识

导入

天堂与地狱的区别

有个人和上帝谈论天堂和地狱的区别。上帝对这个人说："来吧，我让你看看什么是地狱。"他们走进一个房间，屋里一群人正围着一大锅肉汤。每个人看起来都营养不良，绝望又饥饿。他们都有一只可以够到锅子的汤匙，但汤匙的柄比他们的手臂还长，自己没法把汤送进嘴里。他们看上去是那样悲惨。"来吧，我再让你看看什么是天堂。"上帝把这个人领入另一个房间。这里的一切和上一个房间没有什么不同。一锅汤、一群人、一样的长柄汤匙，但大家都在快乐地歌唱。"我不懂，"这个人说，"为什么一样的待遇与条件，而他们快乐，另一个房间里的人们却很悲惨？"上帝说："你仔细看看，这是因为在地狱里，人人只为自己，而在天堂里，人们互相服务，彼此合作啊！天堂和地狱的差别就在这里。"

一、人际交往相关的概念

人际交往是社会中人与人之间交际和交往的总称。人是社会的产物，也是社会的主体。人是社会化的存在，每一个体的人均有其独特的生命背景、心理、思想、态度、个性、行为模式及价值观，人与人之间的交往对每个人的情绪、生活、工作起着不可或缺的作用，甚至对其所在组织的组织气氛、组织沟通、组织运作、组织效率，以及个人与组织的关系产生极大的影响。

社会学将人际关系定义为人们在生产或生活活动过程中所建立的一种社会关系。心理学将人际关系定义为人与人在交往中建立的直接的心理上的联系。人与人交往关系的总称，也称人际交往，包括亲属关系、朋友关系、学友（同学）关系、师生关系、雇佣关系、战友关系、同事关系及领导与被领导关系等。人是社会动物，每个个体均有其独特的思想、背景、态度、个性、行为模式及价值观，然而人际关系对每个人的情绪、生活、工作有很大的影响。

（一）广义的人际关系

广义的人际关系是指人与人之间的关系，包括社会中所有的人与人之间的关系，以及人与人之间关系的一切方面。

扩展阅读

人际交往中的“六度分隔”

20 世纪 60 年代，耶鲁大学的社会心理学家米尔格兰姆设计了一个连锁信件实验。他将一套连锁信件随机发送给居住在内布拉斯加州奥马哈的 160 个人，信中放了一个波士顿股票经纪人的名字，要求每个收信人将这封信寄给自己认为比较接近那个股票经纪人的朋友。最终，大部分信在经过五六个步骤后抵达了该股票经纪人手中。六度分隔（也称“六度空间”）的概念由此而来。六度分隔理论，并不是说任何人与人之间的联系都必须通过六个层次才会产生联系，而是表达了这样一个重要的概念：任何两位素不相识的人之间，通过一定的联系方式，总能够产生必然联系或关系。

这个连锁实验，体现了一个似乎很普遍的客观规律：社会化的现代人类社会成员之间，都可能通过“六度空间”而联系起来，绝对没有联系的 A 与 B 是不存在的。这是一个更典型、深刻而且普遍的自然现象。那么，怎样用数学理论揭示“六度分隔现象”？这是现代数学领域又一重大猜想。

数学解释：若每个人平均认识 260 人，其六度就是 2606 = 308 915 776 000 000。如消除一些节点重复，那也几乎覆盖整个地球人口若干倍。

（二）狭义的人际关系

人际关系是人们在共同活动中彼此为寻求满足各种需要而建立起的互相间的心理关系。这个概念可以从三个方面理解：人际关系表明人与人相互交往过程中心理关系的亲密性、融洽性和协调性的程度；人际关系由三种心理成分组成，分别是认知、情感和行为成分；人际关系是在彼此交往的过程中建立和发展起来的。

扩展阅读

沃尔特里德陆军医院的医生们研究发现，在参加了战争但并未受伤的士兵中，大约有 17%的人患上了创伤后应激障碍。可令人惊奇的是，在那些参加了战争并受了重伤（失去一只手臂或一条腿、严重烧伤、瘫痪等）的士兵中，只有 4%的人患上了此病。这些数据让医生们感到很意外，他们本以为那些经历了战争的残酷，并遭受重伤的士兵患病的概率要大得多，为何竟然比根本没受伤的士兵低十几个百分点呢？研究者最终发现，原因都在于“治疗”的差异。这里指的不是心理疗法，而是物理治疗，特别是沃尔特里德陆军医院物理治疗的安排，在这一过程中起了决定性的作用。受伤士兵会聚在一个很大的房间里，努力地同伤痛做斗争，希望自己能过上正常人的生活。他们在接受日常治疗时发现，很多人的伤势比他们的还要严重。那种想要恢复健康的愿望，会使病人产生一种强烈的共鸣。他们相互鼓励，为彼此加油打气，并会为别人的一个小小进步而兴奋不已。这种在身体恢复过程中建立起来的关系，会帮助他们治愈精神上的创伤。

我们需要同他人建立关系，关系不是可有可无的东西，它是一种“必需品”。我们不但想要和他人建立关系，更渴望与他人进行交流和沟通。老人要比年轻人更常去看医生，身体的衰老是原因之一，但一个更重要的原因是：可以同他人交流并得到照顾和关注。而医生和理疗师，为老年人提供了他们一直非常渴求的关系刺激。关系是一种需要，可以让我们有机会同他人分享自己的经历，享受其中单纯的乐趣。除此之外，关系还能带给我们很多东西。

（三）人际交往能力

交往是指人与人之间的往来应酬，通常指两人及以上通过语言、行为等表达方式进行交流思想、沟通情感、传递信息以及交换物质等的活动过程。人际交往是两个及以上的人为了沟通交流有关生物基础性、心理基础性、物质基础性的信息和实物而相互作用、相互交换的过程。简而言之，人际交往就是在社会生活的活动过程中，人与人之间交流思想、沟通情感、传递信息与相互作用、交换物质的动态过程。

人际交往能力又称社会技能、沟通能力，是指影响人际交往活动效率和保证人际交往顺利进行的个性心理特征。在人际交往过程中，个体具有强烈的交往意愿，积极主动参与交往，并且表现出有效和适宜的交往行为，从而使自身与他人关系处于和谐状态的能力。社会技能是对心理健康影响较大的个体变量之一，人际交往能力强的个体往往能够维持和发展良好的人际关系，具备更好的社会适应力；反之，社交技能不足的个体可能会因为社会退缩或者不适应的社交行为而感知到更多的社会压力和更少的社会支持，从而出现更多的心理和行为问题。

二、人际关系的发展过程

（一）良好人际关系的发展过程

社会渗透理论是指个体之间从表面化的沟通到亲密的沟通而经历的关系发展过程。该理论由欧文·阿特曼以及达尔马斯·泰勒提出。良好人际关系的形成和发展，一般需要经过定向、情感探索、感情交流和稳定交往阶段。

1. 定向阶段

对交往对象的注意、选择和初步沟通等心理活动，由零接触过渡到单向注意或双向注意的定向阶段。在这个阶段中，由开始时的彼此无关，即零接触状态，逐渐实现选择性注意。

2. 情感探索阶段

由注意逐渐向情感探索、情感沟通的轻度心理卷入阶段转向，此时开始建立初步的心理联系。随着双方共同情感领域的发现，双方沟通也越来越广泛，自我暴露的深度与广度也逐渐增加。人们的话题仍避免触及别人私密性的领域，自我暴露也不涉及自己基本的方面。

3. 感情交流阶段

由接触而导致情感联系不断加强，心理卷入程度不断扩大，进入稳定交往阶段。人际关系发展到这个阶段，双方关系的性质开始出现实质性变化，此时的人际关系的安全感已经确立，谈话也开始广泛涉及自我的许多方面，有较深的情感卷入。

4. 稳定交往阶段

人们心理上的相容性会进一步增加，自我暴露也更加广泛深刻，可以允许对方进入自己高度私密性的个人领域，分享自己的生活空间和财产。

（二）人际关系恶化的发展过程

人际关系恶化是由人际冲突、人际内耗和人际侵犯造成的，根据这种冲突和内耗的性质和程度，可以把人际关系的恶化过程划分为冷漠、疏远和终止三个阶段。冷漠阶段，即交往的一方把交往视为一种负担，在心理上形成一种压力，并伴随交往活动而产生一种痛苦的情绪体验；疏远阶段，即交往者在痛苦情绪体验的基础上，产生一种对交往双方人际关系的厌恶和反感情绪；终止阶段，即交往双方冷漠、疏远的必然产物和符合逻辑的推论便是结束这种人际关系，双方处于完全失去联系的状态。

（三）人际模式与依恋的关系

人都有依附于那些具有支持和保护作用的他人的需要，这种需要在幼儿时期尤其明显，婴儿和养育者之间的情感依附被称作依恋。依恋理论是英国心理学家约翰·鲍尔比在 20 世纪 60—80 年代率先提出的。该理论认为“孩子同其主要照料者间的最初关系构成了以后所有关系的起点”。鲍尔比的研究是从母婴分离会对儿童的心理产生影响开始的，阐述母婴分离对孩子人格和心理各方面的重要影响。

1. 依恋类型和表现

研究认为，孩子身上儿童期表现出来的依恋特征，成年以后仍然会显露出来，所以成年人也具有和儿童一样的依恋类型分类。

儿童在早期的关系中体验到爱和信任，会觉得自己是可爱的、值得信赖的。如果儿童的依恋需要没有得到满足，他就会对自己形成一个不好的印象。鲍尔比这样解释：“一个不受欢迎的孩子不只觉得自己不受父母欢迎，而且相信自己基本上不被任何人欢迎。相反，一个得到爱的孩子长大后不仅相信父母爱他，而且相信别人也觉得他可爱。”① 与养育者关系的早期经验成为我们处理以后的人际关系的基础。如果父母从小对我们关心，我们就会把同他人的关系视为爱和支持的源泉。如果我们的依恋和被关注的需要得不到满足，就会变得怀疑和不信任。

---

① 转引自［美］伯格．人格心理学：第 8 版［M］．陈会昌，译．北京：中国轻工业出版社，2014：146.

爱因斯沃斯将婴儿的依恋模式分成安全型、回避型和焦虑—矛盾型，当孩子长大成人并建立人际关系时，这些特点仍会显露出来。安全型的成人很容易与他人相处并信赖对方；回避型的成人容易怀疑那些说爱他的人，害怕离他人太近会受到伤害，同时他们也因分离不可避免而害怕付出情感；焦虑—矛盾型的成人对同伴的爱缺少安全感，过于苛求对方，有时候显得比较强势，他们太希望受到注意以至于吓跑了同伴。

这三种类型的成人比例与婴儿的安全型、回避型和焦虑—矛盾型的比例分配非常匹配。这个研究也支持了新弗洛伊德理论的观点：从成人的行为中能找到他童年经历的痕迹（表 4-1）。

表 4-1　**依恋类型与人际、恋爱类型对照表**

依恋类型	安全型依恋	回避型依恋	焦虑—矛盾型依恋
恋爱类型	热情的爱、无私的爱	轻浮的爱	占有式的爱
人际交往特点	亲密、热情、愿意付出、自信、不逃避亲密、非神经质	亲密、不热情、不愿意付出、不自信、逃避亲密、非神经质	亲密不稳定、热情不稳定、不自信、不逃避亲密、神经质

2. 依恋形成的影响因素和机制

（1）内部因素。婴儿在出生时具有一些个性特征，部分观点认为婴儿早期的这些气质特征很可能影响父母对他们的印象和态度：有的孩子见人便笑、喜欢被人抱，他们更容易赢得成人的欢心，从而更易建立良好的母婴互动关系；而有的孩子则表现出不愿意被人抱，不易被抚慰的特征，这样的婴儿就可能遭受冷落，与人交往的机会也大大减少。卡根根据儿童日常生活中的活动特点，把早期儿童的气质分为三种类型：易带的孩子、难带的孩子和迟缓的孩子。他认为，易带的孩子生活有规律，节奏性强；他们容易适应新环境。他们总是情绪愉快，爱玩，对成人的招呼反应性强，对成人的抚养活动提供大量的积极强化，因而在整个儿童期都受到成人的极大关注和注意。难带的孩子总是哭，不易抚慰；进食时烦躁不安，睡眠无规律；对新刺激畏缩，难以接受变化。他们的心情总是不好，在游戏中也不愉快，成人需要费很大气力才能使他们接受抚慰。迟缓的孩子常常是安静地退缩，对新事物适应缓慢，如果坚持和他们积极地接触，他们会逐渐产生良好的反应，慢慢地活跃起来。这样，难带的孩子往往就形成焦虑—矛盾型依恋，易带的孩子形成安全性依恋，而迟缓的孩子则往往形成回避型依恋。儿童固然有气质差异，但这不能成为父母在养育中对其需要不敏感和不给予关注的理由。气质没有好坏之分，任何人都有寻求依赖和关注的需要，儿童不会因为具有害羞的气质而内心就不需要别人的爱。是否得到关注和爱，是决定安全依恋的关键因素。

（2）外部因素。对依恋质量的影响因素的探讨多数集中在外部因素上，其中又包括很多方面，看护者本身的依恋型特点是一个重要的方面，另外还有看护者的养育方式、家庭环境等方面。安全型父母会及时满足孩子的需要，孩子会以父母作为他们的安全基地，去积极地进行探索活动。不安全型依恋的父母会误解孩子的需要，或只做出有选择的回应。回避型父母总是倾向于将孩子的依恋行为和活动“最小化”，尽量回避亲密行为。他们容易忽视、打消或拒绝孩子寻求亲近的需要，这样会减少孩子的探索行为，并削弱其对父母的依念情绪。专注型父母过度地强调和使用了依恋行为（控制性较强、引诱性较强）。观察这些父母与孩子间的互动行为可以发现，父母实际上总是在“鼓励”孩子的依赖性。互动过程中充满了无休止的、紧密的感情基调。专注型父母的过度卷入行为，影响了对孩子真正需要的注意，他们容易误解孩子的情绪，而不会有效减轻孩子的不快。恐惧型父母表现出受到惊吓或者吓唬孩子的行为，这两种行为都会打扰孩子。他们还会用表情或怯懦的行为表现出对孩子的恐惧。这种恐惧会导致他们放弃做父母的权威性而渴望与孩子互换角色，这样的父母处于一种无助、被控制住的状态。他们的孩子在婴儿期会表现出行为紊乱、无判断力、恐惧等特点。孩子在 3 岁时，恐惧型父母就会表现出特别的控制力，常常主导着亲子互动的方式，还有蛮横、苛求的特点。这类父母大多数有压抑、焦虑或边缘性人格紊乱等心理问题。

父母的心理状态会通过对孩子需要的了解和反应影响养育行为，而这些表现不同的养育行为，又直接影响了孩子的依恋质量。若母亲对孩子不够负责任，对孩子的需要不敏感，经常表现出拒绝，对孩子缺乏耐心，这样的孩子就容易形成回避型不安全依恋；若母亲对孩子的需要漠不关心，常常随心所欲地误解孩子的需求，与孩子之间没有形成和谐的相处氛围，孩子就容易发展成焦虑—矛盾型依恋。混乱型不安全依恋婴儿的母亲的看护行为经常不连贯和不规律，母亲对儿童的情感是矛盾的，常常表现出强烈的亲近又同时有强烈的回避行为，因而导致儿童的情感混乱和矛盾。

在一个有压力、不稳定、不敏感的家庭环境里，儿童形成不安全依恋的比例是很高的。如果婴儿在关键期内没有与母亲建立紧密的情感联结，那么儿童的人际关系和情绪发展就会受到严重的、不可逆转的损害，形成一种“无情感的性格”。心理学家对三个月到一岁的孤儿院婴儿进行了观察研究。研究发现许多婴儿在与护士分离之前已表现出分离时的行为倾向，他们不断哭泣，并表现出对周围环境的回避与退缩、对外在刺激缺乏敏感回应和睡眠困难等特征。在这种集体养育的环境下，婴儿无法体验母亲的关爱，随着年龄的增长，儿童的抑郁感与焦虑感迅速加深。有相当多的心理学家强调包括亲子关系在内的一系列早期经验在形成依恋中的重要作用，其中隐含着心理学界长期持有的观点：儿童年龄越小，接受他所经历事件的影响就越大。

3. 对非安全依恋的干预

要对不安全依恋进行干预，就包括对不安全依恋型父母的识别和矫正；对于已经形成不安全依恋的成年人来说，寻找其早期家庭的不安全依恋的形成因素已经不再具有意义，重要的是对其当前的个体进行咨询和治疗。根据依恋理论，对其早期依恋经验进行修复，是解决其问题的有效方法。

对于人际关系不良的个体，选择专业的帮助探索其早期的亲子关系，将是临床治疗的一个有效手段。不良人际关系是由不安全依恋造成的，首先就要对不安全依恋进行干预。干预方法可以通过咨询师无条件地积极关注和提供支持与来访者之间建立有效的依恋关系，以使来访者重塑早期的不安全依恋。

三、人际关系的意义

良好的人际关系对人一生的发展影响非常大，是人们获得幸福感以及取得成功的重要条件之一。

（一）良好的人际关系有益于个人获得成功

人际关系能够促进人们共同协作，为完成特定的任务而共同奋斗。现代科学技术的发展，既为交往创造了快捷方便的条件，也对交往方式提出了更高的要求。现在许多社会工作任务，越来越不能靠个人单枪匹马来完成，而要通过众多人的共同协作来完成。每个科研项目的攻关，离不开众多科学家的联手合作，加强联系，共同研究。良好的人际关系能够促进人们的信息交流和信息共享。现代社会知识量激增“信息爆炸”，不建立一个和谐的人际关系进行交往，就不能尽快获得信息。有人曾说，现代社会中80%的信息是通过交往获得的，而在现代社会掌握了信息就等于增加了成功的砝码。人们可以从友好协作的人际关系中汲取力量，增强信心。

（二）良好的人际关系是人身心健康的需要

一个人如果处在相互关心爱护、密切融洽的人际关系中，心情舒畅，有益于身体健康。良好的人际关系能使人保持轻松平稳，态度乐观；不良的人际关系可干扰人的情绪，使人产生焦虑、不安和抑郁；严重不良的人际关系，还会使人惊恐、痛苦、憎恨或愤怒。现代医学研究表明，恶劣的情绪实际上是对身心健康的最大摧残。美国科学家最近研究发现，有20%的美国人因惯于生气而使健康受到严重威胁，因此，人的身心健康需要良好的人际关系。俗话说，健康之道在于“和”，这个“和”是指身体内在的和，也指与自然和社会的和，同样也指人和，即人际关系的和谐。

（三）良好的人际关系是人生幸福的需要

精神生活的状况，如获得支持、满足感等与人际关系有着密切联系。在一个志同道合又积极向上的人际关系群体中，和谐健康的人际关系形成的基础是和谐、信任、友爱、团结、理解、互相关心的客观环境。在这种环境中，人与人思想感情上的交流，能使人们从中汲取力量和勇气，使人在碰到挫折、困难时得到别人及时的帮助，通过交流达到互相理解；能使人处在一种舒畅、快慰、奔放的精神状态中，容易形成乐观、自信、积极的人生态度，人们的情操、心理环境得到净化，思想境界得到升华。相反，不良的人际关系使人产生猜疑、冷漠、嫉妒，造成困惑、苦闷、孤寂、萎靡和痛苦的状态。

扩展阅读

哈佛大学持续76年的“格兰特研究”

著名的“格兰特研究”研究的是“什么样的人，最可能成为人生赢家”——这项研究已经持续了76年，花费超过2 000万美元。主持这项研究整整32年的心理学家乔治·瓦利恩特说“温暖亲密的关系是美好生活的最重要开场”。

1938年，时任哈佛大学卫生系主任的阿列·博克教授认为，整个研究界都在关心“人为什么会生病、失败、潦倒”，怎么没有人研究一下“人怎样才能健康、成功、幸福”？博克拟定了一项雄心勃勃的研究计划，打算追踪一批人从青少年到人生终结，关注他们的高低转折，记录他们的状态境遇，点滴不漏，即时记录，最终将他们的一生转化为一个答案——什么样的人，最可能成为人生赢家。乔治·瓦利恩特说，赢家必须“十项全能”：十项标准里有两项与收入有关，四项与身心健康有关，四项与亲密关系和社会支持有关。比如说，必须80岁后仍身体健康、心智清明（没活到80岁的自然不算赢家）；60~75岁时与孩子关系紧密；65~75岁时除了妻子儿女外仍有其他社会支持（亲友、熟人）等；60~85岁时拥有良好的婚姻关系；收入水平居于前25%。这就是著名的“格兰特研究”。研究名字源于最初的赞助者——慈善家威廉·格兰特。

1939—1944年，这项研究选择了268名当年正在哈佛就读的本科生作为研究对象。这批人已经站在美国年轻人的巅峰，他们有着光明的未来，得享成功与长寿的概率很大。这正是格兰特研究需要的——研究对象要活得够长，否则就不算“笑到最后”；要足够成功，否则怎能算“笑得最好”？入选者当年都在19岁上下，全部是家境良好的美国籍白人男性，身心健康，仪表堂堂——事实上，每个入选者都经过严格的体格“选美”，研究者倾向于挑选猿臂蜂腰者，因为一开始的猜测是，“富有男性气概者”更可能拥有幸福人生。每隔两年，这批人会接到调查问卷，他们需要回答自己身体是否健康，精神是否正常，婚姻质量如何，事业是否成功，退休后是否幸福。研究者根据他们返回的问卷给他们分级，E代表情形最糟，A代表情形最好。不过，光是自我评定可不够。每隔5年，会有专业的医师去评估他们的身心健康指标。每隔5~10年，研究者还会亲自前去拜访这批人，通过面谈采访，更深入地了解他们目前的亲密关系、事业收入、人生满意度，以及他们在人生的每个阶段是否适应良好。

这批人可谓“史上被研究得最透彻的一群小白鼠”，他们经历了第二次世界大战、经济萧条、经济复苏、金融海啸，他们结婚、离婚、升职、当选、失败、东山再起、一蹶不振，有人顺利退休安度晚年，有人自毁健康早早离世。最终，这268人里确实涌现了不少成功人士，迄今有4位美国参议员，1位州长，甚至1位美国总统——约翰·肯尼迪。不过，肯尼迪的研究档案早就被政府单独拿走，预计到2040年才有可能解密。其余267份人生档案又得出了怎样的结论呢？首先，以下因素不太影响“人生成功”：最早猜测的“男子气概”没用，智商超过110后就不再影响收入水平，家庭的经济社会地位高低也影响不大，性格外向内向无所谓，也不是非得有特别高超的社交能力，家族里有酗酒史和抑郁史也不是问题。真正能影响“十项全能”，帮你迈向繁盛人生的，是如下因素：不酗酒、不吸烟，锻炼充足，保持健康体重，以及童年被爱，共情能力高，青年时就能建立亲密关系。

如下数据可能会让你大吃一惊：与母亲关系亲密者，一年平均多挣8.7万美元；与兄弟姐妹相亲相爱者，一年平均多挣5.1万美元。在“亲密关系”这项上得分最高的58人，平均年薪是24.3万美元。得分最低的31人，平均年薪没有超过10.2万美元。只要能在30岁前找到“真爱”——无论是真的爱情、友情还是亲情，就能大大增加你“人生繁盛”的概率。乍一看，哈佛用76年熬了一碗浓浓的“鸡汤”——人生成功的关键是“爱”？这答案看上去太过普通，以至于让人难以置信。但瓦利恩特说，爱、温暖和亲密关系，会直接影响一个人的“应对机制”。他认为，每个人都会不断遇到意外和挫折，不同的是每个人采取的应对手段，“近乎疯狂类”的猜疑、恐惧是最差的；稍好一点的是“不够成熟类”，比如消极、易怒；然后是“神经质类”，比如压抑、情感抽离；最后是“成熟健康类”，比如无私、幽默和升华。

一个活在爱里的人，在面对挫折时，他可能会选择拿自己开个玩笑，和朋友一起运动流汗宣泄，接受家人的抚慰和鼓励……这些“应对方式”，能帮一个人迅速进入健康振奋的良性循环。反之，一个“缺爱”的人，遇到挫折时往往得不到援手、需要独自疗伤，而酗酒吸烟等常见的“自我疗伤方式”，则是早死的主要诱因。当然，并不是每个人都能幸运地拥有美好的童年，但好消息是，不论你今年几岁，都有机会“在爱里获得重生”。哈佛的被试中，一个化名卡米尔的入选者直到35岁才第一次知道被别人全心关爱是什么感受——当时他因肺结核住院14个月，而医护人员给了他一直渴望的爱与温暖。此后，卡米尔从一个自杀未遂的神经症患者，变成了一个负责的医生、丈夫和父亲，他的家人、病人、下属和朋友都衷心爱他，最终他在82岁时攀登阿尔卑斯山因心脏病突发去世，许多人出席了他的葬礼，向他致意告别——虽然开场并非最佳，但收尾时却是段丰盛繁茂的成功人生。

第二节　关于大学生人际交往的特点与问题

导入

一个永远不欣赏别人的人，也就是一个永远也不被别人欣赏的人。

——汪国真

一、大学生人际关系的特点

大学是一个特殊的社会，存在着各种各样的关系，对于学习和生活在其中的大学生来说，其人际关系有如下特点。

（一）大学生人际交往愿望迫切

大学生思想比较单纯，精力充沛，兴趣广泛，活泼好动，对人际交往的需要比成人和中学生更为强烈。据有关材料表明，有90%左右的大学生希望自己有良好的人际关系和人际环境。他们希望通过交往来获得同学的认可、接受、尊重、信任，去拓宽视野，满足自己多方面的需求。

（二）大学生的人际关系比较注重情感需求

大学生交往动机中功利性少，情感性多，比较纯洁、真诚。大学生由于生活经验较少，社会阅历、认知能力等基本相符，个体之间基本不存在特权、等级问题，更易于平等、和平相处。在一项关于大学生交朋友的起因调查中，有51%的人认为交朋友是因为谈得来，42%的人认为是有感情，只有5%的人认为是用得着。他们崇尚高雅、真诚、纯洁的友谊，注重情感的沟通和交流，不是或主要不是从对象的家庭背景、经济条件、学习成绩等方面考虑，交往的主要目的是获得情感需要的满足。这种满足既表现为消除孤独，寻求友谊，在同性同辈中找到情感交流的对象，也表现为通过与异性同辈的交往来满足友谊和爱情的需求。

（三）大学生人际关系注重平等性

随着大学生生理年龄、心理年龄的不断成长，其主体意识、独立意识和自尊心日益增强，对友谊的平等性要求越来越高。有调查结果表明，46%的大学生认为人与人交往应该是平等的、互助的。大学生交往中的平等特点是由他们彼此关系的非利益冲突和较强烈的平等交往意识决定的。大学生之间是同学关系，不存在较大的利益冲突，且具有共同的学习任务和比较一致的学习目的，加之学校和老师对他们提出的要求、给予的机会都是平等的，使得每个大学生在学校或班级中都是平等的一员，因此，他们的人际关系比较稳定，友谊比较长久，遇到矛盾和问题也比较容易解决，不会出现大的波动。

（四）大学生人际关系交往的内容比较丰富

由于大学生兴趣广泛，情感丰富，精力充沛，求知欲强，他们对各种自然的、社会的现象都很关注，希望自己见多识广，其结果是他们交往的内容比较丰富。特别是随着社会生活节奏的加快，他们的人际交往（交流感情、寻求友谊、寻觅爱情）内容更加丰富和多样化。他们不仅对专业以及感兴趣的各方面知识和信息（包括衣、食、住、行、工作等方面）进行交流，而且还会敞开心扉，无所顾忌地进行情感的交流与宣泄，发生思想的碰撞和融会。大学生交往的范围也越来越广泛，跨越班级、年级、专业、性别，甚至是跨校区开始校际的交往。

大学生生活的环境主要在校园，交往对象主要有两类：一是同学交往，同学是大学生人际交往最基本的对象，同学交往比较频繁的有班级内的同学交往、社团内同学间的交往、宿舍成员间的交往；二是师生交往，主要是专业授课教师和辅导员或班主任，他们是大学生人际交往的主要对象。师生关系是一种业缘关系，师生之间心理距离小，相容程度高，教师对学生充满关怀、爱护，学生对教师充满尊敬和爱戴；师生关系是一种最无私、最纯洁的人际关系，教师和学生之间很容易建立一种良师益友的关系。

大学生除了主要与教师、同学之间交往，还与家庭成员和校外社会成员有交往。随着教育改革的逐步深化，大学生有更多的机会走出校门、深入社会、了解社情。一些大学生通过各种渠道，如社区服务、勤工俭学等，参加志愿者活动、投身家教、扶贫帮教等，与社会进一步产生广泛联系。这些有助于大学生的健康成长，对培养和锻炼他们良好的人际关系的能力有积极作用。

二、大学生人际关系的作用

对正处于学习和成长中的大学生来说，良好的人际交往、融洽的人际关系，对他们的成长发展具有重要作用。

（一）良好的人际关系有利于大学生的信息交流

人际交往的过程是彼此交流信息、知识、经验和情感的过程。大学生通过建立良好的人际关系，能以各种方式迅速获得信息，且人际交往比之于书本获得的信息内容更广泛，渠道更直接，速度更迅速。大学生随着交际范围的扩大和友谊的加深，能认识更多的人，听到更多的事，交换更多的思想，获得更多的信息。

（二）良好的人际关系有助于大学生提高学习效率

在一个人际关系健康和谐、具有向心力和凝聚力的群体中，大家互相关心、互相帮助，会感到心情舒畅，可以有效提高学习效率。良好的人际关系使同学之间能相互模仿、相互帮助、相互启发，使师生之间情感相融、教学相长，从而使大家的视野不断开拓，思想不断受到启迪，知识上互相补充和促进，学习积极性不断被激发。

（三）良好的人际关系是大学生全面发展和完善的重要条件

人的个性发展除了受先天遗传的影响，另一个主要的影响因素是后天环境。长期生活在友好和睦的人际关系中，个体的个性会变得乐观、开朗、积极、主动。同时，在这样的人际关系条件下，也有助于提高个体的自我认知和评价能力。在良好的人际关系中，大学生能通过他人对自己形象的反射，了解自己行为表现的恰当性和能力高低，从而不断调整自己的行为，努力进取，完善自己的个性，使自己的潜能得到进一步发挥，以达到自我意识与社会意识的统一。此外，在交往过程中，大学生可以把他人的优点作为自己的追求目标，通过交流学习，将他人的行为方式、态度、价值观念、优良品质、精神面貌等吸收过来，纳入自己的范畴，有利于形成良好的品质。

（四）良好的人际关系能促进大学生的社会化进程

每个人的社会化进程都是在人际交往中进行的，人际交往是社会化的起点。大学期间是大学生加速社会化的关键时期，随着他们人际交往范围的不断扩大，交往内容逐步深化，交往形式日趋多样，可以在交往中不断积累深化社会经验，学到社会生活所必需的知识、技能、态度、伦理道德规范，明确自我的社会责任，促进成熟。

（五）良好的人际关系有利于促进大学生的心理健康

人际交往的时间和空间越大，人的精神生活越丰富，得到支持和帮助的机会越多，就越能保持心理平衡。心理学研究表明，人都有强烈的交往需要，都畏惧孤独，害怕离群索居。大学生多数远离家乡和亲人，异地求学，易产生孤独感和失落感，同时在日常的学习和生活中也难免碰到一些不顺心的事，易产生惆怅心理，需要找人倾诉、交谈，从精神上得到慰藉。良好的人际关系能使大学生相互诉说各自的喜怒哀乐，倾吐衷肠，宣泄愤怒、压抑和痛苦，消除失落、孤独、焦虑等不良情绪，获得支持和理解，使自己心境开朗，减少心理疾病。良好的人际关系能使大学生归属于一定的集体，能交到志同道合的朋友，能使大学生乐于同别人交往，乐于牺牲个人的欲念，能从帮助别人中得到心理上的幸福和满足，也能从与他人友好的相处中获得友谊和爱。但是，如果人际交往的需要得不到满足，处于一种不良的人际关系中，就会增加大学生的挫折感，引发内心矛盾和冲突，情感上的孤寂、惆怅、空虚等就会经常出现，从而带来一系列不良的情绪反应。不良的情绪作用于生理活动，将会成为各种疾病的催化剂，削弱人的抗病能力，使正常机能减退，并且削弱神经系统的工作能力，导致心理障碍。

扩展阅读

感觉剥夺实验

在“冷战”期间，美国对太空探索和军事潜力的兴趣推动了多项研究，其中包括孤独和隔离对个体的影响。这些实验的目的是了解人类在极端孤立环境中的表现，以便为宇航员和士兵的训练提供依据。

实验选择健康成年人，通常是大学生或军人作为被试，将被试置于隔音、无光的环境中，有时还会限制触觉和运动，实验时间从几小时到几天不等。通过观察、心理测试和生理监测，记录被试的反应。

实验结果发现许多被试报告出现幻觉、焦虑、抑郁和认知功能下降；部分被试出现心律不齐、血压变化等生理反应；在行为上表现出注意力不集中、记忆力减退和决策能力下降。

实验表明，长时间的感觉剥夺和孤独会对心理和生理健康产生显著负面影响，揭示了人类在极端孤立环境中的脆弱性，强调了心理支持和社会互动的重要性。

三、大学生人际交往中的常见问题

（一）不敢交往

在人际交往的实践活动中，不同的人可能存在不同程度的恐惧心理，但每个人的反应不同，如害羞、紧张、自卑、焦虑等。

（二）不愿交往

大学生不愿交往的原因也各不相同，可能是由于学生家庭背景、学习能力或者地方语言而引起的缺乏自信；或者是缺乏基本合作精神，以自我为中心，觉得除了自己都不值得信任；也有同学缺少彼此包容的意识，因为一些鸡毛蒜皮的小事就互相伤害，进而影响交往意愿。

（三）不善交往

不善交往包括不擅长交往的常识，不注意把握沟通的方式，不懂得人际交往的原则，开玩笑不注意场合，不懂得给人留面子，或者语言生硬让人无法接受，还有的交往障碍是因为不懂得尊重他人的风俗。

第三节　人际吸引因素

导入

■ 不要抱怨。
■ 看到别人的优点，给予真挚诚恳的赞赏。
■ 真诚地关心他人。
■ 微笑。
■ 记住一个人的姓名。
■ 做一个善于倾听的人，鼓励别人谈论他们自己。
■ 了解对方的兴趣，就他感兴趣的话题进行交谈。
■ 使别人感到他们是重要的。

——卡耐基《沟通的艺术》

为了促进人际吸引力的建立和巩固，一方面要克服各种阻碍人际吸引力的因素，如不尊重他人、自我中心主义、不顾他人的需要、欺骗、依赖、骄傲、自卑、情绪孤立等，另一方面还要积极学习有效交往的方法。第一，正确组织交往过程，要了解交往者本身就是一个信息的发送者和接收者，必须注意将信息正确地进行发送和接收。① 第二，进行敏感训练，要能正确地了解别人的感情，增强两者间的吸引力，如果我们能设身处地体会他人的情感、好恶，就易于和他们建立相互吸引的良好关系。第三，为了维持群体凝聚力，需要组织群体成员的合作和竞争。

一、人际交往中的吸引力

人际吸引是个体与他人之间情感上相互亲密的状态，是人际关系中的一种肯定形式。在社会交往中，人们不仅相互感觉、相互认识，而且也形成一定的情感联系。人际交往是人们运用语言符号系统或者非语言系统相互沟通信息、交流思想、表达感情、协调行为的互动过程。它是人类的生存方式之一，是人类本质属性的表现。美国心理学家W. 巴克说："人离不开人——他要学习他们，伤害他们，帮助他们，支配他们……总之，人需要与其他人在一起。"② 马克思也说过："人是最名副其实的政治动物，不仅是一种合群的动物，而且是只有在社会中才能独立的动物。"③ 学习处理各种人际关系，提高人际吸引力，是每个人成长中的必修课。

（一）外貌

爱美之心人皆有之，俊美的外表有不可抗拒的吸引力，正如古希腊哲学家亚里士多德所言，美丽是比任何介绍信更为巨大的推荐书。虽然"以貌取人，失之于人"的道理人人都懂，但是，外貌在人际交往中，尤其是初次接触中，对人际吸引有着强烈的影响却是事实。

（二）熟悉与邻近

熟悉能提升吸引的程度，如果其他条件大体相当，人们会喜欢与自己邻近的人。熟悉性和邻近性均与人们之间的交往频率有关。处于物理空间距离较近的人，见面机会较多，容易熟悉，产生吸引力，彼此的心理空间就容易接近。常常见面也有利于彼此了解，使得相互喜欢。交往频率与喜欢程度的关系呈倒"U"形曲线，即中等交往时彼此

---

① 赵崇莲，郑涌．大学生人际关系质量的影响因素研究［J］．科学心理学，2009，32（4）：983-985.

② ［美］克特·W. 巴克．社会心理学［M］．南开大学社会学系，编．天津：南开大学出版社，1984：1.

③ 马克思恩格斯选集（第2卷）［M］．北京：人民出版社，1995：2.

喜欢的程度较高，而过低与过高的交往频率均不利于提升彼此喜欢的程度。

提高熟悉程度的主要方法是互动接触。互动接触越多，熟悉程度越高，人际关系越容易密切。常言道："亲戚越走越亲，朋友越走越近。"亲密的人际关系形成以后，相互之间如果不再沟通交往，也会产生陌生感、疏离感，密切的人际关系也会趋向淡化，正所谓"日亲日近，日疏日远"。只有做人际交往的始动者，方能掌握人际交往的主动权。

（三）相似性

人们往往喜欢那些和自己相似的人。相似性主要包括：信念、价值观及人格特征的相似；兴趣、爱好等方面的相似；社会背景、地位的相似；年龄、经验的相似。相似的信念、价值观和个性品质，能对人际关系正强化作用；而不相似的信念、价值观和个性品质则可能起到负强化作用。这种正负强化作用通过条件反射过程与具有这些特点的人联系起来，结果造成人们喜欢相似的人，不喜欢不相似的人。相似点越多，越能够方便沟通，加深理解，获得支持，达成共识。而寻求友谊的过程，在某种程度上就是寻找相似点的过程。

（四）互补

当双方在某些方面呈现互补性特性时，彼此的吸引力会增强。互补性主要体现在以下三个方面：需求互补、社会角色互补以及人格特质互补（如内向与外向）。例如，一个主动支配型的男性和一个被动顺从型的女性往往更容易相互吸引。选择与自己性格特质互补的伴侣，能够满足彼此的需求。从表面上看，互补性原则与相似性原则似乎相互矛盾，但从社会角色理论的角度来看，二者是统一的。例如，支配型男性和顺从型女性虽然在性格上互补，但他们对男女关系的角色期待是一致的——即男性应主导，女性应顺从。当双方的需求、角色和人格特征均形成互补关系时，所产生的吸引力会尤为强烈。

（五）才能

才能一般会提升个体的吸引力，但如果这种才能对别人构成社会比较的压力，让人感受到自己的无能和失败，那么这种才能则不会对吸引力有帮助。研究表明，有才能的人如果犯一些"小错误"，会提升他们的吸引力。才能不直接决定人际关系的和谐与否，但它能决定人际吸引力的强弱。才华、能力出众的人总比一般人更有见解、更有办法、更有力量，有可能给他人提供更多建议、更多启迪、更多帮助。在其他条件相当时，一个人越有能力、有才华，人们就越尊重、钦佩、仰慕他。大学生一般崇拜和羡慕有真才实学的人，"名人效应""追星现象"便是这一心理的直接反映。"腹有诗书气自华"，充分挖潜，培养特长，使自己在学业、才艺、组织协调能力等方面出类拔萃、卓尔不群，是提高自身人际吸引力的重要方法。

扩展阅读

出丑效应

心理学家艾略特·阿伦森曾做过这样一个试验，他把四段情节类似的访谈录像分别放给他准备要测试的对象：在第一段录像里接受主持人访谈的是个非常优秀的成功人士，他在自己所从事的领域里取得了辉煌的成就。在接受主持人采访时，他的态度非常自然，谈吐不俗，表现得非常有自信，没有一点羞涩的表情。他的精彩表现，不时地赢得台下观众的阵阵掌声。第二段录像中接受主持人访谈的也是个非常优秀的成功人士，不过他在台上的表现略有些羞涩。当主持人向观众介绍他所取得的成就时，他表现得非常紧张，竟把桌上的咖啡杯碰倒了，咖啡还将主持人的裤子淋湿了。第三段录像中接受主持人访谈的是个非常普通的人，他不像上面两位成功人士那样有着不俗的成绩。在整个采访过程中，他虽然不太紧张，但也没有什么吸引人的发言，一点也不出彩。第四段录像中接受主持人访谈的也是个很普通的人，在采访过程中，他表现得非常紧张，和第二段录像中一样，他也把身边的咖啡杯弄倒了，淋湿了主持人的衣服。当教授向他的测试对象放完这四段录像，让他们从上面这四个人中选出一位他们最喜欢的、一位他们最不喜欢的。

最不受被试喜欢的当然是第四段录像中的那位先生了，大多数被试选择了他，可奇怪的是，被试最喜欢的不是第一段录像中的那位成功人士，而是第二段录像中打翻了咖啡杯的那位，有95%的被试选择了他。

从这个实验里我们看到了心理学里著名的“出丑效应”，又称“仰巴脚效应”。对于那些取得过突出成就的人来说，一些微小的失误比如打翻咖啡杯这样的细节，不仅不会影响人们对他的好感，相反还会让人们从心里感觉到他很真诚，值得信任。而如果一个人表现得完美无缺，我们从外表看不到他的任何缺点，反而会让人觉得不够真实，从而会降低他在别人心目中的信任度，因为一个人是不可能没有任何缺点的，尽管别人不知道，自己对自己的缺点也是心知肚明的。

俗话说，“金无足赤，人无完人”，人难免出丑犯错。当某些人表现得完美无缺时，一般人就会感到他不够真实，难以亲近。和完美的人在一起，普通人往往认为己不如人而感到惴惴不安。这样失衡的人际关系是难以保持长久的，因为它很可能导致一方生活在自卑和压抑之中。因此，被认为杰出或优秀的人偶尔出丑，不但不会影响他的人际吸引力，反而会让他更具人格魅力。

值得注意的是，出丑效应并不是让人故意出丑来哗众取宠，而是倡导人不用过分追求完美，在不慎犯错的时候能够用一颗平常心接纳自己。

（六）人格品质

个性品质、能力是人的内在素质，它们对人际交往的影响持久、稳定、深刻。尤其是个性品质，往往是人们选择朋友的首要因素，吸引朋友的个性品质有真诚、宽容、自信、幽默等。一般人总把真诚作为选择朋友的首要要求，真诚是友谊的灵魂和核心。1968 年，美国社会心理学家安德森曾设计 555 个描写人品的形容词，其中，大学生最喜欢、评价最高的品质是真诚，在 8 个评价相对较高的形容词中，6 个和真诚有关，即真诚、诚实、忠诚、真实、信赖和可靠（表 4-2）。

表 4-2　**影响人际吸引的主要人格品质**

最积极品质	中间品质	最消极品质
真诚	固执	古怪
诚实	刻板	不友好
理解	大胆	敌意
忠诚	谨慎	饶舌
真实	易激动	自私
可信	文静	粗鲁
智慧	冲动	自负
可信赖	好斗	贪婪
有思想	腼腆	不真诚
体贴	易动情	不善良
热情	羞怯	不可信
善良	天真	恶毒
友好	不明朗	虚假
快乐	好动	令人讨厌
不自私	空想	不老实
幽默	追求物质欲	冷酷
负责	反叛	邪恶
开朗	孤独	装假
信任	不依赖别人	说谎

二、倾听

人们总是喜欢尊重自己、关注自己、对自己感兴趣的人。善于倾听，显示出对对方人格的尊重、观点的重视，是赢得友谊的诀窍之一。

会说话并不代表会沟通，一个自诩能言善道者并不是一个良好的沟通者，一个具有沟通能力的人往往能耐心听别人说话、倾听别人心声，这比说话本身更为重要。一个富有影响力的人应该知道倾听的价值。

（1）完全没有听。对方讲的一点都听不进去，听者也完全没有注意说话人所说的话。

（2）假装地听。人在心不在，听者其实在考虑其他毫无关联的事，或内心想辩驳，他们的兴趣点并不是听，这样容易导致关系破裂、冲突的出现和拙劣的决策制定。

（3）选择地听。他们只选爱听的、中意的、有利的、无害的听，其余都当耳边风，听而不讲。

（4）专心地听。听者主要倾听所有的字词和内容，但很多时候还是错过了讲话者通过语调、身体姿势、手势、脸部表情等所要表达的意思，一般听者是通过点头同意表示正在倾听，而不用询问澄清问题，所以讲话者很容易误解为对方已完全听懂并理解。

（5）同理倾听。以同理心的细密感受去体会对方的需求、了解、感觉而有心灵触动，听者容易在说话的信息中寻找感兴趣的部分，容易获取新的和有用的信息。

扩展阅读

同理倾听

同理倾听就是带着同理心去倾听。同理心源于希腊，它的意思是情绪进入，表示一种理解能力——觉察他人个人经验的能力。同理心即辨识或感觉他人的情绪能力。同理心是人际知识的基础，是与他人和睦相处的能力（表 4-3）。同理倾听的价值有：

（1）同理倾听能建立自我肯定并表示你对他人的尊重。倾听的反面就是忽视，让一个人泄气、受伤害、觉得受轻视和愤怒最快的方法就是忽视他所说的话。如果你想与其他人建立良好的关系，就必须专注于他们要说的话，要让人印象深刻，要让人有兴趣，而不是打动他人，使别人觉得你有趣。

（2）同理倾听能建立关系，降低抗拒。卡耐基说过，要成为好的倾听者，你在两周内交到的朋友会比你花两年时间去赢得别人注意所交到的朋友还要多。所以成为优秀的倾听者能使你在更广的层面上交往，并且培养更牢固、更深刻的友谊，这全是因为你满足了对方的需要。

（3）同理倾听有助于建立信任和忠诚。没有一个比专心倾听别人说话而获得别人信任更快的方式了，在产品营销中有 40% 是建立在双方信任的基础上，顾客最喜欢的就是那些真心关怀并且了解他们的实际需求，能帮助他们以最小的成本购买到产品的销售人员。

（4）同理倾听能增加知识。当你成为一位好的倾听者时，就能有效地帮助自己，因为你有能力建立稳固的友谊，搜集更珍贵的资讯，增加你对自己及对他人的认识。

(5) 同理倾听会产生彼此之间的好感。创新的构想能帮助我们找到新的方法来解决旧的问题，制造新产品，建立让整个组织继续成长的新计划，这会帮助个人继续成长及改进自己。

(6) 同理倾听有助于发现对方的需求。为了听懂别人的言外之意，你必须做到当你听别人说话时，或者是你在和别人说话时，你要自问："他为什么要这样说？""他这句话的弦外之音是什么？"如果对方是在炫耀他的过去，就说明他正在期待别人的夸奖；如果对方在显示他的博学或机智，也是期待夸奖的一种表现；如果对方的话中隐含了讥讽、嘲笑等挖苦的话语，你也不要和他发生正面冲突。

(7) 同理倾听有助于发展人格及自我训练。所有伟大的领导者或每个行业里杰出的人物，都会训练自己成为最优秀的听众。你个人的自我肯定度越高，就越容易冷静而舒适地听别人说话，就比较不会让自己的想法和情绪先入为主，而且一定要从他人的角度来看待自己所提供的产品和服务或者你要布置的任务。

同理倾听不在于想同意他人，而在于你完全地、深刻地了解他，情绪上与理智上全然投入，不是单纯、单一地听，它涵盖的范围广，是用你的耳朵、眼睛和心来倾听。有同理心者对于他人的感受，有效及精确地了解与体会，同时能够维持一定的距离。

同理倾听训练可从以下入手：营造倾听、接纳、温馨和尊重的态度，使对方愿意表露感受、表达看法；进入对方的感受世界，站在对方的立场体会和了解对方想表达的感受；将自己的了解表达给对方知道；一种生活方式。

表 4-3　　**同理心与同情心的区别**

有同理心	无同理心	同情心
1. 接纳对方观点和看法 2. 关心、尊重此时此刻的感受 3. 态度亲和、温馨、信任 4. 适时开放自己	1. 否定、争辩 2. 太强调过去的感受与动机 3. 严肃、忠告、欲影响对方 4. 拒绝开放、否认自己的感受	辅导的情绪和对方一致 (同理则着重了解、不至于失去客观与冷静)

三、赞美

赞美的技巧：虽然每个人都爱听赞美的话，但并非任何赞美都能使对方高兴。能够引起对方好感的是基于事实、发自内心的赞美。无凭无据，虚情假意，对方会感到莫名其妙，认为你油嘴滑舌，诡诈虚伪，不可信。善于发现别人哪怕是最微小的长处，并不失时机地予以赞美。赞美用语越翔实具体，说明你对对方越了解，对他的长处和成绩越看重。当对方感到你的真挚、亲切、可信，你们的距离就会越来越近。漫不经心地赞扬，不但没有起到赞美的效果，有时还可能由于敷衍而引起对方的反感和不满。如赞美对方“嗯，你这条围巾挺漂亮的”，不如说“这条围巾挺漂亮的，和你衣服的颜色搭配起来很协调”，这比空洞的赞扬更有吸引力。赞美要注意适度，过度的恭维、空洞的奉承或者频率过高可能适得其反，只有适度的赞美才会令对方感到欣慰。① 适度，要因人、因时、因事、因地而异，需要不断摸索积累。

四、互惠原则

友情的基础是互惠。商人之间友情的基础，是利益上的互惠；挚友之间友情的基础，是心灵上的互惠。真正的朋友把友谊之情永恒化为知心的倾诉，敞开心扉的宣泄、温暖的安慰、愉悦的同享、希望的共勉、疑虑的消解和劝告的真诚。我们实在需要太多太多真正的友情，只有真正的朋友才能给予我们情感的寄托。

互惠互利原则既包括物质方面的，也包括精神方面的。人际交往的最基本动机，就在于希望从交往对象那里获取自己需求的精神上的或物质上的满足。人际交往的延续或不断加深的一个必要条件是：交往双方的需求和需求的满足必须保持平衡。也就是说，人际交往的发展要在双方需求平衡、利益均等的条件下才能进行。在交往中积极付出，这样就能满足交往对象的需要，“将欲取之，必先予之”。著名的社会心理学家霍曼斯提出，人际交往在本质上是一个社会交换的过程。

五、尊重个人空间和适当疏离的原则

人与人之间的相处就如同两只刺猬一样，需要保持一定的距离才能和谐融洽地共处。每个人都在自己身体周围无形中划分出一块块属于自己的个人区域，这个区域就是人们的心理空间。美国人类学家爱德华·霍尔为了测量出美国人的空间距离，在综合人类学、心理学、传播学研究的基础之上，提出了空间关系理论，将人和人之间的距离划分成亲密距离、个人距离、社交距离和公共距离。

亲密距离一般间隔为 15~44 厘米。这是人际交往中的最小间隔，仅限于关系非常密切的人，如恋人、夫妻、母子、知己等。如果有陌生人闯进这个空间，人们常常会感到很不安全或不舒服。因此，恋人们常常以此距离作为判断感情亲密程度的依据之一。

个人距离比亲密距离稍远一些，一般间隔为 45~122 厘米。这种距离通常用于一般朋友或熟人之间，如与朋友聊天，和熟人握手问好等。一般而言，在人际交往中，亲密距离和个人距离都是在私人情境或非正式社交情境中使用的。

社交距离一般间隔为 1.2~3.7 米。这种距离通常用于一般关系的人际交往，表现为一种比较正式的交往关系。这就是为什么我们看新闻中国家领导人会见来宾时，两个宽大的沙发中间总有一个增加距离的茶几。这种距离让人们之间既能无障碍地进行交流沟通，又能保障人们保护自己的隐私和安全。

公共距离一般间隔为约 3.7 米，这种距离通常用于满足人们在公共场合的空间需求。这是一个几乎能容纳一切人的空间，除了在比较拥挤的公共场所，如公共汽车上、

① 高蕾．当代大学生人际交往中存在的问题及应对策略［J］．教育探索，2012（1）：138-139.

地铁上、电梯里、超市里等，人与人之间的距离一般保持在 3 米以上。

六、学会拒绝

想要长期维持良好的人际关系，懂得拒绝是非常重要的。因不想破坏人际关系而顾虑重重，最终没能拒绝别人的请求，勉强答应，尽管体谅对方是十分重要的，但若只是一方一味忍让，这样的关系迟早会破裂。同样是拒绝的话，由于表达方式的不同，给人的印象也大相径庭。简单委婉的拒绝方法是在陈述中态度坚决、信息明确、语气婉转。

（1）遗憾型。“辜负您的期望，我很遗憾”，使用能表达出这一感情的词汇。

（2）过失型。“勉强接受反而会给您造成不便”，传达出这样的意思。

（3）替代方案型。拒绝后给出替代方案，例如：“这周是不行了，下周的话我可以帮忙。”“志愿者活动我胜任不了，捐助可以吗？”“很遗憾我无法出席，可以让××代替我去。”可以使用上述句式技巧中的一种，也可以结合具体情况，按照“表达遗憾之情”→“说明勉强应承会造成过失”→“给出替代方案”这样的流程灵活运用。

第四节　交往心理效应

导入

心理学家蔡格尼克曾做过一个有趣的实验：他要求参加实验的被试完成 20 件指定的工作，其中半数工作最终允许其完成，而另一半的工作则中途人为地加以阻止，使其无法完成。当这些人完成实验任务后，要求他们对所做的工作进行回忆。实验结果发现，参加实验的人对未完成工作的回忆要优于对已完成工作的回忆，前者的回忆量几乎是后者的两倍。心理学把这种现象称为“蔡格尼克效应”，即人们对于尚未处理完成的事情，比已处理完成的事情印象更加深刻。

启示：人类有追求完美的倾向，有时甚至是强迫自己追求完美。你是不是有时也会无法容忍一些没有完成的事件，以致让那些没做完的事件给自己造成压力，并产生焦虑情绪？

心理效应是指大多数人在相同的情境下对某种相同的刺激产生相同或相似的心理反应的现象。心理效应存在于每个人身上、各种场合中。心理效应是社会生活中常见的心理现象和规律，是指某种人物或事物的行为或作用，引起其他人物或事物产生相应变化的因果反应或连锁反应。同其他任何事物一样，心理效应也具有积极和消极两方面的意义。因此，正确地认识并利用心理效应，在日常工作生活中具有重要意义。[①] 开展心理

① 杨娇丽. 大学生心理健康教育及个案教程［M］. 北京：对外经济贸易大学出版社，2008.

服务工作，要重视发挥心理效应的积极作用，降低心理效应的消极影响。

一、首因效应

首因效应与近因效应是由美国心理学家洛钦斯首先提出的，反映了人际交往中主体信息出现的次序对印象形成所产生的影响。

首因效应是人与人第一次交往中给人留下的印象，在对方的头脑中形成并占据着主导地位。首因效应也称首次效应、优先效应或第一印象效应，是指当人们第一次与某物或某人接触时会留下深刻印象，个体在社会认知过程中，通过“第一印象”最先输入的信息对客体以后的认知产生影响。第一印象作用最强，持续的时间也长，比以后得到的信息对于事物整个印象产生的作用更强。

首因效应本质上是一种优先效应，当不同的信息结合在一起的时候，人们总是倾向于重视前面的信息。即使人们重视了后面的信息，也会认为后面的信息是非本质的、偶然的，人们习惯于按照前面的信息解释后面的信息，当后面的信息与前面的信息不一致时，也会屈从于前面的信息，以形成整体一致的印象。在生活节奏如同飞快奔驰的列车的现代社会，很少有人愿意花更多的时间去了解、证实一个留给他第一印象不美好的人。

二、近因效应

近因效应是指当人们识记一系列事物时对末尾部分项目的记忆效果优于中间部分项目的现象。信息前后间隔时间越长，近因效应越明显，其原因在于前面的信息在记忆中逐渐模糊，从而使近期信息在短时记忆中更清晰。

在交往过程中，我们对他人最新的认识占了主体地位，掩盖了以往形成的对他人的评价，因此近因效应也称“新颖效应”。首因效应一般在交往双方还彼此生疏的阶段特别重要，而随着双方了解的加深，近因效应就开始发挥它的作用，近因效应是相对于首因效应而言的。近因效应给了我们改变形象、弥补过错、重新来过的机会。例如，两个朋友因故“冷战”一段时间后，一方主动向另一方表示好感或歉意，往往会出乎意料地博得对方的好感，从而化解恩怨。

三、晕轮效应

晕轮效应又称“光环效应”，指人们对他人的认知判断首先是根据个人的好恶得出的，然后再从这个判断推论出认知对象的其他品质的现象。晕轮效应最早是由美国著名心理学家爱德华·桑戴克于20世纪20年代提出的。他认为，人们对他人的认知和判断往往只从局部出发、扩散而得出整体印象，即常常以偏概全。一个人如果被标明是好的，他就会被一种积极肯定的光环笼罩，并被赋予一切都好的品质；如果一个人被标明是坏的，他就会被一种消极否定的光环笼罩，并被认为具有各种坏品质。这就好像刮风天气前夜月亮周围出现的月晕，其实月晕不过是月亮光的扩大化而已。据此，桑戴克为这一心理现象起了一个恰如其分的名称——晕轮效应。

扩展阅读

美国心理学家凯利在麻省理工学院两个班级分别做了一个实验。在上课之前，实验者向学生宣布，临时请一位研究生来代课。接着告知学生有关这位研究生的一些情况。其中，向一个班学生介绍这位研究生具有热情、勤奋、务实、果断等项品质，向另一个班学生介绍的信息除了将“热情”换成了“冷漠”，其余各项都相同。两种介绍的差别是：下课之后，前一个班的学生与研究生一见如故，亲密攀谈；另一个班的学生对他却敬而远之，冷淡回避。可见，仅一词之别，就会影响学生对代课者的整体印象。学生们戴着这种有色眼镜去观察代课者，这位代课者也就被罩上了不同色彩的晕轮。

晕轮效应的形成原因，与我们的知觉特征之——整体性有关。我们在知觉客观事物时，并不是对知觉对象的个别属性或部分孤立地进行感知的，而总是倾向于把具有不同属性、不同部分的对象知觉作为一个统一的整体，这是因为知觉对象的各种属性和部分是有机地联系成一个复合整体的。譬如，我们闭着眼睛，只闻到苹果的气味，或只摸到苹果的形状，我们头脑中就形成了有关苹果的完整印象，因为经验为我们补充了苹果的其他特征，如颜色（绿中透红）、滋味（甜的）、触摸感（光滑的），等等。由知觉整体性作用，我们知觉客观事物就能迅速而明了，“窥一斑而见全豹”，用不着逐一地知觉每个个别属性。

为了防止晕轮效应的不利影响，我们要善于倾听和接受他人意见，尽量避免感情用事，全面评价他人，理性与人交往。如果想利用晕轮效应有利的一面，我们在与人交往时应采用先入为主的策略，全面展示自己的优点、掩饰缺点，留给他人尽量完美的印象。

四、刻板印象效应

刻板效应也称“定型化效应”“社会的刻板效应”，是指个人受社会影响而对某些人或事持稳定不变的看法。它既有积极的一面，也有消极的一面。积极的一面表现为：对具有许多共同之处的某类人在一定范围内进行判断，不用探索信息，直接按照已形成的固定看法即可得出结论，这就简化了认知过程，节省了大量时间、精力。消极的一面表现为：在被给予有限材料的基础上做出带普遍性的结论，会使人在认知别人时忽视个体差异，从而导致知觉上的错误，妨碍对他人做出正确的评价。

由于刻板效应往往不是以直接经验为依据，也不是以事实材料为基础，只是凭一时偏见或道听途说而形成的，因此绝大多数刻板效应是错误的，甚至是有害的。关于刻板效应的特征，有学者将其归纳为：它是对社会人群的一种过于简单化的分类方式；在同一社会文化或同一群体中，刻板效应具有相当的一致性；它多与事实不符，甚至有的是错误的。

刻板效应的形成主要是由于在社会生活中，没有人有时间和精力去对每个群体中的每一个成员都进行深入地了解，只能与其中的部分成员交往，因此，只能由部分推知全部，用所接触的部分推知这个群体的全部。可是，定型化一经形成，就很难打破，并且会对人的认知过程产生很大的影响。

扩展阅读

一位公安局局长在路边同一位老人聊天，这时跑过来一位小孩，急匆匆地对公安局局长说："你爸爸和我爸爸吵起来了！"老人问："这孩子是你什么人？"公安局局长说："是我儿子。"

你知道这两个吵架的人和公安局局长是什么关系吗？最终测试结果发现，孩子比成年人能够更快、更准确地回答出这个问题："局长是个女性，吵架的一个是局长的丈夫，就是孩子的爸爸；另一个是局长的爸爸，就是孩子的外公。"按照成人的惯性思维经验，公安局局长应该是男性，从男局长这条线索去推想，无法找到正确答案；而孩子没有成人那么多的经验，也就没有心理定势的定型化，因而能很快找到正确答案。

五、投射效应

投射效应，就是"以己论人"，常以为别人与自己具有同样的爱好、个性等，通常以为别人应该知道自己的所想所思。投射效应是一种严重的认知心理偏差。它是因怀疑而引起的对别人人格的歪曲。"以小人之心度君子之腹"就是投射效应的典型写照。当别人的想法或行为与我们不同时，我们习惯用自己的标准去衡量别人，从而认为别人是错的。喜欢嫉妒的人常常认为每个人每天都在嫉妒。

六、自我暴露效应

自我暴露是社会心理学尤其是人际交往研究领域颇受人关注的问题之一。自我暴露的意思是向别人说心里话，坦率地表白自己、陈述自己，即一个人自发地、有意识地向另一个人暴露自己真实且重要的信息。笼统地说就是"指个体把有关自己个人的信息告诉给他人"，与他人共享自己的感受和信念。许多心理学家认为，真实的自我至少让一个重要的他人知道和了解，具有这种能力的人在心理上是健康的，是自我实现的个性所必需的，更是建立亲密关系的前提条件。但是，太少的自我暴露和太多的自我暴露也会引起人际环境适应方面的一系列问题。一个从不自我暴露的人不可能与其他人建立密切的和有意义的人际关系。同样，习惯于喋喋不休地向他人谈论自己的私密信息，也会被他人看作适应不良的自我中心主义者。社会心理学家认为，理想的模式是对少数亲密的朋友作较多的自我暴露，而对其他人做中等程度的暴露。

（一）自我暴露的文化差异

自我暴露的决定因素既与个人有关又与社会有关。种族、性别和文化因素都是主要的因素。例如，研究表明，女性之间对对方暴露自己的程度要比男性之间高，而且女性更倾向于要求对方暴露自己。这是因为人们对性别角色的不同期望导致了自我暴露的性别差异，即性别亚文化所致。另一个研究者发现，美国人倾向于在一个广阔的社会情境中展示自我，而来自集体主义文化的中国人和日本人自我暴露的范围则非常有限，在亚洲文化圈中那些不爱表达的人反而被认为是诚实可信的，这便是社会文化因素的影响。当然，还有其他一些构成个体情景的诸多因素的影响。

（二）亲密关系与自我暴露

在喜欢与吸引的基础上，人们之间的关系会从一般关系发展到亲密关系。密友、知己、恋人、夫妻以及家庭成员等关系均属此类。在人际关系中，当交往双方的互倚性很大时，就把这种关系称为亲密关系。亲密关系具有几个明显的特征：一是双方有较长时间的接触、沟通；二是双方在交往过程中形成了基本相似的价值观和需要、兴趣；三是双方“互倚”和“相倚”，在思想、情感和行为等方面有很大的相互影响力。阿伦等人认为，亲密关系的实质是把他人融入自我概念，即他人成为自我的一部分。这样，在分配资源和利益时就不分彼此，以及敢于在这种亲密关系中进行自我暴露。其中，爱情和婚姻是一种特别的亲密关系，是亲密关系的最深层次。

（三）回报与自我暴露

互惠性规则是指人们倾向于以相似的私密程度回应他人的自我表露。当与高自我暴露水平的个体交往时，人们往往也会进行更多的自我暴露。在人际互动中，个体通常会回报或模仿对方所展现的表露程度。这一规则广泛适用于各种现实关系，包括知己关系、婚姻关系等亲密关系。以婚姻关系为例，夫妻双方的自我暴露水平通常表现出高度一致性。这是因为人们普遍偏好积极的反馈而排斥消极评价。如果一方的表露在内容、强度或持续性上与另一方不匹配，就可能引发对方的不适感。

社会心理学的研究告诉我们，人际关系由低水平的自我暴露和低水平的信任开始。当一个人开始自我暴露时，这便是信任关系建立的标志；而对方以同样的自我暴露水平作出反应，成为接受信任的标志。这种自我暴露往复交换，直到双方达到满意的水平为止，于是，人与人之间的亲密关系就逐步形成了。这便是研究者所提出的自我暴露的社会渗透理论。根据这一理论，人们之间亲密关系的建立与人际交往中的沟通水平有关。随着双方沟通话题由浅入深，他们之间的关系也由一般转向亲密。

（四）喜欢与自我暴露

喜欢和自我暴露是紧密联系在一起的，例如，在朱拉德的研究中，当问及女性被试喜欢谁时，她们常常指出喜欢愿意向她们做自我暴露的个体。后来的许多研究都确认了这一发现。个体会对那些他们一开始就喜欢的个体暴露出更多的个人信息；个体也倾向于喜欢那些向自己暴露更多个人信息的人。自我暴露中的“回报”原则决定着喜欢程度。人们最喜欢那些和他们有着相同水平自我暴露的人，也就是说，自我暴露遵循相互对等原则。如果某人的自我暴露比人们暴露自己时更亲密和更详细，他们会害怕过早地驶进亲密关系的港湾，反而考虑由此刹车。喜欢与自我暴露之间的联系还有性别差异。许多研究表明，只有对女性被试来说，喜欢和自我暴露才有联系，而且女性被试报告的亲密朋友比男性多。

自我暴露对社会赞同是相当敏感的。获得对方赞同时，人们的自我暴露就增多，对方表示出不置可否或冷淡时，人们的自我暴露显著减少。泰勒等人曾训练助手对他们谈话的对象提供持续的正面奖励，持续的负反馈，或正面奖励与负反馈相混合的反应。正如研究者所预期的，收到持续正面的赞同，或者在谈话过程中助手的赞同逐渐增加的被试，变得乐意以亲密的暴露方式谈及自己。

非语言行为在选择恰当的自我暴露和提升人际亲密关系水平方面，也起着重要的指导作用。这些行为之一是目光接触。女性与男性有着明显的差别：对于女性来说，在高度目光接触条件下，谈话者比较亲密；对于男性来说，倾听者和观察者认为在高度目光接触条件下，男性谈话者实际上较不亲密。倾听者频繁的目光接触可能会使谈话者感到不自在，因此谈话者用减少自我暴露的方法来降低谈话的亲密水平。

第五节 改善与优化人际关系

导入

“六尺巷”的故事

据说清代中期，当朝宰相张英与一位姓叶的侍郎都是安徽桐城人。两家毗邻而居，都要起房造屋，为争地皮，发生了争执。张老夫人便修书北京，要张英出面干预。这位宰相到底见识不凡，看罢来信，立即作诗劝导老夫人：“千里家书只为墙，让他三尺又何妨？万里长城今犹在，不见当年秦始皇。”张母见书明理，立即把墙主动退后三尺；叶家见此情景，深感惭愧，也马上把墙让后三尺。这样，张叶两家的院墙之间，就形成了六尺宽的巷道，成了有名的“六尺巷”。

良好的人际关系可以有效地帮助大学生适应生活，促进个人成长、拓宽视野，丰富人生经验。通过不断地提高自身社交能力和技巧，与不同背景不同经验的人打交道，在人际互动中给予他人情感支持并且获得他人的反馈与温暖，可以很好地提升个人心理韧性和幸福感。同时，在与他人的互动交往中，学习他人的优秀学习方法和为人处世的技能，可以提高自身的学习效率和生活质量，促进同学之间形成互帮互助的氛围和环境。①

一、优化人际关系

（一）真诚守信

真诚守信是指在人际交往中做到说真话，不捏造谎言欺骗他人，重视承诺、遵守承诺、言而有信，保持良好的言行一致。在人际交往中，对待他人无论是陌生人还是朋友，要在保护自身的前提下信任他人，同时也做到以诚待人让他人相信，这对于大学生在校园生活中建立和保持良好的人际关系具有非常重要的意义。在人际交往中，真诚且有效地倾听与表达，理解自己和对方的需求，不仅能够达到良好的沟通效果，还能够促进双方关系的发展。诚实守信是建立良好人际关系的重要原则，在人际交往中遵守诺言，保持良好的言行一致，建立双方之间的信任，可以与他人建立良好的关系，满足自身人际交往和维持人际关系的需要。

（二）平等互利

平等互利是建立良好人际关系的前提，在人际交往中，人格一律平等，都有自尊与被他人尊重的权利，良好的人际关系需要平等待人的观念和态度。互相尊重是建立良好关系的基础，我们应该尊重他人的不同观点，避免对他人进行言语攻击或侮辱。社会心理学家霍曼斯提出，人际关系本质上是一种交换关系，维系社会交换的只有当双方在交换过程中达到物质与精神的互惠平衡，社会交换才能得以维系，人际关系才能得以维持。当今社会是信息化时代，重视资源共享、合作共赢，在大学生的人际交往中也有一定物质利益的互惠互利，但主要是精神的互利，是心理的相融相通。

（三）提升个人魅力

在人际交往中，我们每个人都希望被他人看见、认可、接纳，以增进人际关系的良好发展，可以发现，自信、阳光、充满活力的人往往在关系中备受关注。要建立良好的人际关系，提升个人魅力至关重要。个人魅力的提升需要内外兼修，不仅需要良好的外形，也需要提升个人的内在情绪管理能力，也就是一般意义上的情商；同时需要学会培养自身的自信心，培养自身展现优势和特点的能力与习惯，以吸引他人的关注和认可。在与他人交往的过程中，积极关注他人的需要和兴趣，建立与他人的共鸣，可以增强彼此的亲密感。我们会喜欢那些亲近我们的人，如果我们积极关注他人、善于发现他人的优势，就可以提升他人对我们的喜爱度。

① 许斌华．心理健康教程［M］．北京：北京工业大学出版社，2017.

二、人际关系冲突的平衡

(一) 接受冲突的不可避免性

在人际关系中，每个人都是独立的个体，具有不同于他人的生活经历，具备独特的情感、思想和背景，因此在人与人的交往中出现不一致和冲突是不可避免的。同时，避免关于冲突的错误观点，冲突并不总是有害的，不总是具有暴力性、破坏性和不合理性的，在某些时候适当的冲突可以暴露问题的存在，促成问题的公开讨论、促进问题的解决，具有一定存在的合理性和必要性。冲突也并不一定是由负面情绪和行为引起的，在不同的价值观、目标或资源中也会产生。在很多时候，冲突不一定会有“正确”或者“错误”的两面，关于冲突的解决办法可以是多元的，具有多种解释和解决方案。

(二) 巧妙化解人际冲突

人际冲突是不可避免的，任何问题的出现都会有其解决办法，如果放任不管，小问题可能会变成大问题，小摩擦可能会升级为大冲突。化解人际冲突的方法要考虑很多方面的因素，关键在于冷静思考，权衡利弊。同时，如果问题确实难以化解，关系破裂无法修复，因而要学会试着接受失败，吸取经验教训。

1. 保持冷静

在冲突发生的时候，保持冷静与理性，不要让自己的言语和行为被情绪控制，可以尝试离开发生冲突的场景，通过深呼吸放松身体来减轻紧张感；也可以试着将注意力转移到其他事物上，比如关注周围的环境、听音乐或者进行其他的放松活动，有助于平静心情更加冷静地面对冲突。这样可以避免矛盾加剧，为解决冲突打下良好的基础。

2. 主动沟通，认真倾听

主动与对方进行沟通，主动表明自身想要寻求解决办法的态度，以及不想将矛盾升级的观点，这样有助于问题的处理。同时，在沟通过程中认真倾听对方，理解对方的立场和感受，了解对方的观点和需求，这样有助于更好地沟通和理解，避免冲突的升级，从而积极寻找共同的解决方案。在沟通过程中，应注意语言的使用，不打断或者批评，避免攻击指责对方，文明用语；与此同时，要注意对身体语言的把控。

3. 找寻共同目标

在面对冲突的时候，要深入了解问题的本质，了解与之相关的各种因素，及时识别问题中可能存在的极端观点或立场，将这些观点明确列出，以便后续进行分析。在分析过程中，寻找一个或多个中间地带，考虑在观点、利益或者解决方案上是否有双方折中的地方，权衡利弊、综合分析，积极寻求能满足双方需求的解决方案，找寻共同点或者共同目标，以促进问题的圆满解决。

4. 寻求第三方的帮助

如果实在难以解决冲突，可以尝试寻找第三方帮助。如果是发生在校园内的冲突，第三方可以是班干部或者辅导员，或者是班集体中比较具有威信、公平的人。从第三方中立的观点和意见中找寻问题解决的方法，可以促进冲突的解决，最终达成共识。

三、有效的沟通技巧

(一)倾听技巧

倾听是有效沟通的基础。要认真倾听对方的意见，带着同理心去倾听，不要打断或批评，而是试图理解他人的观点。同时，通过点头、微笑等肢体语言和重复对方的话语等方式，表达对对方话题的兴趣和理解。在大学生日常与同伴的交流中，要在同伴表达的时候专注地听，类似在别人说话时候低头玩手机、漫不经心地做自己的事情等情况尽量少出现，以减少因为倾听不认真导致的矛盾与摩擦。

(二)表达技巧

在沟通过程中需要清晰、简洁地表达自己的观点和需求，避免使用模糊或含糊的语言。使用具体的词汇和句子，以及“我”语言，以避免指责或攻击，这样更容易让对方理解和接受。清晰明确地表达自我需求和观点有两个好处：一是可以将我们的想法表达出来，避免因表达不充分而引发矛盾，满足个人的表达需求，提高个体自信；二是可以让对方明确我们的观点和想法，及时准确地进行反馈，提高沟通的效率，降低因表达不准确而导致摩擦出现的可能性。

扩展阅读

有一个秀才去买柴，他对卖柴的人说：“荷薪者过来!”卖柴的人听不懂“荷薪者”(担柴的人)三个字，但是听得懂“过来”两个字，于是把柴担到秀才前面。

秀才问他：“其价如何?”卖柴的人听不太懂这句话，但是听得懂“价”这个字，于是就告诉秀才价钱。秀才接着说：“外实而内虚，烟多而焰少，请损之。”(你的木材外表是干的，里头却是湿的，燃烧起来，会浓烟多而火焰小，请减些价钱吧)卖柴的人因为听不懂秀才的话，于是担着柴就走了。

日常沟通中最好使用简单的语言、易懂的言辞来传达信息，而且对于说话的对象、时机要有所掌握，有时过分的修饰反而达不到目的。

(三)提问技巧

提问是促进沟通的重要工具。在提问之前要确定问题的定义，并对问题逐一进行陈述，让对方清楚问题是什么以及需要回答什么内容，以便对方按照问题的优先等级进行回答。通过提出开放式问题，鼓励对方分享更多信息和观点；要避免使用封闭式问题，以免限制对方的思路。同时，要注意避免带有偏见或引导性的问题。在提问的过程中尽量客观、有条理，通过客观科学的表达方式，有逻辑地陈述出来，并且保持平和的语气，切忌在提问的过程中给对方增添压力。

（四）观察技巧

沟通的主要工具是语言，但是语言不是沟通的唯一工具，在沟通过程中很多非语言符号也是重要的沟通工具。通过观察对方的非言语行为，如眼神、表情、动作、姿态、服饰、语调等，能得到很多有价值的信息。这些非言语行为往往能够揭示对方的真实情感和态度，要细心观察，以便更好地理解对方的意图和需求。

（五）反馈技巧

在沟通中应给予对方及时、具体和建设性的反馈，可以是情绪上的、内容上的以及含义上的，以便于帮助对方更好地理解自己的需求和期望。在反馈时，要避免指责或攻击，而是关注事实和行为，并提出建设性的建议或意见。人普遍具有自尊需求，只有在自尊心得到充分满足的情况下，人才会产生愉悦，并乐于接受对方的态度、观点，因而在交往中要注意先肯定对方，学会如何去赞扬和批评，学会说谢谢。

（六）情绪管理技巧

在沟通中，情绪管理非常重要。要学会控制自己的情绪，避免出现情绪化行为。同时，也要注意对方的情绪变化，以避免冲突或误解。首先，要做到敏锐地觉察情绪，知道自己在什么时候更容易感到情绪烦躁、不安，并理解导致这些情绪产生的原因。其次，要尝试接纳自己的情绪，不管是积极的还是消极的情绪，这些都是正常的情绪体验，不要压抑，试着接纳并处理好它。最后，要合理地表达、释放情绪，可以试着向家人、朋友倾诉，让他们理解并且提供情感支持。在表达情绪的过程中要注意方式方法，避免伤害到他人的情感，也可以通过写日记、绘画、冥想、运动等方式来表达自身的情绪。

心理测试

大学生人际关系综合诊断量表

说明：大学生在人际关系上存在的一些心理健康问题，主要表现为以自我为中心、多疑、害羞、孤僻、自卑、嫉妒、社交恐惧症等。一些研究表明，人际关系不和谐的大学生，其个人的成才及其未来的成就会因此而受到严重的影响。及时诊断并采取必要措施予以治疗，是消除大学生人际关系方面心理障碍的较好途径。以下给出的是郑日昌等①编制的人际关系综合诊断量表（“是这样的”给1分，“不是这样的”给0分）。

1. 关于自己的烦恼有口难言。（ ）

① 郑日昌．大学生心理诊断［M］．济南：山东教育出版社，1999：339-344.

2. 和生人见面感觉不自然。（　）
3. 过分羡慕和嫉妒别人。（　）
4. 与异性交往太少。（　）
5. 对连续不断的会谈感到困难。（　）
6. 在社交场合感到紧张。（　）
7. 时常伤害别人。（　）
8. 与异性来往时感到不自然。（　）
9. 与一大群朋友在一起，常感到孤寂或失落。（　）
10. 极易受窘。（　）
11. 与别人不能和睦相处。（　）
12. 不知道与异性相处如何适可而止。（　）
13. 当不熟悉的人对自己倾诉其生平遭遇以求同情时，常感到不自在。（　）
14. 担心别人对自己有什么坏印象。（　）
15. 总是尽力使别人赏识自己。（　）
16. 暗自思慕异性。（　）
17. 时常避免表达自己的感受。（　）
18. 对自己的仪表（容貌）缺乏信心。（　）
19. 讨厌某人或被某人讨厌。（　）
20. 瞧不起异性。（　）
21. 不能专注地倾听。（　）
22. 自己的烦恼无人可申诉。（　）
23. 受别人排斥。（　）
24. 被异性瞧不起。（　）
25. 不能广泛地听取各种意见、看法。（　）
26. 自己常因受伤害而暗自伤心。（　）
27. 常被别人谈论、愚弄。（　）
28. 与异性交往时不知如何更好地相处。（　）

【结果统计与分析】

评分标准：

0~8 分：说明你在与朋友相处时困扰较少。你善于交谈，性格比较开朗，主动关心别人。你对周围的朋友都比较好，愿意和他们在一起，他们也喜欢你。你能从与朋友相处中得到许多乐趣。

9~14 分：你与朋友相处时存在一定程度的困扰。你的人缘一般。

15~28 分：你在同朋友相处上的行为困扰较严重；你不善于交谈，可能性格孤僻或自高自大。

思考题

1. 人际交往中存在哪些心理效应？
2. 如何提升自己的人际吸引力？可以运用哪些心理效应以提升人际吸引力？
3. 人际吸引发展的过程是怎样的？
4. 如何改善和优化自身人际关系？

第五章　大学生恋爱与性心理

爱情不是寻找完美的人，而是培养出完美的眼光来欣赏不完美的人。

——卡尔·荣格

成熟的爱情不仅仅是爱一个人，而是同时尊重、关怀和关注对方的需求、愿望和追求。

——罗伯特·斯坦伯格

第一节　心理学家眼中的爱情

导入

苏格拉底是古希腊著名的哲学家，他的妻子克桑蒂佩被描述为泼妇或悍妻，这主要是因为她在婚姻中表现出强悍和暴躁的性格。尽管如此，苏格拉底对妻子的态度却十分忍耐，他用幽默化解争吵，并认为妻子的强悍和暴躁是婚姻生活的常态。自此，“娶到一个好妻子，你可以得到幸福；娶到一个坏妻子，你可以成为一个哲学家”这句话便流传了下来。

一、什么是爱情

长期以来，尽管有许许多多的文字去描述和歌颂爱情，但是爱情作为人类的一种情感，并没有严格的定义。古今中外，有数不清的文人墨客对爱情进行过各种各样的描述。爱情是人类最持久的生命之火，是人生中最亮丽、最迷人的娇艳之虹，是人性中最真挚、最纯洁的情感之花，是人类最美好、最深沉的情感，是人类最富魅力的社会现象。在现实生活中，沉浸在爱河中的人们有很不同的表现，有的平静似水，有的澎湃热烈；有的亲密无间，有的若即若离；有的天长地久，有的稍纵即逝。

从心理学角度来看，爱情是性爱和情爱组成的一种特殊感情系统。在爱情的结构中性爱与情爱同等重要，只讲性爱，否定情爱，是动物水平的爱；只讲情爱，否定性爱，是柏拉图式的病态的爱；只有性爱和情爱的统一，才是真正的爱情。

二、斯滕伯格爱情三角理论

美国心理学家斯滕伯格提出的爱情理论，认为爱情由三个基本成分组成：亲密、激情和承诺。亲密是指在爱情关系中能够引起的温暖体验；激情是指爱情中的性欲成分，是情绪上的着迷；承诺是指维持关系的决定期许或担保。①

（一）爱情的三元素

1. 亲密

亲密是两人之间感觉亲近、温馨的一种体验。简单来说，就是能够给人带来一种温暖的感觉体验。它包含以下十个基本要素。

（1）渴望促进被爱者的幸福。爱方主动照顾被爱方并全力促进其幸福。一方可能

---

① ［美］罗伯特·J. 斯滕伯格. 丘比特之箭：穿越时间的爱情历程［M］. 潘传发，潘素，译. 沈阳：辽宁教育出版社，2000：27-32.

以自己的幸福为代价去促进另一方的幸福——但是也期望对方在必要时同样会这样做。

（2）跟被爱方在一起时感到幸福。爱方喜欢跟自己的情侣在一起。

（3）当他们在一起做事情时，会感到十分愉快，并留下美好的记忆，对这些美好时光的记忆能成为艰难时刻的慰藉和力量。而且，共同分享的美好时光会涌流到互爱关系中并使之更加美好。

（4）尊重对方。情人必须非常看重和尊重对方。尽管情人可能意识到对方的弱点，却不能因此而减少自己对对方的整体尊重。在艰难时刻能够依靠对方；在患难时刻爱方仍感到对方跟自己站在一起；在危急时刻，能够呼唤对方并能与对方同舟共济。

（5）与被爱方互相理解。情侣应互相理解。他们知道各自的优缺点并对对方的感情和情绪心领神会，懂得以相应的方式互相作出反应。

（6）与被爱方分享自我和自己的占有物。爱方应乐意奉献自己、自己的时间以及自己的东西给被爱方。虽然不必所有的东西都成为共有财产，但双方在需要时应分享财务，最重要的是分享自我。

（7）从被爱方接受感情上的支持。爱方能从被爱方得到鼓舞和支持，感到精神焕发，特别是在身处逆境时尤其应该这样。当你感到似乎一切都在跟你作对时，你也会意识到只有一件事不会出问题——你的配偶始终跟你站在一起。

（8）给被爱方以感情上的支持。在逆境中，爱方应与被爱方在精神上息息相通，并给予感情上的支持。

（9）跟被爱方亲切沟通。爱方能够跟被爱方进行深层次和坦诚的沟通，分享内心深处的感情。当你为自己所做的某件事感到困窘为难时，仍能推心置腹地跟被爱方交谈。

（10）珍重被爱方。爱方要充分感到对方在共同生活中的重要性。当你认识到你的配偶比你所有的物质财富都更重要时，就知道你对被爱方具有这种珍重和珍爱。

2. 激情

激情是一种“强烈地渴望跟对方结合的状态”。通俗地说，就是见了对方，会有一种怦然心动的感觉，和对方相处，有一种兴奋的体验。性的需要，是引起激情的主导形式，其他自尊、照顾、归属、支配、服从等也是唤醒激情体验的源泉。激情的发展大致经历三个阶段。

（1）由于意识控制减弱，身体的变化和表情动作越来越失去控制，细微的动作因高度紧张而发生紊乱。

（2）人失去意志的监督，发生不可控制的动作和失去理智的行为，这些动作在事后回想起来会感到羞耻和后悔。

（3）在激情爆发之后，此时会出现平静和某种疲劳的现象，严重时会出现精力衰竭，对一切事物都抱着不关心的态度，有时还会精神萎靡，即所谓的激情休克。

激情可以是积极的，也可以是消极的。积极的激情能激励人们克服艰险，攻克难关；消极的激情常常对正常活动具有抑制的作用或引起冲动行为。具有正确的思想认识、高尚的道德品质和坚强意志的人能控制自己消极的激情。

3. 承诺

承诺有两种类型：短期的和长期的。短期的就是要作出爱不爱一个人的决定；长期的则是作出维护这一爱情关系的承诺，包括对爱情的忠诚、责任心，也就是结婚誓词里说的“我愿意”，这是一种患难与共、至死不渝的承诺。当然，两者不一定同时具备。比如决定爱一个人，不一定愿意承担责任或者给出承诺；决定一辈子只爱一个人，但不一定会说出口。

（二）爱情的类型

1. 喜欢式爱情

喜欢式爱情只有亲密，没有激情与承诺。在一起感觉很舒服，但是缺少激情，也不一定愿意厮守终生。这种情感类似友情。显然，友情不是爱情，喜欢也不等于爱情。

课堂讨论

（1）喜欢和爱有什么区别？

（2）当友情发展成爱情时，里面多了什么元素？如果有丢失友情的风险，你还会想要捅破那层“窗户纸”吗？

2. 迷恋式爱情

迷恋式爱情只有激情体验，没有亲密与承诺。爱方认为对方有强烈吸引力，除此之外，对对方了解不多，也没有想过将来。只有激情，没有亲密和承诺，如初恋。第一次的恋爱总是充满了激情，却少了成熟与稳重，是一种受到本能牵引和导向的青涩爱情。

课堂讨论

说说你对初恋的看法。

3. 空洞式爱情

空洞式爱情只有承诺，缺乏亲密和激情。如纯粹为了结婚的爱情。在空洞式爱情中的双方没有激情，不交流，失去肉体上的吸引，仅为了孩子、面子、经济等在一起。

课堂讨论

夫妻之间已没有激情与亲密，但为了给孩子一个完整的家而在一起，对孩子有伤害吗？会有怎样的伤害？

4. 浪漫式爱情

浪漫式爱情有亲密关系和激情体验，没有承诺。这种爱情崇尚过程，不在乎结果或者不能够给出承诺。

扩展阅读

贾宝玉与林黛玉的爱情故事

没两盏茶的工夫，宝玉仍来了。林黛玉见了，越发抽抽噎噎地哭个不停。宝玉见了这样，知难挽回，打叠起千百样的款语温言来劝慰。不料自己未张口，只见黛玉先说道："你又来做什么？横竖如今有人和你顽，比我又会念，又会作，又会写，又会说笑，又怕你生气拉了你去，你又做什么来？死活凭我去罢了！"宝玉听了忙上来悄悄地说道："你这么个明白人，难道连'疏不间亲，先不僭后'也不知道？我虽糊涂，却明白这两句话。头一件，咱们是姑舅姊妹，宝姐姐是两姨姊妹，论亲戚，他比你疏。第二件，你先来，咱们两个一桌吃，一床睡，长得这么大了，他是才来的，岂有个为他疏你的？"林黛玉啐道："我难道为叫你疏他？我成了个什么人了呢！我为的是我的心。"宝玉道："我也为的是我的心。难道你就知你的心，不知我的心不成？"林黛玉听了，低头一语不发，半日说道："你只怨人行动嗔怪了你，你再不知道你自己怄人难受。就拿今日天气比，分明今儿冷得这样，你怎么倒反把个青肷披风脱了呢？"宝玉笑道："何尝不穿着，见你一恼，我一气就脱了。"林黛玉叹道："回来伤了风，又该饿着吵吃的了。"

（资料来源：《红楼梦》第二十回）

5. 伴侣式爱情

伴侣式爱情有亲密关系和承诺，缺乏激情，是一种密友之情、夕阳之爱。

6. 愚蠢式爱情

愚蠢式爱情只有激情和承诺，没有亲密关系。没有亲密的激情不过是生理上的冲动，而没有亲密的承诺不过是空头支票。

7. 完美爱情

完美爱情同时具备三要素，包含激情、承诺和亲密。

课堂讨论

随着时间的推移，爱情的三要素会发生怎样的变化？

（三）爱情三要素的发展

亲密关系随着时间的推移，稳定地增长，直到一个峰值，然后保持不变。

承诺刚开始增长的速度比较慢，到了"感觉对方最完美"的阶段，给对方的承诺会迅速增长，然后再趋于稳定。

激情的变化是快速增加，到了峰值又快速下降，"来得快去得也快"是激情的特点，最后激情会趋于稳定，并有上升的趋势（图 5-1）。

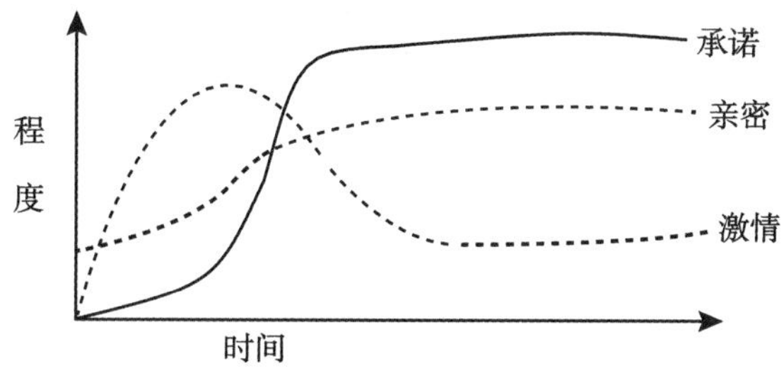

图 5-1　爱情三要素的发展曲线

扩展阅读

“储爱槽”理论

美国心理学家保罗·米尔提出了“储爱槽”理论，简单来说：每个人都拥有一个储存爱的容器，这个容器中盛了多少爱，会直接影响一个人的爱和信任的能力。他用心形的储爱槽来解释人对爱的渴望。储爱槽是存在着爱的，爱就好像是槽里的水，槽里有多少水等于你能拿给别人多少爱。

米尔把储爱槽画成心形，一颗心代表一个储爱槽。作为一个新生儿，他可能什么都没有，如果没有父母照顾他连活都活不下来，他连基本的生存都是靠别人照顾。他的内心深处储存着爱的计量表，一开始会近于零（图 5-2）。

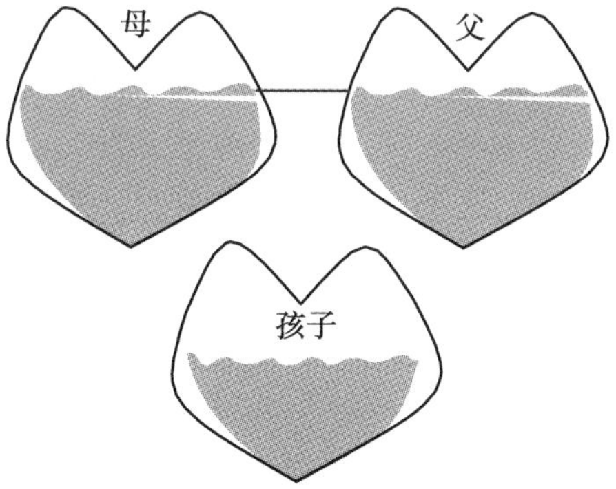

图 5-2　米尔的“储爱槽”

孩子的上面有两颗心，一颗是母亲，另一颗是父亲，他们各自也有一个储爱槽。父母照顾孩子的过程就是孩子感受父母关爱的过程，也是储满孩子爱槽的过程。随着时间的流逝，父母会用自己槽中的爱注满孩子的爱槽，过了十五年、二十年，当孩子脱离了原来的家庭，自己成家，那时孩子的爱槽已注满了爱，身为成年人，准备好去注满自己孩子的槽，以后也会轮到他们去为下一代注满储爱槽。因而，在正常运作的家庭里，爱是代代流传下来的，从父母传给子女。

为了让父母的储爱槽保持注满状态，父母之间的关系必须不断滋长，所以在父母的储爱槽中间是有一条连接线的。在正常的家庭中，这条线代表着相互的爱与尊重，是爸爸与妈妈之间真挚的感情。如果一个孩子在小时候得到了足够的爱，那么在长大之后才更理所当然地付出爱，一个完整的、充满爱的家庭对孩子的健康成长是很有益的，尤其是对身心健康而言。

当然，这里的爱不能理解为一般的爱。这种爱，必须是稳定的、安全的，不掺杂任何利益关系。有的夫妇因工作忙，就把孩子送到亲人家抚养，倒不是说亲人不爱你们的孩子，也不是他们给孩子的爱不够，但孩子知道，他得到的爱是不稳定的，他不知道自己在将来的某一天就忽然失去了。或者有的父母对孩子的爱是有条件的，所以孩子会发展出一种不健康的爱的饥渴。万一父母其中一人，为了某种因素而无法灌注爱给子女，那么这个孩子的储爱槽最多也不过被灌注了一半，而且通常是少于一半的。试想，如果父母经常冲突会造成一个相当悲惨的情况。父母在不自觉的情况下，可能会让倾注倒向逆流，为了满足自己内心的需要，他们会从孩子少得可怜的储爱槽里汲取，让孩子的储爱槽所剩无几。因此，不幸家庭中长大的孩子，储爱槽处于枯竭状态。他对爱的需要没有被满足，这样的伤害将会伴随他的一生，他会寻求另一种东西来填满心中的缺失——可能是金钱，可能是酒、毒品，也可能是另一个人。

对那些储爱槽枯竭者，需要一个辅助治疗过程才能康复，那就是正视自己的过去。遗憾的是，那些不幸家庭的孩子往往回避自己的不幸，或者压抑自己的正常需要，形成一种不合理的个人自我认知。储爱槽枯竭的人很容易停留在过程中的某一点上，不能再前进。这时，就需要心理治疗师的帮助。

第二节　大学生的恋爱

导入

在大学校园的时光里，图书馆的角落，总有两人并肩而坐、静静阅读的身影；阳光洒满的操场边，常能看到情侣漫步谈天，笑声洒落一路；月色笼罩的湖边，恋人们相依相偎，分享着彼此的心事。大学生活，是青春的舞台，也是爱情绽放的温床。在这里，远离了高中时期学业的沉重束缚，也尚未完全踏入社会的复杂洪流，大学生们迎来了人生中一段独特的恋爱时光。在这段时光里，爱情以何种姿态悄然生长？它为大学生的成长带来了怎样的影响？是像甜蜜的糖果，给予他们无尽的温暖与力量；还是像酸涩的青果，带来懵懂的困扰与迷茫？

一、大学生恋爱的心理特点

（一）浪漫色彩浓厚

大学生的恋爱，倾注着爱慕之情，提升着人生看法。但是很少甚至根本不谈结婚、家庭等具体问题，这是由大学生的客观条件决定的。大学生恋爱的这种浪漫色彩，掩盖了理想和现实之间存在的矛盾。爱情缺乏挫折的磨炼和必要的现实基础，比较脆弱，一旦遇到问题则容易破裂，这也是大学生恋爱成功率较低的重要原因之一。

（二）自主性较强

大学生具有文化层次高、思想开放、易接受新观念、独立意识强等特点。在恋爱问题上，人格突出，具有男女平等的价值观念，不受传统习俗的局限，择偶中大多自己做主，常以自我为中心，设计自己的恋爱模式。在确定恋爱关系前，甚至在确定恋爱关系后，一般不征求双方父母的意见。

（三）恋爱心理不成熟

目前，大学生恋爱现象较为普遍。然而，大学生特别是低年级学生，往往社会阅历浅、思想单纯，很多学生对自己的人生目标和需要还没有一个很清楚的概念，造成在恋爱问题上的幼稚和不成熟。在恋爱择偶上，往往重外表、轻内在：男生倾向于找漂亮、温柔的女生；女生则倾向于找才华出众、有男子汉风度的男生。在恋爱方式上，往往重形式、轻内容，追求和模仿现代影视文学作品的浪漫，而忽视彼此之间的了解和思想交流。在恋爱行为上，往往重过程、轻结果，重享乐、轻责任，把爱情视为一种消遣，缺乏对自己、对对方、对他人和社会的责任感。

大学生在就学期间经济上没有独立，前途未知，无法确定自己的生活方式，不能确定自己的情感及发展趋势。而且大学生的心理尚未完全成熟，思想易冲动，缺乏妥善处理恋爱中情感纠葛的能力，或对恋爱对象的选择漂泊不定，因此恋爱的成功率较低。

（四）情感随意性较强

当代大学生的恋爱方式呈现出与传统文化不同的特点。相较于传统观念中含蓄、内敛的情感表达方式，如今的大学生更倾向于在公共场合自然地展现亲密关系，如牵手、并肩同行等日常互动。部分情侣相处时间较长，举止较为亲密，这种开放的表达方式有时会让旁人感到不便。值得注意的是，随着观念的变化，一些学生对婚前性行为表现出更为开放的态度。

（五）自控力与耐挫力较弱

一些大学生在热恋中往往不善于控制自己的情感，缺乏理智的驾驭能力。特别是部分女大学生对恋爱对象过分依赖，稍有波折就痛苦万分，一旦恋爱受挫，就会情绪失控，无法自拔，对学习、生活造成严重影响。

二、大学生恋爱中常见的误区

(一) 好感与爱情

好感与爱情是大学生在异性交往中经常遇到又难以区分的两种感情，青年人在性发育成熟以后，便开始被异性吸引，对异性产生好感。好感与爱情确实有相同之处，会给人以肯定、愉悦、积极以至兴奋的感受，而且异性之间的好感也有可能转变为爱情，但是好感并不是爱情，异性之间的好感也并非都会转化为爱情，两者之间有着质的不同。

(二) 虚荣与爱情

虚荣心是个体试图通过追求名誉、荣耀等表面的光彩，来满足自己的自尊心。虚荣心之所以存在，是因为人们在某些时候对自尊的需要得不到满足，只能用一些外在的荣耀去代替，所以说虚荣心是每个人都有的心理现象，只不过每个人表现的方式和程度不同。在某种程度上，虚荣心可以起到保护自己自尊的功能，但虚荣心太重则是有害无利的。在现实生活中，有的人通过穿着华丽来满足虚荣心，有的人用一掷千金的爽快来满足虚荣心，也有的人用彬彬有礼、努力塑造出来的风度翩翩来满足虚荣心，还有的人通过自己找一个漂亮的或有钱有地位的恋人或配偶来满足虚荣心。

在大学生选择恋人的过程中，会不同程度带有虚荣的因素，但随着思想和心理的成熟，大部分同学会放弃虚假的、表面的条件。当然，建立在虚荣心满足的基础之上的爱情也是不牢固的和虚伪的。

(三) 友谊与爱情

友谊是同学、同事、朋友之间在相互了解和信任的基础上，形成的一种亲密、平等、真挚友好的情谊关系；而爱情却是建立在性吸引和性满足的欲望的基础上的一种情感。在今天的大学校园中，男女同学融洽和谐地相处，学习上互相关心和帮助已经成为稀松平常的事。但是，随着新型人际关系的建立，对友谊和爱情界限的把握又给大学生带来了新的困扰。不少同学在与异性交往的过程中把握不住感情的分寸，本来出于交友的美好愿望，却在有意无意之间使感情超出了友谊的范围。

友谊作为爱情的基础，具有发展成爱情的可能性，但是友谊和爱情毕竟是两种不同的感情，在更多的情况下，异性之间的友谊只表现为纯真无邪的朋友关系，并不必然引发出爱情。如果把这种不具备转化可能的友谊糊里糊涂地发展为爱情，那么，悲剧的产生则是不可避免的。即使是可以发展为爱情的友谊，也并不代表二者之间可以画等号，它需具备一定的条件，不能凭一时的感情冲动，急于求成。

(四) 寂寞与爱情

寂寞感是大学生活中的一种特殊心理现象，不少大学生有过孤独、寂寞、苦闷的情绪体验。产生寂寞心理的原因有很多：首先，大学生在年龄上虽然已度过了心理反抗期，但由此形成的与父母、老师等成人之间的心理距离依然存在，这种心理隔膜使他们在思想、情感上进行交流的愿望只能转向同龄人。其次，大学生正处于自我意识形成时期，对他人、对自己的态度和评价十分敏感。尽管情感上迫切需要抚慰，渴望理解，期望有人能分担自己的烦恼，但为了避免自尊受到他人伤害，而不愿轻易对别人敞开心扉，形成相互之间的闭锁心理。最后，不少人进入大学以后，失去了明确的学习目标，缺乏学习的动力，感到学习和生活枯燥乏味，精神空虚，于是借恋爱消磨时光，以此来丰富自己的生活。实际上，这并非真正的爱情，真正的爱情具有感情和理智的双重性。从感情上来看，彼此是从好感到爱慕；从理智上来看，彼此对恋爱结果有着清醒的认识和强烈的渴求。而这种寂寞的恋爱只是为了摆脱心理上的孤独和寂寞，谁同情我、谁理解我，谁就是我的恋人。恋爱必须建立在真诚相爱的基础上，如果仅是为了填补心灵的空虚，把爱情当成毫无感情的人生游戏，是对爱情的亵渎，是感情上的低级趣味，是极不可取的。

（五）价值观与爱情

当今社会，商品经济日渐发达，一些人将爱情作为商品和筹码，试图用爱情交换更多的物质享受和精神享受，其爱情价值观受到严峻的考验。有少数学生为了金钱、名誉、地位和享受，以恋爱作为交易。例如，为了毕业时能去一个理想的工作单位，为了获得物质的满足，为了考研究生或出国，为了留在大城市等，往往通过恋爱搭桥攀关系。有的人为了达到个人目的，甚至可以抛弃原来的恋人另觅新欢，这不仅不符合社会的主流价值观和伦理道德，也会为日后的婚姻埋下隐患。

三、恋爱与性心理困扰

恋爱是培植爱情的过程，爱情作为人类美好的情感被大学生向往和体验，但是恋爱也会给大学生带来这样或那样的心理问题，如果处理不好，会给他们造成很大困扰并影响学习和生活，甚至影响身心健康。

（一）恋爱困扰

1. 单恋与爱情错觉

单恋与爱情错觉是大学生恋爱中常见的心理挫折之一，单恋指异性关系中的一方倾心于另一方，却得不到对方的回应。例如，有些人在生活中被自己所爱慕的异性打动，产生难以抑制的爱情之火，却苦于没有机会表达，苦苦忍受情感的煎熬而无法自拔；还有的人虽然向对方表达了自己的爱慕之心，但被婉言拒绝，面对现实却无法解脱，仍执着地爱慕着对方。

单恋者往往误认为别人爱上自己，或明知别人不爱自己却深深爱着对方，这种爱的情感越深，它所带来的情感折磨就越痛苦。有的大学生一旦爱上某个人，就不管对方是否接受而苦苦追求，完全不顾他人的感受和反应，甚至可以丧失自尊，不顾人格去表达自己的爱，干扰对方的学习和工作。有的还会走向极端，做出伤害他人的蠢事。单恋是一种具有臆想性的恋爱情结和幼稚的行为方式，会令人沉浸在幻想的情爱中不能自拔。

爱情错觉是指在与异性的接触中，一方错误地认为对方对自己有好感，或者把双方正常的交往和友谊误认为爱情的来临，产生所谓的“爱情错觉”。其实爱情错觉是单恋的另一种形式，它常常会使当事人想入非非、自作多情，有时还会做出荒唐可笑之事。由于爱情错觉的梦幻终究要被生活的现实打碎，最终不免陷入单恋的痛苦。

爱情是以互爱为前提的，倘若仅是一厢情愿，而没有得到对方同等的回报，这种单方面的挚情不能称为爱情。可见，单恋与爱情错觉只是一种虚幻的爱情，它们都是恋爱心理的一种认知和情感的失误，往往会导致当事人产生强烈的内心冲突，使人情绪低落、学习效率下降。要相信，爱上一个不爱自己的人永远不会有幸福可言，如果真的爱对方，就应该尊重对方的选择。

2. 恋爱中的感情纠葛

感情纠葛是指恋爱过程中因某些主客观原因引起的，欲爱不能、欲罢不能的强烈的内心矛盾和感情冲突。常见的情况有两种：一是相爱双方之间持久的分分合合的纠葛冲突，即两人之间存在一定的感情基础，但又在一些重要的问题上不能达成共识，导致分手舍不得，在一起却总有矛盾的尴尬局面；二是某些同学在寻求爱情的过程中陷入三角恋的漩涡，可能是同时喜欢上了两个人，也可能是同时被两个人追求，还可能是正在与另一个竞争对手进行着持久战。三角恋情或多角恋爱是一个爱情的怪圈，一旦深陷其中便难以脱身，使人烦恼、痛苦，它会使当事人形成多种形式的冲突并带来许多心理上的问题。因此，一旦在无意之间陷入多角恋爱，应当机立断，中止与其中一方的交往，以免造成对他人和自己的更大伤害。在恋爱过程中，无论是哪种感情纠葛，都会导致当事人情绪受到严重的冲击和干扰，进而影响正常的学习和生活。

3. 失恋

在现实生活中，恋爱的成功和失败是相伴的，无论最后的结果是缔结姻缘还是终止恋爱都很正常，也无可非议。但对有的同学来说，失恋是一种永远的痛，会造成剧烈的心理创伤，使自己长期处于极其强烈的自卑、忧郁、焦虑、悲愤甚至绝望的消极情绪之中，甚至失去生活的信心和勇气。失恋是人生中比较严重的心理挫折之一。个别大学生由于失恋而造成各种心理障碍，或者从此怀疑和不信任任何人，把自己的感情之门永远封闭起来，变得郁郁寡欢；或者看破红尘，自暴自弃，从此消沉下去；或者反目成仇，图谋报复，损人害己。

随着大学校园中恋爱人数的增多，感受失恋痛苦的人数也在增多。失恋是痛苦的，无论意志多么坚强的人，只要真诚地爱过，都不可能面对爱的挫折而无动于衷。问题的关键在于保持清醒的头脑，敢于正视现实，迎接不幸，积极主动地从失恋的痛苦中摆脱出来。应该认识到，恋爱是甜蜜的，失恋是痛苦的，但失恋也是人生的课堂，可以加深大学生对人生和爱情的理解。面对失恋，意志薄弱的人会一蹶不振，而生活的强者会更加奋发努力，开拓新的人生。

（二）性心理困扰

当代大学生因为性的成熟，面临着许多性心理问题。总的说来，大学生的心理发展是正常的、健康的。然而，由于社会传统性观念以及社会心理氛围的影响，又因为青年生理成熟的提前和性心理成熟滞后的矛盾冲突，以及目前的性教育远远跟不上大学生身心发展的需要，使得大学生在性心理发展过程中出现许多问题，由此引起诸多的性困扰和适应不良等。主要表现在以下几个方面：

1. 性认知方面的偏差

由于受到我国几千年封建社会性愚昧和谈性色变的保守观念的影响，又因缺乏系统、正规的性科学教育，不少大学生对性持有不正确的认知，把性看成低级下流的、肮脏的、难以启齿的、污秽的、见不得人的东西。这种性认知往往导致性情感、性态度的过敏、矛盾和冲突，进而影响大学生的自我评价。这种性认知常表现为焦虑、烦躁、厌恶以及内心不安、恐惧、自责等。少部分性困扰严重的同学，会出现失眠、注意力不集中、情绪抑郁、不愿与同学（尤其是异性）交往，并常常陷入焦虑、困惑和苦闷，从而影响其学习、社会活动等，甚至影响到身心的正常发展。这种性认知、性情感、性态度的偏差，既是一种不健康的性心理表现，也是引起一系列性心理障碍的重要因素。

有少数大学生过于强调性的生物性，信奉西方的性自由，把性解放视为终极的人性，从而在行为上随便、放纵，甚至不择手段获取性满足，这同样是一种性适应不良。性是人的一种本能，是人性的表现。大学生一方面应该学习、掌握性知识，具有与年龄和文化程度相吻合的性知识水平和性行为方式；另一方面也要认识性的社会属性。人的性观念、性行为应符合社会道德和社会规范，性是自然属性和社会属性的统一体，性禁忌和性放纵都是有害于身心健康、有悖于人性的。

2. 性意识的困扰

在青年期，常见的性意识活动有性冲动、性幻想和性梦。所谓性冲动是指在遇到有吸引力的异性时，想到与性有关的意念并体验到性兴奋；性幻想表现为在某种因素诱导下，产生一系列与性有关的联想；性梦是指在梦中出现与性有关的梦境。由于大学生正处于青春后期，性意识活动具有普遍性，这符合性生理和性心理发展的自然规律。对于上述性意识活动，许多同学能泰然处之，对自己的心理行为没有造成不良影响，能较好地维持心理平衡。但是，一部分大学生容易产生性意识的困扰，对其正常的学习和生活产生不良的影响，使其陷入深深的痛苦。大学生常常处于这样的深刻矛盾中：一方面是性的自然欲求，对异性的美好向往；另一方面又是对性的否定、批判和压抑。这种矛盾使大学生既躁动不安，又迷惑不解、痛苦不堪。

3. 手淫的心理困扰

手淫是指用手刺激性器官以引起性快感的行为。以往将手淫视为不健康的恶劣行径，现在态度有所改变。近年来，随着性知识的普及，大学生对手淫的认识日益科学化，但仍存在一些认识上的误区，仍有少数大学生认为手淫是有害的、不道德的，甚至是罪恶的。

手淫引起的心理困扰主要有以下表现：

（1）手淫有害。虽然从理论上知道手淫是一种自慰行为，对身体无害，但在观念上仍然认为有害。在这种错误观念的影响下，一些大学生往往把身体任何部位出现的大大小小的问题都与手淫联系起来，如偶尔的失眠、腰酸腿痛等疲劳感，自己容貌体态的细微变化，某种偶然发生的小病等，都认为是手淫造成的，并用自己的主观体验去努力证明“手淫有害”。由于整日思虑这些问题，将注意力倾注于自身生理上的细微感觉，因此背上沉重的心理包袱，有的还产生了疑病性神经症。其实手淫是一种自慰性性行为，它不仅没有那么多可怕的后果，而且还存在一种自然的、生理的调节机制。手淫的危害不在于手淫本身，而在于对手淫的担忧、恐惧羞愧和罪恶感，手淫有害的思想使手淫的大学生容易陷入悔恨、焦虑、自责。

（2）消极的自我评价。由于在观念上仍将手淫视为恶习，是见不得人的，所以认为自己没出息、意志薄弱，与大学生身份不符，因而引起罪恶感、自卑感。这种消极的自我评价，会阻碍大学生与他人的交往，影响其学习及自我表现，使其采取自我压抑的处世态度。

（3）无休止的联想乃至强迫性倾向。手淫方面存在困扰的大学生，大多想戒除手淫，但手淫所带来的生理快感又使得它实际上很难戒掉，反倒可能变本加厉。于是，要不要戒除手淫？继续手淫对今后前途影响如何？对将来恋爱婚姻乃至夫妻生活有无妨碍？如此等等，无休无止的联想，反反复复地纠缠，占据了这部分大学生的思考中心。而担心、抑郁、忧心忡忡，也就成了其主导情绪。不仅如此，长时间地处在对手淫的控制与反控制的心理冲突下，还很容易引发强迫性的观念和行为。

摆脱手淫困扰，重在心理疏导，绝非行为控制。消除手淫行为带来的心理困扰，可采取以下措施。

①改变认知。国内外大量研究表明，手淫是性宣泄的一种方式，在生理上是无害的，不会对身体造成伤害。而手淫的危害主要是对手淫行为的过分担忧引起的心理困扰。所以，必须正确认识手淫，改变错误的认知，消除过分担忧，才能减轻手淫的危害。

②调整行为。改变不健康的和不科学的生活方式，充实生活内容，专注于学习，培养强烈的事业心，树立远大的理想，追求高层次的心理需要。加强人际交往包括与异性的交往，发展广泛的兴趣爱好，树立新的生活目标，可以大大缓解对手淫问题本身的关注，因手淫而引起的种种烦恼渐渐地也就烟消云散了。

③平时不穿紧身内裤，在睡前不看或少看与性有关的书刊和影视节目，避免形成性兴奋，产生新的手淫欲望。

④积极参加健康的文体活动，使身体积蓄的能量得到有效且有益的释放，合理安排作息时间，养成锻炼身体的好习惯。

4. 性伤害的心理困扰

性伤害是指由性行为给受害者心理上造成严重伤害性体验的现象。这类性行为本身可以是侵犯性的、违法的，也可以是非侵犯性的，但都会给当事人造成即刻或延迟的、长期的消极退缩，担惊受怕，人际回避，自尊心严重受损等心理反应。

受性伤害者以女性较为多见。近年来，女大学生遭受性伤害的案件呈上升趋势，此类案件严重摧残了女大学生的身心健康，威胁着女大学生的生命安全，严重干扰了校园的正常秩序。

少数大学生在受到性伤害之后，原本开朗的性格变得内向、抑郁，精神受到恶性刺激，性格被扭曲，对社会、对人生产生了不良的认知和理解，以致不能安心学习，不能正确地去面对今后的生活。个别大学生在受到性伤害后，产生了极强的报复心理，变得自暴自弃，放弃原有的理想和追求，有的甚至成为道德沦丧的人，成为社会的罪人。还有的大学生受到性伤害后，出于种种原因没有报案，心理压力又很大，长期的压抑得不到宣泄，造成精神失常，甚至导致自杀。

（三）心理调适

性伤害的心理调适，不仅要抚平性伤害的心理创伤，而且要鼓起生活的勇气，像其他同龄人一样，迎接美好的明天。一般来说，应着重解决好以下几个方面的问题。

1. 吸取教训，告别过去

一个人受到性伤害后，不应该湮没在个人的痛苦回忆和怨恨之中，而应该从不幸的经历中吸取教训，学会更好地保护自己。这种教训的代价也许太沉重了，但人生的道路就是这样，不全是光明，难免有黑暗，若能懂得生活的这种哲理，会使自己变得理智起来，辩证地看待自己的遭遇，改变自己的消极心境。同时，要有勇气给那黑暗、不幸的一页画上句号。有的人永远不能使伤口愈合，自己在痛苦中倒下；而有的人却能尽快愈合伤口，重新站立起来。作为一名大学生，应该做坚强的后者。

2. 鼓起勇气，面对现实

受过性伤害的大学生，在一定程度上受旧观念的影响，会感到自己罪恶深重，低人一等，自卑心理严重，丧失生活的勇气，回避现实生活。这实际上是陈旧的封建思想带来的精神枷锁。性伤害是一种灾难性事件，并不是自己的过错，而自己是一个受害者，所以不应该对自己雪上加霜。应该摆脱封建思想的束缚，消除心理上的压力，克服自卑心理，鼓起生活的勇气，以积极的态度投入现实生活。通过人际交往，打开封闭的心理，拓宽生活空间，尤其可通过交往异性朋友，消除对异性的偏见和顾虑，恢复正常的心态。积极参加各种健康的活动，培养广泛的兴趣，丰富生活内容，体验生活的乐趣。

3. 肯定自我，迎接未来

遭受性伤害当然不是一件好事，是人生的缺陷和不完美。但这并不意味着一个人的未来没有希望，没有前途。关键要肯定自我，自强不息，不要嫌弃自己，更不要否定自己。大学为自我完善提供了良好条件，社会为自我发展提供了众多机会。作为一个遭受过创伤、经受过磨难的大学生，更应发奋图强，改变不幸的命运，不要让过去的不幸影响自己的一生。树立明确的生活目标，刻苦学习，立志成才，创造自己美好的未来，实现自己的人生价值。

4. 积极主动寻求帮助

在性伤害过程中，如果涉及法律问题，大学生应该勇敢地拿起法律的武器保护自己，为自己讨回公道。同时，伴随着性伤害，还可能会带来一系列的现实问题，如意外怀孕或其他身体上的伤害等。面对这种情况，要学会并敢于求助自己的亲人、师长，请他们指导并帮助解决问题，必要时，求助医学以及心理学的专业帮助，尽可能把伤害降到最低程度。

四、爱的能力

爱的能力是指和他人建立亲密关系的能力，它对人的一生发展有着重要的意义。具有爱的能力会引导一个人既真正地爱他人，也真正地爱自己，能真正体验到爱给人带来的快乐和幸福。

美国著名的精神分析学家弗洛姆在《爱的艺术》一书中指出，爱是一种能力，也是一种艺术。在现实中，人们“祈求爱、渴望爱”，然而愿意学习爱的人却为数寥寥；人们“几乎把所有别的东西都置于爱之上。成功、名誉、金钱、权势——我们把所有的精力都耗费在学会如何实现这些目标”，他提出，要掌握爱的艺术，一是要掌握理论，二是学会实践，三是赋予爱以最大的关切。

扩展阅读

梁山伯与祝英台的爱情故事

东晋时期，浙江上虞祝家庄，玉水河边，有个祝员外之女英台，美丽聪颖，自幼随兄习诗文，慕班昭、蔡文姬的才学，恨家无良师，一心想往杭州访师求学。祝员外拒绝了女儿的请求，祝英台求学心切，伪装成卖卜者，对祝员外说：“按卦而断，还是让令嫒出门的好。”祝父见女儿女扮男装并无破绽，不忍她失望，只得勉强应允。英台远去杭州求学，途中邂逅了赴杭求学的会稽书生梁山伯，两人一见如故，相谈甚欢，在草桥亭撮土为香，义结金兰。一日，二人来到杭州城的万松书院，拜师入学，从此同窗共读，形影不离。梁祝同学三年，情深似海。英台深爱山伯，但山伯却始终不知她是女子，只念兄弟之情，并没有特别的感受。祝父思女，催归甚急，英台只得仓促回乡。梁祝分手，依依不舍。在十八里相送途中，英台不断借物抚意，暗示爱情。山伯忠厚淳朴，不解其故。英台无奈，谎称家中九妹，品貌与己酷似，愿替山伯做媒，可是梁山伯家贫，未能如期而至，待山伯去祝家求婚时，祝父已将英台许配给家住鄮城的太守之子马文才。美满姻缘，已成泡影。二人楼台相会，泪眼相向，凄然而别。临别时，立下誓言：生不能同衾，死也要同穴！

后梁山伯被朝廷任命为鄞县令。然山伯忧郁成疾，不久身亡。遗命葬城九龙墟。英台闻山伯噩耗，誓以身殉。英台被迫出嫁时，绕道去梁山伯墓前祭奠。上天在祝英台的哀恸感应下，风雨雷电大作，坟墓爆裂，英台翩然跃入坟中，墓复合拢，风停雨霁，彩虹高悬，梁祝化为蝴蝶，在人间蹁跹飞舞。

第三节　爱情：婚恋的道德基础

导入

在人类情感的宏大版图中，爱情一直占据着独特且闪耀的位置。从古老传说里梁山伯与祝英台化蝶双飞，到罗密欧与朱丽叶冲破家族阻碍倾心相恋，这些跨越时空的故事，无不诉说着爱情的炽热与美好。

当爱情从花前月下步入柴米油盐，从浪漫憧憬迈向婚姻殿堂，道德便成为这段关系的基石。为何有些人携手一生，恩爱如初，而有些人却在中途分道扬镳，反目成仇？这背后，道德的力量不可忽视。忠诚、信任、责任，这些看似简单的词汇，却在爱情的延续与婚姻的稳固中，扮演着至关重要的角色。

一、婚恋的价值

（一）婚姻和恋爱的意义

婚姻与恋爱在不同文化和社会背景下存在多种意义，但总体来说，它们都涉及人的情感、社会和文化需求。①

1. 情感寄托

情感寄托是人类情感的需要，人是社交动物，需要与他人建立深厚的情感联系。恋爱和婚姻提供了一个框架，使人们能够建立深厚的情感联系，满足彼此的情感需求，并提供一种亲密的关系。这种关系可以增强人们的幸福感和满足感，同时也可以帮助人们应对生活中的挑战和困难。另外，情感寄托还能够提供稳定和安全的环境，让人们能够信任和依赖伴侣。在这种关系中，人们可以分享彼此的感受、梦想和担忧，并得到伴侣的理解和支持。这种情感上的联系可以增强人们的自尊心和自信心，并有助于减轻压力和焦虑。

2. 共同成长

① 刘涛，赵惠．近十年我国大学生爱情教育研究综述［J］．江西教育科研，2007（11）：9-11.

婚姻和恋爱为双方提供了一个共同成长和发展的平台，可以帮助双方发展自己的个人能力和兴趣。通过与伴侣分享自己的兴趣和目标，人们可以互相激励和支持，共同追求个人成长和发展。这种关系中的互动和交流可以激发双方的创造力和潜力，从而提升个人的综合素质。在面对生活中的挑战和困难时，与伴侣共同应对和克服困难可以增强双方的信心和勇气。

这种关系中的支持和鼓励也可以缓解双方的心理压力，减少生活中的焦虑和抑郁等负面情绪，有助于保持良好的心理状态。另外，还可以与伴侣共同制订目标和计划，例如锻炼身体、培养好习惯等，人们可以互相监督和鼓励，共同成长。

（二）婚恋关系中的责任感和承诺

责任感是婚恋关系中不可或缺的品质，它体现了一个人对伴侣和家庭的重视和关心。① 在婚恋关系中，责任感意味着愿意为伴侣和家庭承担责任，为他们的幸福和稳定付出努力。

这种责任感表现在以下几个方面：第一，对伴侣的关心和照顾。责任感要求我们关心伴侣的身心健康，在他们需要的时候给予支持和帮助。还要关注伴侣的情感需求，用心倾听、理解并尊重对方的想法和感受，通过日常生活中的小事，如一杯热咖啡、一个温暖的拥抱，都能传递出深深的爱意和关心。第二，对家庭的付出和奉献。在婚恋关系中，家庭是我们共同生活的基石，责任感要求我们为家庭的和谐稳定付出努力，共同承担家务、育儿等责任，通过共同努力，创造一个温馨、舒适、充满爱的家庭环境。第三，对婚姻的坚守和忠诚。在婚恋关系中，坚守和忠诚是责任感的最高体现。我们应始终忠于伴侣，不做出伤害对方的行为，即使面临诱惑或困境，也要坚守婚姻的底线，维护伴侣的尊严和权益。

承诺也是婚恋关系中不可或缺的因素之一，它代表着双方对婚恋关系的坚定信念和决心。婚姻中的承诺表现为以下几个方面：首先，愿意共同成长。承诺要求我们愿意与伴侣共同成长，互相学习、支持、鼓励。通过共同经历生活中的点滴美好，我们不断丰富彼此的人生阅历，提升自我价值。其次，面对困难不放弃。婚恋关系中难免会遇到困难和挑战，承诺要求我们坚定信念，不轻易放弃。我们要相信困难只是暂时的，只要双方齐心协力，一定能共渡难关。这种积极向上的态度有助于增强双方的信任与依赖，使双方关系更加稳固。对未来的规划，承诺不仅是对当前关系的坚守，更是对未来的期望与规划。我们要与伴侣共同制定目标，为未来的发展努力奋斗。这种共同的追求和愿景有助于激发双方的动力与激情，使关系充满活力和希望。最后，坦诚沟通与信任。承诺要求我们与伴侣保持坦诚沟通，诚实面对彼此的需求、感受和困惑。同时，要建立起深厚的信任基础，相信对方的能力与诚意。只有在相互信任的基础上，双方才能共同成长、共同进步。

---

① 严璨．加强大学生婚恋教育的现实意义及对策探析［J］. 学校党建与思想教育，2023（21）：90-92.

（三）婚恋关系中的稳定性和安全感

婚恋关系中的稳定性和安全感是维持关系长久发展的重要基石。其稳定性主要体现在以下几个方面：其一，情绪稳定性是婚恋关系稳定的基础。双方需要建立起深厚的感情基础，通过相互理解、支持和包容，共同应对生活中的挑战和困难。情绪稳定性有助于增强双方的信任和依赖，使关系更加稳固。其二，沟通稳定性是维护关系稳定的关键。双方需要建立起良好的沟通习惯，保持开放、坦诚、及时地沟通，共同解决问题和消除误会。通过有效的沟通，双方可以更好地了解彼此的需求和感受，增强彼此的理解和认同。其三，目标稳定性是双方需要共同制定目标，并为之努力奋斗。这种共同的追求有助于增强双方的凝聚力和向心力。同时，双方需要保持对未来的规划清晰明确，对未来的发展有共同的期望和愿景。

而婚恋中的安全感体现于以下三个方面：一是情感安全感。它是婚恋关系中最重要的安全感之一。双方需要给予对方充分的情感支持，关心对方的需求和感受，使对方感受到被爱和被重视。同时，需要建立起良好的情感反馈机制，及时回应对方的情感需求，增强彼此的信任和依赖。二是经济安全感。经济安全感是婚恋关系中不可忽视的因素。双方需要共同承担家庭责任和经济压力，建立起稳定的经济基础。同时，需要合理规划家庭财务，确保经济安全和未来的发展。三是社交安全感。社交安全感是婚恋关系中较为容易被忽视的因素之一。双方需要给予对方足够的社交空间和自由，尊重对方的社交需求和隐私。同时，需要建立起健康的社交网络，增强双方的人际关系和社会支持。

（四）婚恋关系对社会的贡献

婚恋关系是社会最基本的细胞，它为个人提供了情感的归宿和寄托，减少了个人在社会中的孤独感和漂泊感。当人们通过婚姻组成家庭后，会更有归属感和责任感，这有助于减少社会矛盾和冲突，促进社会稳定。同时，婚恋关系不仅是两个人的结合，更是两个家庭的结合。在婚恋关系中，人们不仅学习如何与伴侣相处，还学习如何与伴侣的家人相处。这种关系有助于文化的传承和发展，使社会文化得以延续。通过婚姻，人们有计划地繁衍后代，为社会的持续发展提供足够的人力资源。

另外，健康的婚恋关系可以为下一代提供良好的成长环境，有助于提高人口素质。在婚恋关系中的双方通常会共同经营家庭、共同承担家庭开支，这在一定程度上刺激了消费需求，推动了经济的发展。此外，健康的婚恋关系可以为社会培养出身心健康、有道德观念和责任感的公民，为社会的发展注入正能量，推动社会的道德进步。

二、道德标准的演变

（一）历史上关于婚恋的道德观念的变迁

1. 封建时代的婚恋道德观念

在封建社会，婚恋道德观念受到严格的约束和规范。婚姻往往是由父母或家族安排，个人的意愿和选择被忽视。夫妻关系被视为家庭和社会稳定的基础，而个人的感情和幸福则被放在次要的位置。在这种观念下，婚姻更多的是一种社会义务和责任，而不是基于个人感情的选择。

2. 近代的婚恋道德观念

随着社会的进步和思想的解放，近代的婚恋道德观念开始发生变化。个人感情和幸福逐渐被重视，人们开始追求自由恋爱和自主选择伴侣的权利。婚姻不再仅仅是家庭和社会的责任，而是建立在双方感情基础上的自愿结合。这种观念的变化推动了婚恋关系的自由化和人性化。

3. 现代社会的婚恋道德观念

在现代社会，婚恋道德观念呈现出多元化和开放性的特点。个人自由和感情选择被高度尊重，婚姻成为个人幸福和发展的基础。同时，随着社会的发展和文化的交流，人们对婚恋关系的认知和理解也在不断深化，人们更加重视婚姻的质量、感情的深度和双方共同成长的过程。

（二）现代社会对婚恋道德观念的变化与挑战

社会的开放和文化的交融，使得现代人对婚恋的认知和理解更加丰富多元。婚姻不再是传统意义上的传宗接代或家庭责任，而是基于双方的感情基础上的自愿结合。这种多元化趋势使人们有更多样的选择，但同时也带来了一些挑战，如传统婚恋观念与现代观念的冲突、家庭期望与个人选择的矛盾等。

随着社会的发展，婚姻制度也发生了一系列变革。例如，“三孩政策”的实施、婚姻登记制度的改革、离婚率的上升等，对传统的婚恋道德观念提出了挑战。这些变革反映了社会对个体权利和自由的尊重，但也引发了一些问题，如家庭责任与个体自由的平衡、婚姻稳定性的下降等。

随着女性地位的提高和性别平等意识的普及，现代婚恋观念越来越强调男女平等和互相尊重。女性不再被视为男性的附属品或家庭责任的对象，而是与男性一样拥有自主选择和发展的权利。然而，这种观念的推广也面临着一些挑战，如性别歧视的残留、传统家庭角色观念的束缚等。

随着婚恋媒体的普及与影响，现代社会中的各种婚恋媒体如相亲节目、社交软件等日益普及，为人们提供了更多认识异性的机会。这在一定程度上改变了传统的婚恋模式，使人们更加注重外貌、物质条件等浅层次的因素，进而导致一些问题，如拜金主义、外貌至上主义的盛行以及对真实感情的忽视等。

在现代社会中，随着价值观念的多元化和生活方式的多样化，一些传统的道德观念和约束逐渐淡化。对个体自由的追求和对权利的强调可能导致一些道德失范的问题，如不负责任的性行为、婚姻不忠等。如何重建婚恋道德规范、维护婚姻家庭的稳定和谐成为现代社会面临的重要挑战。面对这些变化与挑战，我们需要在尊重个体自由的同时，注重传统道德观念的传承与创新，促进婚恋关系的健康、稳定和幸福发展；通过教育、文化传播和社会参与等多种途径，推动现代婚恋道德观念的进步和社会和谐发展。

（三）文化和社会背景对婚恋道德观念的影响

文化和社会背景对婚恋道德观念的影响深远，主要可以从以下几个方面来进行探讨：

第一，不同的文化背景对婚恋道德观念有着显著影响。某些文化可能强调婚姻的稳定性与家族的延续性，而其他文化可能更注重个人感情和幸福。例如，在东方文化中，婚姻往往承载着家庭和社会的期望，个人的选择和感情可能在一定程度上受到家族和社会的约束；而在西方文化中，婚恋观念更倾向于个人自由和感情的追求。

第二，宗教信仰对婚恋道德观念的影响。部分宗教可能主张严格的婚姻规范和道德标准，强调婚姻的神圣性和不可侵犯性。其他的宗教或信仰体系可能更为宽容，更强调内心的纯洁和真挚的感情。因此，宗教信仰的差异往往导致婚恋道德观念的多样性。

第三，社会经济发展水平也会影响婚恋道德观念。在经济发展较为落后的地区或时期，婚姻可能更多地被视为生存和繁衍的手段，而非基于个人感情的选择。因此人们的生活水平和教育水平提高，对婚恋的认知和选择也更加丰富多元。

第四，社会舆论和媒体对婚恋道德观念的影响不容忽视。通过电影、电视剧、广告等媒体传播，某些价值观和婚恋观念得以普及和强化。例如，媒体中经常出现的浪漫主义爱情故事可能使人们对婚姻抱有过多的浪漫期望。同时，社会舆论也经常对婚恋观念进行评判和塑造，从而影响人们的认知和价值观。

第五，家庭教育和家庭环境对个体婚恋道德观念具有深远影响。父母的婚姻状态、家庭的价值观、父母的教育方式等可能影响孩子的婚恋观念。一个和谐、开放的家庭环境更可能培养出具有健康婚恋观念的个体。

（四）全球范围内婚恋道德观念的多样性

全球范围内婚恋道德观念存在显著的多样性，这主要源于文化、宗教、社会背景等多种因素的影响。以美国和欧洲为代表的西方国家，普遍存在着自由恋爱和自主选择伴侣的趋势。婚恋关系注重个人的感情和幸福，而非家庭或社会的期望。婚前性行为和婚外情在一定程度上被接受，而婚姻则更多的是基于感情的选择。在亚洲许多国家和地区，如中国、日本、韩国等，家庭观念和社会责任在婚恋道德中占有重要地位。婚姻不仅是两个人的结合，还涉及两个家庭的联姻。如婚姻往往由父母或家族安排，个人的意愿和选择受到一定的限制。

在全球范围内，虽然存在多样性，但普遍的趋势是个人自由和感情选择开始受到重视。随着全球化的进程和文化交流的加深，不同国家和地区的婚恋道德观念也在逐渐融合和相互影响。尊重和理解不同文化背景下的婚恋观念，有助于促进全球范围内的文化交流和社会和谐发展。

三、婚恋中的道德冲突

（一）忠诚与欺骗的冲突

在婚恋关系中，忠诚与欺骗是一个常见的道德问题，它涉及个体在婚恋关系中的道德选择和行为准则。在婚恋关系中，个体往往追求自由和独立，希望在感情上得到满足。然而，婚姻作为一种长期承诺，要求个体对伴侣保持忠诚，承担相应的责任。当个体在追求个人幸福和满足时，可能会与婚姻的忠诚责任发生冲突。①

其次，内心欲望与道德约束的矛盾，人类内心存在各种欲望，包括对异性的吸引、对新鲜感的追求等。这些欲望可能会驱使个体做出欺骗或背叛伴侣的行为。然而，道德观念和社会规范往往要求个体在婚恋关系中保持忠诚，这种内心的欲望与外在的道德约束之间存在明显的冲突。

面对忠诚与欺骗的冲突，个体需要审视自己的价值观和道德观念，明确在婚恋关系中的责任和期望。同时，沟通、理解和宽容也是解决这种道德冲突的重要途径。通过建立良好的沟通机制、培养相互信任和理解，以及发展健康的人际关系，有助于减少忠诚与欺骗的冲突，维护婚恋关系的稳定和幸福。

（二）个人自由与婚恋责任的冲突

个人自由与婚恋责任的冲突是婚恋道德冲突的一个重要方面。这种冲突主要体现在个体对个人自由和幸福的追求与婚姻所承载的责任和义务之间的矛盾。

首先，个体在婚恋关系中往往追求个人的自由和幸福感。每个人都有自己的梦想和追求，希望在感情、生活和事业上得到满足。然而，婚姻作为一种长期承诺，要求个体对伴侣和家庭承担责任，这种责任可能限制了个体的自由和追求幸福的权利。

其次，个人自由与婚恋责任的冲突还表现在对个人成长和发展的需求上。个体在婚恋关系中可能会面临角色定位和职业发展的选择。为了追求个人成长和发展，个体可能需要在时间和精力上做出牺牲，这可能会与婚姻所期望的稳定性和支持性发生冲突。另外，随着社会的发展和观念的变迁，个体对婚姻的期望也在发生变化。一些人可能更加重视个人成长和幸福感，希望在婚姻关系中获得更大的自主权和选择权。然而，传统的婚恋观念往往强调婚姻的稳定性和家庭的责任，这可能导致个体在追求个人自由和满足时与传统的婚恋道德发生冲突。

面对个人自由与婚恋责任的冲突，个体需要审视自己在婚恋关系中的期望和责任。明确个人的价值观和婚恋观念，了解自己在婚恋关系中的角色和定位，是解决这种冲突的重要前提。同时，建立良好的沟通和协商机制，寻找双方都能接受的平衡点，尊重彼此的权利和需求，也是解决冲突的有效途径。

---

① 孔德生，臧凯．爱情心理理论视域下高校婚恋教育探析［J］．东北师大学报（哲学社会科学版），2021（2）：135-142.

（三）经济利益与感情真实的冲突

经济利益与感情真实的冲突也是婚恋中一个重要的道德问题，这种冲突主要体现为个体在婚恋关系中对经济利益的追求与对感情真实的渴望之间的矛盾。

首先，随着社会的发展和物质生活的丰富，经济因素在婚恋关系中的地位逐渐上升。一些人可能将婚姻视为实现经济稳定或提升社会地位的手段，而非基于真实的感情。这种基于经济利益的动机可能与婚恋关系中追求真实感情的初衷相违背。其次，经济利益与感情真实的冲突还表现在婚恋关系中的财产分配和责任承担方面。婚姻关系中的双方可能会因为财产问题产生分歧，例如对家庭财产的管理、分配和继承等。在这种情况下，经济利益可能会影响到感情的真实性，导致双方在关系中产生隔阂和矛盾。

面对经济利益与感情真实的冲突，个体需要明确自己在婚恋关系中的真正需求。了解自己对于婚恋关系的期望，是基于真实的感情还是基于经济利益的考量，是解决这种冲突的前提。同时，建立平等、尊重的沟通机制，坦诚地表达彼此的期望和担忧，也是解决冲突的重要方法。

四、建立健康的婚恋关系

（一）婚恋关系中的沟通技巧与能力

首先，倾听是有效沟通的基础。在恋爱关系中，双方都需要学会倾听对方的需求、情感和观点。倾听并不只是听到对方说的话，还要理解对方的感受和情绪，给予积极的反馈和回应。其次，良好的表达能力是沟通的关键。在恋爱关系中，双方都需要学会清晰、准确地表达自己的需求、情感和期望。① 同时，也要学会用合适的方式表达自己的不满和不同意见，以避免伤害对方的情感。

在沟通时，双方都需要学会控制自己的情绪，避免因为情绪波动而影响沟通效果。个体也要学会识别和接纳对方的情绪，理解对方的情感需求。观察能力可以帮助双方更好地了解对方的情感和需求，通过观察对方的言行举止、面部表情和肢体语言，可以更好地理解对方的情感状态和需求，从而更好地调整自己的沟通方式。

在恋爱关系中，难免会出现各种问题和矛盾。双方需要具备解决问题的能力，通过良好的沟通找到解决问题的有效途径，以达成双方都能接受的解决方案。

（二）冲突处理与解决的方式方法

1. 沟通

沟通是解决冲突的基础，双方需要建立开放、诚实和尊重的沟通机制，愿意倾听对方的观点和感受，并表达自己的需求和想法。通过良好的沟通，可以更好地理解对方的立场，找到共同的解决方案。有效的沟通需要双方掌握一定的技巧，如表达清晰、避免指责和攻击、使用“我语”而非“你语”等。同时，也要学会控制情绪，避免情绪波动

---

① 顾超．论大学生婚恋教育［J］．黑龙江高教研究，2016（2）：125-127.

对沟通效果的影响。通过有效的沟通，可以更好地解决冲突，增进彼此的理解和信任。

2. 接纳与包容

婚恋关系中的双方存在一定的差异是不可避免的。双方需要学会接纳和包容对方的差异，尊重对方的观点和生活方式。在面对冲突时，要学会换位思考，理解对方的立场和情感，寻找共同的解决方案。

3. 妥协和折中

在解决冲突时，双方需要学会妥协和折中，寻找双方都能接受的平衡点。通过妥协和折中，可以避免关系破裂，增进双方的互信和合作。

4. 及时处理问题

及时处理问题可以避免小矛盾积累成大冲突。当发现矛盾和冲突时，双方需要及时坐下来沟通，共同找到解决问题的方法。避免问题拖延或被忽视，导致矛盾加深。

5. 寻求专业人士的帮助

在面对难以处理的冲突时，可以寻求专业人士的帮助和建议。例如心理咨询师或婚姻家庭治疗师可以帮助双方更好地理解冲突的根源，提供有效的解决方案，促进关系的和谐发展。

总之，建立健康的婚恋关系需要双方具备一定的冲突处理与解决技巧和方法。通过建立良好的沟通机制、学会有效沟通、接纳和包容对方的差异、学会妥协和折中、及时处理问题以及求助专业人士，可以帮助双方更好地应对和解决婚恋关系中的问题，增进彼此的理解和信任，促进婚恋关系的和谐发展。

（三）坚持婚恋道德原则的重要性与实践建议

个体坚持婚恋道德原则的重要性主要体现在以下三点：第一，维护社会稳定。婚恋关系是社会的基本单元，其稳定与和谐对社会稳定起着重要作用。坚持婚恋道德原则有助于减少婚外情、家庭暴力等不道德行为，维护社会秩序。第二，促进个人成长。道德原则可以帮助个体在婚恋关系中做出正确的选择，避免受到不健康关系的影响。同时，健康的婚恋关系有助于个人的情感满足和心理健康。第三，传承良好价值观。坚持婚恋道德原则有助于传承尊重、忠诚、责任等良好价值观，这些价值观对下一代的教育和成长具有积极影响。

基于上述原则，我们在实践方面总结出以下几点参考建议：

树立正确的婚恋观：个体应明确什么是健康的婚恋关系，了解其内涵和要求。要树立正确的价值观，强调感情的真实与纯洁，而非物质利益。

尊重他人：在婚恋关系中，双方应相互尊重，尊重对方的观点、感受和需求。避免任何形式的侮辱、歧视或虐待。

坦诚沟通：沟通是建立健康关系的关键。双方应坦诚地表达自己的想法和感受，倾听对方的声音，避免隐瞒和欺骗。

承担责任：在婚恋关系中，双方应承担起各自的责任，对家庭、伴侣和子女负责。同时，也要对自己负责，追求个人的成长和发展。

冷静对待冲突：当冲突出现时，双方应冷静处理，避免情绪化的决策。要学会有效沟通、妥协和寻求第三方的帮助，以和平方式解决冲突。

持续的自我反省与成长：婚恋关系是一个长期的过程，双方需要不断地自我反省，发现自己的不足并努力改进。同时，要保持开放的心态，接受对方的建议和批评，共同成长。

重视家庭价值：家庭是社会的基本单元，其价值不应被忽视。在婚恋关系中，双方应重视家庭的重要性，共同为家庭的幸福和稳定而努力。

保持一定的独立性：尽管在婚恋关系中双方需要相互支持和依赖，但保持一定的独立性也至关重要。个体应有自己的兴趣、爱好和朋友圈子，这样可以增强个人的魅力和幸福感，同时也可以为双方的关系注入新鲜元素。

持久的承诺与努力：维护一段健康的婚恋关系需要持久的承诺和努力。双方应不断地为关系的健康发展付出努力，克服困难和挑战，共同创造美好的未来。

扩展阅读

钱锺书与杨绛

钱锺书与杨绛的婚姻是现实中爱情基于道德的典范。两人在漫长岁月里相互尊重、理解与支持。钱锺书专注学术，杨绛默默操持家务，全力支持他的事业，毫无怨言。同时，钱锺书对杨绛也关怀备至。他们彼此忠诚，在外界诱惑面前坚守道德底线，这份基于道德的爱情，使他们携手走过风雨，成为佳话。

第四节　爱是自我成长

导入

人生中最重要的决定是跟什么人结婚，而不是任何一笔投资。选择伴侣不仅是选择一个人，更是选择一种生活方式。

一、爱情的发展

人们常把择偶、培养爱情的过程称为恋爱。恋爱是对爱情美的选择和追求，是男女双方在建立爱情之前必定要经历的阶段。

（一）初恋与初始阶段

1. 初恋

初恋是爱情交响曲的第一乐章，是两颗心灵的第一次碰撞，绝大多数初恋者在心理上会产生多种奇异而难忘的强烈感受。

初恋是强烈的，是爱的首次爆发，是青春火焰的点燃，其力量足以震撼人的心灵。初恋是纯洁的，犹如初开的花蕾，素雅、清新、令人心颤。这花蕾一生只绽开一次，因而更显得珍贵。初恋双方经常感到神圣、甜蜜、兴奋不已。初恋的感情是纯洁美好的，像一块纯洁的白玉，较少利益的计较和世俗的污斑，很少考虑感情以外的其他因素，如金钱、地位和对方家庭境况等，它完全以感情为联系纽带。每一个青年人都十分珍惜自己的初恋，对它寄托着美好的希望、幻想和深情。在一些大学生的日记中，总是用最美好的词语记录初恋的感受，甚至全然不顾后果。

2. 恋爱的初始阶段

恋爱的初期，男女双方彼此抱有好感却相知甚少，渴望更多地了解对方。这个时候，男女双方的眼神总在捕捉对方的身影，并制造条件约会见面，从约会中感受愉悦感。

男女双方彼此有了一点了解后，就会情不自禁地美化对方的形象和能力，爱上了经过自己美化后的幻象。而对这种幻象的迷恋之情，很多人称之为“爱情”。有一句话说得好，不是你爱上了谁，而是你爱上了你的“爱情”，指的就是这种情形。在这个阶段，头脑中会产生许多美好的幻觉，因此也称为恋爱的朦胧期。

不过，如果一个人有过三次以上的恋爱经历后，在和新的异性交往的时候基本上就不会再抱有不切实际的幻想，除非情商低下。很多人觉得失恋是一件很可怕的事情，其实很多人就是通过失恋这样的经历不断成熟起来的。

（二）热恋共存期

热恋期大多是从一吻定情开始的，接吻往往是热恋的一个象征动作，通过亲密动作将男女双方带入亲密关系。这时候男女双方开始出双入对形影不离，一日不见如隔三秋，彼此在对方身上找到了自我存在感。热恋阶段的心理特征就是共存，恋爱双方看到的都是彼此的优点，对周围环境漠不关心，可以说双方都已迷恋其中。

在热恋期，男女双方有了更多的接触，因而对对方有了更多的了解，双方的优缺点日渐显露，当一方发现对方与自己以前在心目中塑造的形象有一定差距，并且这种差距令自己很难适应时，就会造成极大的心理落差，而这种心理落差就表现为行为方面的冷淡和疏远，最终一方会提出结束恋爱关系。

一般来说，在热恋期双方都会察觉到对方与自己心目中塑造的形象有落差，但很多人还是能够接受这种落差，两人的恋爱关系会随着交往而继续升温。

（三）依恋期与独立期

在这一时期，男女双方肢体接触不断升级，不再满足于牵手、接吻、拥抱等，开始试着爱抚对方的身体直至发生性行为。性行为是人类作为动物的最原始的生理需要的满足，但是在恋爱关系中却具有特别的象征意义，代表了恋爱关系进入相互依恋的阶段，恋爱关系开始稳固下来。男女双方进入依恋期后，双方在日常生活已离不开对方，离开一阵儿都会觉得不顺心，有一种心不安的感觉。同时，男女双方也会直接面对日常琐碎的生活细节和生活习惯的差异，小摩擦不断产生，偶尔也会爆发比较大的冲突。

依恋关系代表恋情趋向稳定，这时候至少会有一方（通常是男方）开始追求独立，想要有多一点自己的时间做自己想做的事，这时另一方（通常是女方）就会感到被冷落。对于缺乏安全感的女生来说，被男生冷落的感觉让她惶恐不安，会十分怀念热恋阶段的男生取悦自己的状态，这样就会产生很大的心理落差和不安全感，于是开始对男朋友表达不满。如果男朋友不懂女生的心理，就会觉得女生胡搅蛮缠，男女双方的冲突可能会不断升级。这个阶段是恋爱关系的高危期，一方寻求独立，另一方寻求依恋，当双方的追求处于对立关系时，很多恋人就因忍受不了自己被对方冷落而提出分手。

我们每个人谈恋爱都会经历由依恋到独立的阶段，当进入独立阶段的时候，实际上代表的是恋爱关系更稳固，而这种更稳固的现实才代表了真正的安全感，这是需要意识到的。但人们的潜意识是感性的，很多女生一旦察觉到自己被冷落，会产生自己被对方抛弃的不安全感，于是不断地胡思乱想和不断地表达不满，最终把自己推到近乎崩溃的地步。最终很多女生因无法承受内心的压力而向男朋友提出分手，以寻求心理解脱。

很多女生在下一段恋情进入依恋和独立阶段时，还会遇到同样被冷落的问题，然后又惶恐不安，又不断地胡思乱想，进而把自己迫害到心理崩溃的地步，于是又想着要提出分手，以获得心理解脱。

(四）平淡共生期

在这一时期，恋爱关系就像性活动一样，经历了高潮之后就会平缓下来。男女双方随着恋爱关系的进一步稳定而平淡下来，性活动也不再像过去那样频繁而充满激情。双方会开始适应平淡的生活，最终进入婚姻，共同生活在一起。

也有些男女恋人因为恋爱时间短或适应能力弱而未能在心态上接纳平淡，仍在幻想和期待热恋阶段的甜蜜时光，结果把问题拖到了结婚之后，导致婚后冲突不断，最后只得分道扬镳。在心理上能接受平淡，才能长久地共生。

(五）爱情发展流程图

如果你是爱过或被爱过的人，那么你肯定可以在爱情发展流程图（图 5-3）中找到自己的位置。因为此图揭示了两个人如何产生爱情，产生爱情后又会有怎样的结局。

（1）第一种认识：爱慕，然后失恋……

两个人在一起时间久了，其中一方暗恋上对方，不敢表白，在痛苦中苦苦挣扎，时间长了，这段感情就黯然收场了。另一种情况是勇敢地表白了，然后被拒绝了，或苦撑一段时间后，选择结束这段感情，或直接放弃，与对方避而不见，在痛苦中结束。

（2）第二种认识：恋爱，然后失恋……

恋爱后双方时常争吵，或者在有适合的解决办法的情况下选择分手，互不相见，在

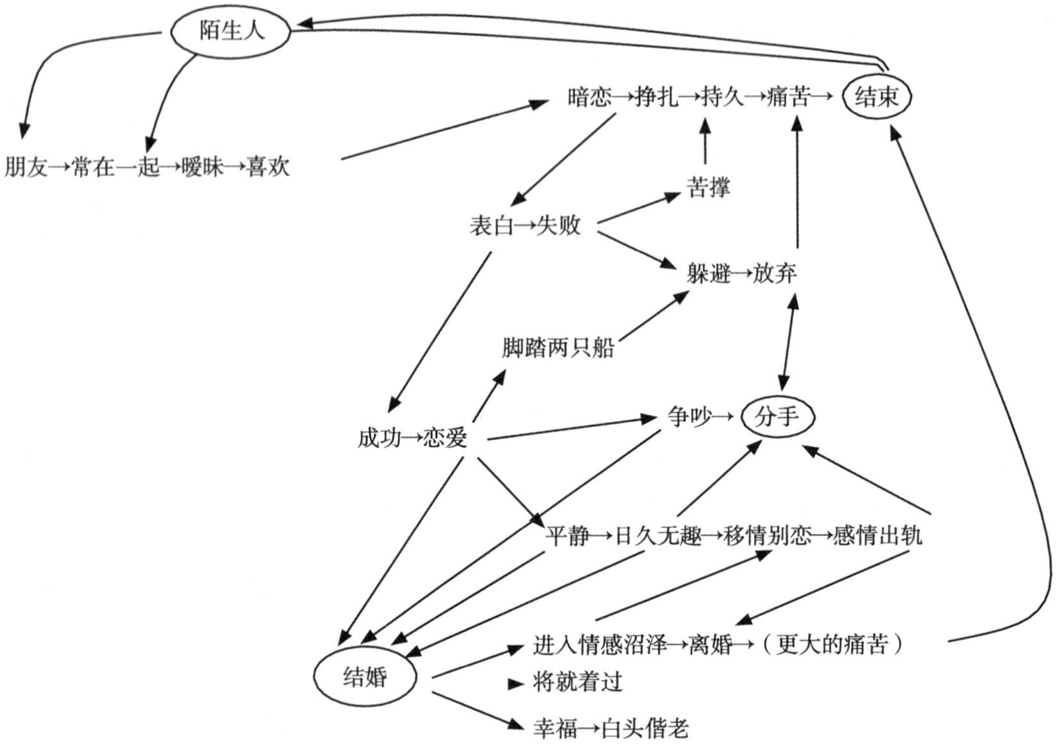

图 5-3　爱情的发展

痛苦中让一份爱情消逝，抑或在争吵过程中移情别恋，结束一段感情。还有一种是双方恋爱后，趋于平静，日久无趣，移情别恋，痛苦收场。

（3）第三种认识：恋爱，然后结婚……

情况一：两个人是朋友，常常待在一起，慢慢就产生了爱慕之情，然后一方表白成功，确立了恋爱关系，顺利牵手步入婚姻殿堂。情况二：两个人在确定恋爱关系后开始出现争吵，待双方磨合之后，顺利结婚。情况三：双方确定恋爱关系后，开始了平淡的生活，一起领证，继续平平淡淡地生活。情况四：两个人在平静的生活中，日久无趣，最后选择结婚。

二、爱的探索

（一）真爱是什么?

真爱是指在婚恋关系中，双方基于真挚的感情、尊重和理解，建立起的一种稳定、持久、健康的关系。真爱强调的是心灵的契合和情感的交流，而非物质利益或其他外在条件的满足。

扩展阅读

国王和他的女儿

从前有个国王，他的两个女儿的眼泪都会变成钻石。大女儿嫁给了一个用她的眼泪创造了一个又一个城堡的王子，小女儿却嫁给了牧羊人。国王临死前见到他们时，大女儿满身金银珠宝，而小女儿和牧羊人仍是贫穷。国王很惊讶，对牧羊人说："明明她的一滴眼泪就够你们生活得很好！"牧羊人说："可是我舍不得让她哭啊！"

（二）树立科学恋爱观

真挚的感情是建立健康恋爱关系的基础，因此应重视感情的真实与纯洁，而非将恋爱视为满足物质欲望或证明自身价值的工具。

（1）厘清期望与现实：在恋爱中，双方都抱有期望，但也需要厘清期望与现实之间的差距。应合理地看待双方的优点和不足，以避免过度理想化或抱有不切实际的幻想。

（2）尊重与理解：在恋爱中，双方应相互尊重和理解。例如，尊重对方的意愿、感受和需求，理解对方的背景、成长经历和性格特点；通过沟通和理解，建立起深厚的情感基础。

（3）保持独立与自主：在恋爱中，虽然双方需要相互支持和依赖，但保持独立与自主同样重要。个体应有自己的生活、兴趣和朋友圈子，以避免过度依赖对方。

（4）承担责任与义务：在恋爱中，双方应承担起各自的责任与义务。这包括对感情的投入、对伴侣的关心与支持、对家庭的贡献等。同时，也要对自己负责，追求个人的成长和发展。

（5）开放的心态与成熟的处理方式：面对恋爱中的问题和冲突，双方应保持开放的心态，愿意倾听对方的观点和感受。同时，采取成熟的处理方式，以避免情绪化的决策和行为。最终，通过有效沟通、妥协和折中，共同解决问题。

（6）重视家庭价值：家庭是社会的基本单元，也是恋爱关系发展的归宿。双方应重视家庭的价值，共同为家庭的幸福和稳定而努力。

（7）自我保护与边界意识：在恋爱中，个体应有一定的自我保护意识和边界意识。这就是说，要尊重自己的意愿和感受，避免受到伤害或侵犯，同时也要学会识别并拒绝不健康的关系。

（8）培养良好的人际交往能力：良好的人际交往能力有助于建立健康的恋爱关系。通过学习沟通技巧、提高情商、处理人际关系的能力，可以更好地与伴侣相处，增进彼此之间的情感联系。

（9）追求共同的成长：恋爱关系不仅是情感的交流，也是个人成长的历程。双方应共同追求个人和情感的成长，互相激励和支持，共同实现人生的目标。

（10 接受分手与失恋：分手与失恋是恋爱中不可避免的一部分。双方应理性面对分手的可能性和失恋的痛苦。通过自我调整，运用处理情感失落的方法，尽快走出困境，并从中吸取经验教训，为未来的恋爱关系做好准备。

（三）摆正爱情的位置

第一，保持自我独立。爱情很重要，但不能让它占据你生活的全部。例如，不能因为恋爱就放弃自己的兴趣爱好或者学习、工作机会。你可以依然按照自己的节奏去健身、阅读，追求自己的事业目标，有自己的社交圈子，而不是把所有的时间和精力都花在对方身上。

第二，理性看待爱情。爱情是生活的一部分，但不是生活的全部意义。要明白情侣之间也会有矛盾分歧，这是合理且正常的，不能一出现问题就觉得天塌了。比如，当两人对未来规划有不同意见时，可以心平气和地通过沟通交流来解决。

第三，树立正确的价值观。不能把爱情建立在物质或其他不纯粹的基础上。而且在面对爱情和亲情、友情等其他情感关系时，要平衡好。比如，不能因为有了恋人就忽略了家人和朋友，各种情感都是生活中重要的组成部分。

第四，尊重他人的选择和意愿。每个人都有自己的想法和感受，我们需要学会倾听和理解对方的想法和感受，不要对别人的感情生活进行过度评价或干涉。同时，我们也需要尊重自己的感情选择，不要因为外界的压力或期望而盲目地追求恋爱。

（四）懂得爱是一种责任与奉献

当我们选择去爱一个人或事物时，就需要为对方付出时间和精力，甚至是物质上的牺牲。这种奉献不仅是对对方的关爱和照顾，更是对自己内心深处的情感满足。

爱的奉献体现在日常生活中的点滴细节中，无论是为家人做一顿美味的晚餐、为朋友送上一份贴心的礼物，还是为恋人守护每一个温馨的夜晚，这些看似微不足道的付出，都是爱的奉献。通过这些行动，我们传递着对对方的关心和爱意，让彼此感受到温暖和幸福。爱的奉献也需要勇气和毅力，有时候，为了所爱的人的幸福和利益，我们需要放弃自己的某些利益和愿望。这种奉献不仅需要我们做出牺牲，更需要有足够的勇气和毅力去承担后果。当我们选择为爱奉献时，我们也在不断地成长和进步，成为更加成熟和坚强的人。懂得爱是一种责任与奉献，也意味着我们需要有宽广的胸怀和高尚的品德。在爱的关系中，我们需要包容对方的缺点和不足，理解对方的情感需求，尊重对方的个性和选择。这种包容和理解也是爱的奉献，它能让彼此的关系更加和谐、稳定。①

懂得爱是一种责任与奉献，它不仅需要我们用心去关爱和照顾所爱的人，更需要我们有足够的勇气和毅力去承担后果。通过爱的奉献，我们不仅能够让彼此感受到温暖和幸福，更能够在爱的关系中不断成长和进步。

---

① 夏翠翠．大学生心理健康教育：慕课版［M］．北京：人民邮电出版社，2019：173.

第五节　爱的教育

导入

不成熟的、幼稚的爱是我爱你，因为我需要你；而成熟的爱是我需要你，因为我爱你。

每个大学生都渴望自己能得到美好、幸福的爱情。也许你正在茫茫人海中寻找着自己的真爱，也许你正在享受属于自己的那份甜蜜爱情，也许你在经历着恋爱的冲突并体验着随之而来的困惑和苦恼。无论处于哪个阶段，我们都需要在成长历程中不断领悟什么是真正的爱情，完善自己的恋爱价值观，让自己的爱情茁壮成长。

一、提升爱自己的能力

（一）认识自己

提升爱自己的能力首先要从认识自己开始，我们需要了解自己的优点和缺点，接受自己的不完美，并学会在自我认知的基础上做出积极的改变。通过反思和自我观察，我们可以更好地理解自己的情感和需求，从而更好地照顾自己的内心世界。

首先，我们需要时刻关注自己的情感、思维和行为，了解自己的情绪变化和内心需求。通过自我观察，我们可以更好地理解自己的优点和缺点，以及在生活和工作中展现出的优势和不足。其次，我们需要学会接受自己的不完美，每个人都有自己的弱点和缺陷，这是人类共有的局限性。接受自己的不完美意味着我们能够正视自己的缺点，并努力改进自己，而不是陷入自我否定和消极情绪的困境。同时，我们需要学会在自我观察的基础上进行深入分析，探究自己的思维模式、价值观和人生目标。通过独立思考，我们可以更好地理解自己的需求和动机，为自己的决策和行动提供更加明智的指导。最后，我们需要保持积极的心态，需要学会在自我观察和接受自己的基础上，培养自信心和乐观精神。积极的心态能够让我们更加自信地面对生活中的挑战，也更加容易感受到爱和幸福的氛围。

（二）善待自己

在爱他（她）的同时也需要学会关心自己的身体和心理健康，保持良好的生活习惯和心态，学会满足自己的需求，无论是物质上的还是精神上的，让自己感受到被爱和幸福。

首先，要照顾好自己的身体，如保持良好的作息规律，保证充足的睡眠和饮食，适当地进行运动和休息。通过照顾身体，可以保持充沛的精力和健康的体魄，从而更好地面对生活中的挑战和机遇。其次，关注心理健康，在爱他人的同时需要学会调节自己的情绪，保持积极乐观的心态，同时也要学会应对压力和挫折。通过关注心理健康，可以更好地处理生活中的情感波动，避免过度焦虑、抑郁等心理问题带来的困扰。善待自己也需要及时关注自己的需求，了解自己的喜好和兴趣，并尽可能地满足自己，无论是物质上的需求还是精神上的需求，只有满足了自己的需求，我们才能更好地感受到幸福和满足。最后，培养爱好，通过参与自己感兴趣的活动或爱好，可以更好地放松身心，提升生活的品质和幸福感。同时，培养爱好也有助于我们发现自己的潜力和才华，增强自信心和自我价值感。

二、做出爱的决定与表达

在现实生活中，要拥有爱的能力，掌握爱的艺术，不仅要学习和掌握爱的理论，而且要理论与实践相结合。

（一）倾听内心的声音

在做出爱的决定之前，我们需要先倾听自己内心的声音，思考自己真正的需求和期望，明确自己的价值观和信仰，通过倾听内心声音，我们可以更加清晰地认识自己，从而做出更加符合内心期望的决定。

（二）理性分析

在做出爱的决定时，我们需要进行理性分析，综合考虑各种因素，包括自己的情感、需求、对方的感受和需求以及情境的实际情况。通过理性分析，我们可以更好地权衡利弊，避免做出冲动和情绪化的决策。

（三）勇敢表达

在恋爱中，应用恰当的方式和语言，将自己内心的爱与温暖传达给对方。同时，也要尊重对方的感受和需求，避免伤害和冲突。通过勇敢表达，我们可以建立更加健康和稳定的人际关系。

1. 爱情中的正确表达

（1）真诚表达：用真诚的语气和语言，表达自己的情感和想法，避免虚假和掩饰。真诚地表达能够让对方感受到我们的真实情感，建立更加深厚的情感基础。

（2）倾听理解：用心倾听对方的想法和感受，理解对方的情感需求和期望。通过倾听和理解，我们可以更好地与对方建立情感共鸣，增进彼此之间的感情。

（3）尊重差异：每个人都有自己的独特性格、价值观和生活方式，我们应该尊重对方的独特性，包容对方的差异。在交流中，尽可能地寻找共同点，增强彼此之间的共鸣和理解。

（4）给予支持：当对方遇到困难或挫折时，我们应该给予鼓励和支持，帮助对方渡过难关。通过支持与帮助，我们可以让对方感受到温暖和力量，增强彼此之间的信任和依赖。

(5) 保持耐心：有时候，情感的交流可能会遇到阻碍和困难，我们需要保持耐心和理解，不断尝试和努力。通过耐心和坚持，我们可以克服困难，实现更加深入的情感交流。

2. 爱情中的错误表达

(1) 攻击和指责是一种破坏性的交流方式。这种方式往往会引发对方的反感和抵触，破坏双方的感情。攻击和指责不仅无法解决问题，还可能让问题更加复杂。

(2) 冷漠和忽视也是爱情中不应该出现的交流方式。当一方表现出冷漠或忽视时，另一方会感受到被忽视和不被重视。这种方式会削弱双方的感情，让彼此之间产生隔阂。

(3) 在爱情中，诚实和透明是至关重要的。如果一方选择欺骗或隐瞒，就会引起另一方的不信任和猜疑。这种方式不仅会破坏双方的信任基础，还可能导致感情破裂。

(4) 操纵和强制也是不应该出现的交流方式。当一方试图通过操纵或强制来控制另一方时，这会引起对方的反感和抵触。这种方式不仅无法建立健康的关系，还可能让双方陷入困境。

(5) 分手威胁是一种不负责任的交流方式。通过威胁分手来表达自己的不满或试图控制对方是不明智的，这种方式不仅无法解决问题，还可能让对方感到不安和无助，给双方的感情造成严重伤害。

扩展阅读

伴侣沟通的行为模式

大量心理学研究发现，伴侣在沟通中存在三种典型的行为模式：建设性沟通，即伴侣双方共同讨论、互相理解和协商解决问题；相互回避沟通，即双方都回避讨论问题；要求-退缩沟通，即一方（要求者，demander）抱怨、批评、指责另一方，要求对方改变或试图与对方讨论婚姻中存在的问题，但另一方（退缩者，withdrawer）则沉默、回避冲突、试图中止讨论或转移话题，甚至离开冲突现场。

想一下，你和他（她）的沟通方式是哪种类型呢？

（四）反馈与成长

在恋爱中，应通过与对方沟通交流，了解对方的感受和反应，从中吸取经验和教训。同时，也要根据反馈情况及时调整自己的行为和表达方式，不断提高自己的爱的能力，不断地学习和探索，了解更多关于爱的知识和技巧。通过不断地实践和反思，我们可以逐渐提高自己的爱的能力，让自己和他人都感受到更多的爱与温暖。

三、履行爱的责任

爱情的核心在于责任。教育家苏霍姆林斯基在《给儿子的信》中写道：“爱情首先意味着对你的爱侣的命运、前途承担责任……爱，首先意味着献给爱侣，把自己的精神力量献给爱侣，为对方缔造幸福。”责任和奉献不仅体现着个人的道德修养，也是获得幸福婚姻的基础。为恋人负责，勇于承担责任，才可能创造出幸福美满的婚姻。

心理测试

大学生恋爱观自测表

如何判断自己的恋爱观是否正确？什么样的爱情观才是正确的？每一个问题的下面，都有四种不同的选择，请你选出符合自己想法的选项（每题只选一个）。

1. 你想象中的爱情是（　　）。
   A. 具有令人神往的浪漫色彩　B. 能满足自己的情欲
   C. 使人振奋向上　D. 没想过
2. 你希望同你恋人的结识是这样开始的（　　）。
   A. 在工作和学习中逐渐产生爱情　B. 青梅竹马
   C. 一见钟情也未尝不可　D. 随便
3. 你对未来妻子的主要要求是（　　）。
   A. 别人都称赞她的美貌　B. 善于理家
   C. 顺从你的意见　D. 能在多方面帮助自己
4. 你对未来丈夫的主要要求是（　　）。
   A. 有钱或有地位　B. 为人正直，有事业心
   C. 不嗜烟酒，体贴自己　D. 英俊有风度
5. 你认为完美的结合应是（　　）。
   A. 门当户对　B. 郎才女貌
   C. 心心相印　D. 情趣相投
6. 你认为巩固爱情的最好途径是（　　）。
   A. 满足对方的物质要求　B. 柔情蜜意
   C. 对爱人言听计从　D. 完美自己
7. 在下列格言中，你最喜欢的是（　　）。
   A. 生命诚可贵，爱情价更高
   B. 爱情的意义在于帮助对方，同时也提高自己
   C. 有福同享，有难同当
   D. 为了爱，我什么都愿干
8. 你希望恋人同你在兴趣爱好上（　　）。
   A. 完全一致　B. 虽不一致，但能互相照应
   C. 服从自己的兴趣　D. 互不干涉
9. 当你发现恋人的缺点时，你的态度是（　　）。
   A. 无所谓　B. 嫌弃对方

C. 内心十分痛苦　　　　　　D. 帮对方改进

10. 你对恋爱中的曲折怎么看？(　　)

A. 最好不要出现　　　　　　B. 自认倒霉

C. 想办法分手　　　　　　　D. 把它作为对爱情的考验

11. 你对家庭的向往是（　　）。

A. 能同爱人天天在一起　　　B. 人生归宿

C. 能享天伦之乐　　　　　　D. 激励对生活的新追求

12. 自己有一位异性朋友时，你将（　　）。

A. 告诉恋人，在其同意下继续交往　B. 让恋人知道，但不准干涉

C. 不告诉　　　　　　　　　D. 告诉与否视恋人的气量而定

13. 另一位异性比恋人条件更好，且对自己有好感时（　　）。

A. 讨好对方，想方设法接近　B. 保持友谊，说明情况

C. 持冷淡态度　　　　　　　D. 听之任之

14. 当你迟迟找不到理想的恋人时，你会（　　）。

A. 反省自己的择偶标准是否实际　B. 一如既往

C. 心灰意冷，甚至绝望　　　D. 随便找一个

15. 当你所爱的人不爱你时，你会（　　）。

A. 愉快地同对方分手　　　　B. 毁坏对方的名誉

C. 千方百计地缠住对方　　　D. 不知所措

16. 你的恋人以不道德的理由变心时，你会（　　）。

A. 报复　　　　　　　　　　B. 散布对方的缺点

C. 只当自己没看准　　　　　D. 吸取教训

17. 当你发现恋人另有所爱时，你会（　　）。

A. 更加热烈地求爱　　　　　B. 想方设法拆散他们

C. 若他们尚未确定关系就竞争　D. 主动退出

【结果统计与解释】

题号	a	b	c	d
1	2	1	3	0
2	3	2	1	1
3	1	2	1	3
4	0	3	2	1
5	1	1	3	2
6	1	0	2	3
7	2	3	2	1

续表

题号	a	b	c	d
8	1	2	0	3
9	1	0	2	3
10	1	2	0	3
11	2	1	1	3
12	3	2	1	1
13	0	3	2	1
14	3	1	0	1
15	3	0	1	1
16	0	1	2	3
17	1	0	3	2

将各题答案所对应分值相加，总分在46分以上，说明恋爱观正确；42~46分，说明恋爱观基本正确；42分以下，说明恋爱观需要调整。

课堂讨论

爱情论坛

（一）活动目的

让学生在活动中认识自己选择恋人的标准，明确自己能给予恋人什么并希望恋人能给予自己什么，不断提高自己爱的能力。

（二）活动方案

1. 爱情大渲染

由4~6名学生组成一个小组，发挥大家的聪明才智，用比喻的方式描述爱情。描写得越多越好，最后在全班中选出最有创意的小组（以所写出的比喻句的数量为主要衡量标准，兼顾句子的质量）。

2. 认识自己寻找爱人的标准

对于每一个走向成熟的人来说，爱情会成为他生命中的重要课题。就大学生而言，无论你已经拥有了爱情，或是即将拥抱爱情，都需要对自己所选择爱人的条件进行认识。下面，请你用形容词、词组或句子的形式写出自己选择恋人的五条标准。

第一条：

第二条：

第三条：

第四条：

第五条：

3. 两性对比猜猜看

(1) 由4~6名同性别的同学组成若干个小组（即男女生分开），将小组同学的意见和说法综合起来，完成下面的填空。

我能够给予恋人：

①

②

③

④

⑤

我希望从恋人那里获得：

①

②

③

④

⑤

(2) 待各小组全部写完之后，各组同学一起猜想另一半同学的答案（即男生小组猜想女生小组所写的内容，女生小组猜想男生小组所写的内容），并按照上面的格式记录下来。

(3) 男女生小组在全班范围内轮流报告小组的答案，大家看看自己猜想的另一半和他们实际答案的吻合程度。

4. 挖掘爱的源泉

爱是需要学习的，爱也是可以被发现的。你周围的异性同学当然不可能都成为你的恋人，但在他们身上一定可以找到许多可爱的地方。现在请你找出和你最熟悉的三名异性同学，并在他们每人身上至少找到三项可爱之处，并把内容写在下面。

(1)　　是我的　　（同学、朋友……），他/她的可爱之处有：

①

②

③

(2)　　是我的　　（同学、朋友……），他/她的可爱之处有：

①

②

③

(3)　　是我的　　（同学、朋友……），他/她的可爱之处有：

①

②

③

5. “组装”自己爱的能力

爱的能力是一种综合素质的融合，是在爱的过程中一系列能力的组合。具体来讲，爱的能力至少包括以下几个方面，请你发挥自己的想象力，用五句话填满这些空格。当然，如果你能写出更多内容就更好了。

（1）爱的能力包括________________________________。

（2）爱的能力包括________________________________。

（3）爱的能力包括________________________________。

（4）爱的能力包括________________________________。

（5）爱的能力包括________________________________。

思考题

1. 大学生的恋爱有何特点？

2. 如何正确对待多角恋的发生？

3. 作为他（她）的伴侣，谈谈你应该如何在爱情中正确表达自己的感受？

4. 作为大学生，要能爱对方，一个重要前提是拥有爱的能力，试谈谈应该具备哪些能力？

第六章　大学生学习与创造

在寻求真理的长河中，
唯有学习，不断地学习，勤奋地学习，
有创造性地学习，才能越重山跨峻岭。

——华罗庚

第一节　学习理论介绍

导入

骐骥一跃，不能十步；驽马十驾，功在不舍；锲而舍之，朽木不折；锲而不舍，金石可镂。

——荀子《劝学》

一、学习的概念

一直以来，人们对学习都没有一个统一的概念。许多心理学家、教育学家和哲学家从不同的观点、角度提出了对学习的认识。桑代克认为，人类的学习就是人类本性和行为的改变，本性的改变只有在行为的变化上体现；加涅认为，学习是人类倾向或才能的一种变化，这种变化要持续一段时间，而且不能把这种变化简单地归为成长过程；我国心理学家潘菽认为，人的学习是"在社会实践中，以语言为中介，自觉地、积极主动地掌握社会和个体经验的过程"①。

在心理学领域中，广义的学习是指人与动物在生活过程中凭借经验产生的行为或行为潜能的相对持久的变化。这一概念包含三层意思：

（1）学习表现为行为或行为潜能的变化。通过学习，我们的行为会发生某种变化，如从不会用筷子到会用筷子。有些学习不会在我们的当前行为中立即表现出来，但会影响我们对待事物的态度和价值观，即改变我们的行为潜能，如宗教信仰等。

（2）学习所引起的行为或行为潜能的变化是相对持久的。如学会游泳后游泳技能将终生不忘。药物、疾病、疲劳等因素也会引起行为或行为潜能的变化，但这种变化是暂时的，因此不能称为学习，如学生因疾病而降低学习成绩等。

（3）学习是由反复经验引起的。由经验而产生的学习主要有两种：一种是正规学习，如有计划地训练或练习、学校的学习等；另一种是随机学习，因偶然的生活经历而产生，如幼儿被开水烫一次就知道开水不能摸。②

二、学习理论及其分类

对学习理论进行学习与分类，有助于我们基于理论基础联系实际，更全面地认识和分析学习理论在自身的学习经历上的体现，思考自身的学习状态，觉察这些理论给予我们的启示。

---

① 潘菽．教育心理学［M］．北京：人民教育出版社，1983：49.

② 王祥君．大学生心理卫生与发展［M］．重庆：重庆大学出版社，2019：234.

（一）学习动机理论

对于学习动机的实质及培养与激发的规律，心理学家提出了种种不同的理论观点，从不同的角度解释了人类的学习行为。耶克斯-多德森定律强调学习动机的强度适中时，才会取得最理想的学习效果。成就动机理论强调人天生有成长的需求，有内在的学习动机。行为主义的学习理论强调人会通过外界刺激与行为结果之间的联系来学习各种东西，如果有好的结果和外界诱惑，人会学习到某些规律，做出某种行为这一理论强调了环境因素对引发事物外在动机的影响。

1. 耶克斯-多德森定律

心理学家耶克斯与多德森的研究发现，学习动机与学习效果并不完全呈正比，而是倒 U 形曲线关系。他们认为，动机的最佳水平随任务的难易程度不同而不同，当动机强度处于中等水平时，效率最高。在容易或简单的任务中，完成任务的效率随动机水平的提高而上升；在困难或复杂的任务中，较低的动机水平反而更有利于任务的完成。因此，当学习动机的强度适中时，才会获得最理想的学习效果。如果学习难度较小，学习动机必须十分强烈才能取得好的学习效果。若学习难度很大，适当降低学习动机才能促进学习。一些学生学习动机过强、急于求成，太想在某项学习任务中取得好的结果，这反而会产生一定的阻碍作用，使自己变得过于焦虑和紧张，阻碍了记忆和思维活动的顺利进行，使学习效率降低（图 6-1）。

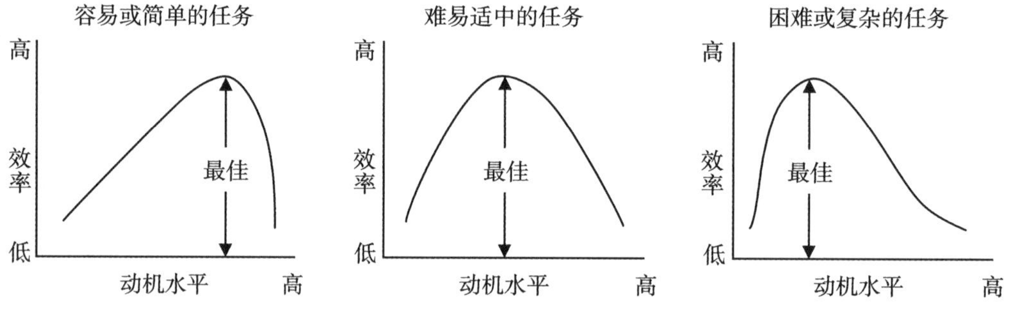

图 6-1　耶克斯-多德森定律

2. 成就动机理论

20 世纪 30 年代，默里把成就动机定义为一种努力克服障碍、施展才能、力求又快又好地解决某一问题的愿望或趋势。后来，麦克莱兰和阿特金森等接受默里的思想，并将其发展为成就动机理论。成就动机是在人的成就需要的基础上产生的，它是激励个体乐于从事自己认为重要的或有价值的工作，并力求获得成功的一种内在驱动力。例如，大学生想获得优良的学业成绩，想为社会经济发展作出更多的贡献等，就是成就动机作用的表现。这种动机是人类所独有的，是后天获得的具有社会意义的动机。在人类的学习活动中，成就动机是一种主要的学习动机。

3. 行为主义学习理论

早期的行为主义学家强调行为结果的强化是行为的动机，即，人为了实现其目的而选择学习，而不是人天生有学习的动力。如学生因为良好的行为习惯而得到教师的表扬，学生就会更好地维持良好的行为习惯，可时间长了，良好的行为习惯没有再次得到教师的表扬，很有可能会随着时间的推移而消退。

班杜拉在他的动机理论中完善了行为主义的理论，他指出，人的行为受行为的结果因素和先行因素的影响。行为的结果因素就是通常所说的强化，他把强化分为三种：一是直接强化，即通过外部因素（奖励和惩罚）对学习行为予以强化；二是替代性强化，即通过一定的榜样来强化相应的学习行为或学习行为倾向；三是自我强化，即学习者根据一定的评价标准进行自我评价和自我监督，来强化相应的学习行为。他认为，在学习中没有强化也能获得有关的信息、形成新的行为，强化的作用在于激发和维持学生的学习行为。因此，他认为行为的出现不是由于随后的强化，而是由于人认识了行为与强化之间的依赖关系后形成的。①

（二）注意、记忆理论

1. 认知资源分配

认知资源理论认为，不同的认知活动对注意力提出的要求不同，而注意力就是一种对刺激进行归类和识别的认知资源或认知能力。刺激越复杂，加工任务越繁多，所需占用的认知资源就越多，此时，新的刺激就无法得到加工，不能被注意。

在这个基础上，谢夫林等人于 1977 年提出了双加工理论，认为认知由自动化加工和受意识控制的加工组成。自动化加工不受认知资源所限，是自动化进行的且加工过程发生较快，不影响其他加工的过程；而意识控制的加工受认知资源的限制，需要注意参与，随环境的变化不断进行调整。双加工理论可以很好地解释我们日常生活中的注意力现象。我们通常可以同时完成好几件事情，如可以一边看电视一边吃零食，还能同时跟家人朋友聊天。这种现象表明，其中某些事项已通过反复练习而变得自动化，不再占用大量认知资源，可以将注意力分配给其他认知过程。

2. 记忆的遗忘理论

艾宾浩斯采用了自然科学方法最早对记忆的遗忘进程进行了研究（表 6-1）。研究表明，遗忘的进程受时间因素的影响。遗忘在学习后立即开始，而遗忘的过程最初速度很快，随着时间的推移开始变缓。如，在学习的 1 个小时后，遗忘的内容达到 55. 8%，保持的内容还剩下 44. 2%；在学习 1 天后，遗忘的内容能达到 66. 3%，保持的内容还剩下 33. 7%；而在学习过后的第 6 天，遗忘的内容就高达 74. 6%，仅剩 25. 4%的内容

① 王祥君 . 大学生心理卫生与发展［M］. 重庆：重庆大学出版社，2019：215.

还保持在记忆中（图 6-2）。①

表 6-1　　　　**遗忘的进程**

	时距（h）	保持的百分数（%）
1	0. 33	58. 2
2	1	44. 2
3	8. 8	35. 8
4	24	33. 7
5	48	27. 8
6	144	25. 4

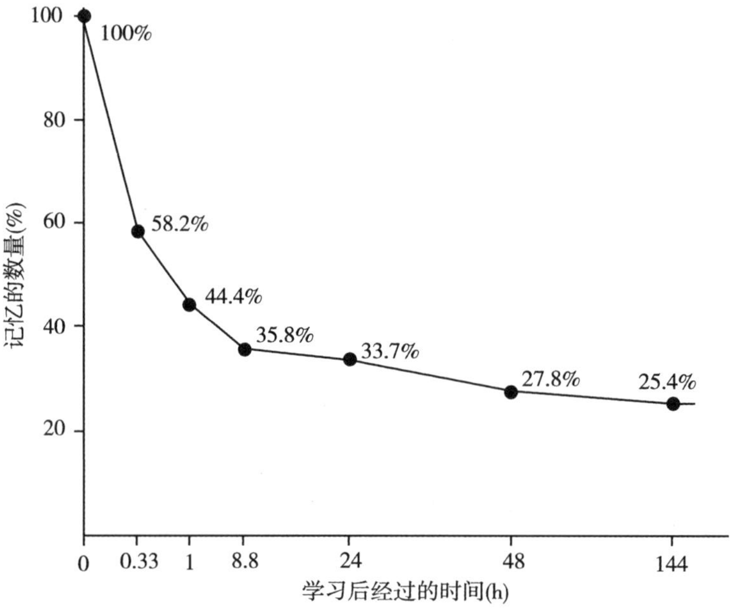

图 6-2

除了时间，其他因素如识记材料的性质与数量、识记材料的系列位置、个体的态度等也会影响遗忘的进程。

（1）识记材料的性质与数量。有意义的材料对比没有意义的材料能在识记者的脑海中保存更长时间。而在学习程度相等的情况下，所需记忆的材料越少，遗忘得越慢。

（2）识记材料的系列位置。一段识记过后回忆的正确率上，最后识记的材料遗忘最少，被称为近因效应；其次是最先识记的内容遗忘较少，被称为首因效应；而中间识

① 彭聃龄．普通心理学［M］．北京：北京师范大学出版社，2012：234.

记的部分遗忘最多。这种现象被称为系列位置效应。

（3）个体的态度。识记者对识记材料的需要程度、兴趣程度等，对遗忘的速度也会产生影响。

（三）归因理论

1958年海德最早提出了归因理论，他认为了解人们行动的原因是理解世界和控制环境的根本手段，并可以预言人们将如何行动。行为的原因或者在于外部环境（他人的影响、奖励、运气、工作难易等），或者在于个人内部（人格、动机、情绪、态度、能力、努力等）。如果把行为的原因归于环境，则个人对其行为结果可以不负什么责任；如果把行为的原因归于个人，则个人对其行为结果应当负责。

在海德等人研究的基础上，维纳对行为结果的归因进行了系统探讨，发现人们倾向于将活动成败的原因即行为责任归结为以下六个因素，即能力高低、努力程度、任务难易、运气好坏、身心状态、外界环境。同时，维纳认为这六个因素可归为三个维度，即内部和外部归因、稳定和不稳定归因、可控和不可控归因。最后，将三维度和六因素结合起来，就组成了表6-2所示的归因模式。

表6-2　**成就动机的归因模式**

	稳定性		内在性		可控性	
	稳定	不稳定	内在	外在	可控	不可控
能力高低	+		+			+
努力程度		+	+		+	
任务难度	+			+		+
运气好坏		+		+		+
身心状态		+	+			+
外界环境		+		+		+

教师或权威人物对学生行为的期待、奖惩和归因，学生的性格类型，教育训练等可以影响学生的归因。归因理论的研究表明，学生对学习结果的归因不同，其学习行为也会不一样。因此，可以通过改变归因方式来调整学习行为。一方面，学生应找出成功或失败的真正原因；另一方面，可以从有利于今后学习的角度进行归因，哪怕这时的归因并不真实。一般而言，无论是优等生还是后进生，归因于主观努力的方面均是有利的。因为归因于努力，优等生不至于过分自傲，能继续努力，以便今后能继续成功；后进生也不至于过分自卑，能进一步努力学习，以争取今后的成功。①

① 王祥君．大学生心理卫生与发展［M］．重庆：重庆大学出版社，2019：220.

三、影响学习效果的重要因素

（一）智力因素

在19世纪后半叶，智力一词最早是由哲学家斯宾塞和生物学家高尔顿将古代拉丁词 intelligence 引入英文的。有学者主张智力是学习的能力：智力高的人，能够学习较难的材料，学习成绩也较好；反之，智力低的人，只能学习容易的材料，学习成绩也不好。也有学者认为智力是抽象思维的能力，如判断力、理解力、推理力、创造力等，智力高的人能运用抽象思考能力解决问题。斯滕伯格也认为，智力是从经验中学习和获益的能力，抽象思维和推理的能力，适应不断变化、模糊多样的世界的能力，以及激励自己有效地完成应该完成的任务的能力。① 从这些定义中可以看出，智力对学习具有重要影响。

在多种智力因素中，最受瞩目的要数情绪智力，包括以下四个方面：

（1）情绪的知觉、鉴赏和表达能力。从自己的生理状态、情感体验和思想中辨认自己情绪的能力。

（2）情绪对思维的促进能力。情绪对认知过程的影响主要体现在以下四个方面：情绪会影响个体对信息的选择性注意方向；鲜明的情绪能够显著提升与情绪相关信息的记忆和判断能力；心境的波动促使个体在积极与消极状态间转换，从而获得多角度思考的能力；不同情绪状态会促进特定的认知方式——快乐有助于拓展思维（如归纳推理和创造性思考），而抑郁则有助于聚焦思维（如演绎推理和深度分析）。

（3）对情绪的理解、感悟能力。给情绪贴上标签，认识情绪本身与语言表达之间关系的能力，如对“爱”与“喜欢”之间区别的认识；理解情绪所传达意义的能力，例如伤感往往伴随着失落；理解复杂心情的能力，例如爱与恨交织的感情；认识情绪转换可能性的能力，例如愤怒可以转换为满意，也可以转换为羞耻。

（4）情绪促进心智发展的能力。以开放的心情接受各种情绪的能力，包括愉快的和不愉快的；察觉与自己和他人有关的情绪的能力，比如其明确性、典型性、影响力、合理性等；理解自己与他人情绪的能力，缓和消极情绪，加强积极情绪，并且做到没有压抑或夸张。

（二）非智力因素

大多数心理学家认为，非智力因素是指人的智力因素之外的那些参与学生学习活动并产生影响或者对心理过程有着启动、导向、维持与强化作用的个性心理因素，如兴趣、情感、意志和性格等。

根据非智力因素对心理活动的调节范围以及对学习活动直接作用的程度，可将非智

① Sternberg, R J. Testing and Cognitive Psychology [J]. America Psychologist, 1981 (36): 1181-1189.

力因素划分为三个不同层次：第一层次，指学生的理想、信念、世界观。它们属于高层次水平，对学习具有广泛的制约作用，对学习活动具有持久的影响。第二层次，主要是指个性心理品质，如需要、兴趣、动机、意志、情绪情感、性格与气质等。这些属于中间层次，对学习活动起着直接的影响。第三层次，指学生的自制力、顽强性、荣誉感、学习热情、求知欲望和成就动机等。它们是与学习活动有直接联系的非智力因素，对学习产生具体的影响。① 以下是一些非智力因素对学习的影响：

（1）对活动的强烈需要和爱好。一个学生有学好某学科的能力，但由于缺乏兴趣，学习成绩并不突出，只有当学生对这门功课发生了兴趣，有了强烈的需要时，学习能力才能得到充分发挥，才能取得优良的成绩。

（2）对学科的积极学习态度和热情。包达列夫的研究结果显示：学生对一门学科的态度会在他的知觉、思维、记忆和想象等心理特性上留下痕迹。若学生缺乏积极的态度，就会阻碍他们的活动潜能的发展，且他们认为成功的取得与强烈的情感是分不开的。

（3）焦虑。斯皮尔伯格认为，能力中等而焦虑低的学生，其成绩优于同等能力而焦虑高的学生；能力低的学生，无论焦虑高低，其成绩均相对较差；能力强的学生，无论焦虑高低，其成绩均相对较好。这与能力强的学生自我控制情绪的能力强有关。

（4）人的意志、性格。赛尔金娜指出，性格特征对能力发展，尤其是意志对科学家的创造力的发展来说是不可缺少的品质。有的研究者还指出，开朗的性格对自己的潜力和成就能保持谦虚态度的品质，是真正的学者必须具备的一种性格特征。

第二节　大学生学习中常见问题及大学生常用学习技巧

导入

《我不是笨小孩》是一部科普阅读障碍的儿童成长纪录片，也是一部关于教育和成长的启示录。片中有三个受阅读障碍困扰的孩子，他们在学习过程中遇到了很多困难：成绩差，对学习没有兴趣，被他人嘲笑和轻视。他们长期与挫折相伴，但在家长和老师的陪伴与鼓励下，通过自身不懈的努力，大家眼中有障碍的、不完美的他们也收获了学习上的进步，长成了乐观自信的模样。

我们或许不受阅读障碍困扰，但在学习的过程中，也会有各种各样的问题出现。我们该如何应对呢？

① 王祥君．大学生心理卫生与发展［M］．重庆：重庆大学出版社，2019：221-222.

一、学习动力缺乏及调试技巧

案例

小 A 是一名大二学生，入校时成绩在班上居于前列。但小 A 生性好玩，中学时老师和父母管得紧，成绩还不错。进大学后，大学的宽松环境让贪玩而缺乏目标的小 A 开始沉迷网络游戏。一个学年过去了，小 A 的学习状况愈来愈糟糕。小 A 的老师、同学和室友都尽力教育帮助，但仍旧没有什么改变。

从前，小 A 是大家心中的优等生，但在现在的学习中，自己只能为考试能不能过关而忧心，而不是能不能达到优秀而发愁。小 A 认为是因为进大学后没有明确的奋斗目标，所以导致大学学习动力不足。另外，缺乏自律也是一个重要原因。

（一）学习动力缺乏的表现

由于没有明确“为什么活着”“为什么上大学”等根本问题，以及受到周围不良因素的影响，一些大学生会出现学习动机不足的现象。主要表现有：

（1）厌倦学习，逃避学习。在日常生活中学习松散、懒惰，对学习没有兴趣；平时不肯花时间和精力在学习上，上课不愿听讲，课后不愿看书、不愿动脑思考；对老师讲授的内容感到烦躁，对学习内容感到厌倦，认为学习带给自己诸多烦恼。将大多数时间消耗在与学习无关的娱乐消遣等活动上。

（2）成就欲望低，无抱负和理想。学生没有求知的欲望和上进心，在学习上没有压力、没有紧迫感，也没有成就感。自己没有追求，在进入大学宽松的环境后，无所适从，无所事事。

（3）学习动机功利化。一些学生对学习带来的结果更加感兴趣，出于一种功利性的心态进行学习，为学习而学习，以至于校园中“为了追求真理”而探索钻研、刻苦学习的学生少之又少。

（4）无明确学习目标。在进入大学之前，以考上一所大学为追求目标。而进入大学后，就没有了人生规划与发展方向。学习无规划与计划，过一天是一天。缺乏一定的毅力和耐力去克服学习上的困难，在学习中不会积极寻求有效的方法；没有确定的目标来指导学习，习惯于依赖他人的指导和要求。

（二）学习动力缺乏的原因

大学的学习与高中的学习有诸多不同，高中的学习目标明确，对分数的要求高，有明确的竞争标准和压力环境。大学的学习目标多样，对分数的要求灵活，竞争标准模糊，压力全面但很难找到明确方向。大学里没有人天天监督学生学习，想要获得成长需要自己主动学习。下面是一些导致大学生学习动力缺乏的原因：

（1）目标定位不明确。很多大学生不明白“我是谁”，不清楚在大学期间“我需要什么”，缺乏大学规划与生涯规划。学习动机不正确，社会责任感不强，自我意识不成熟，自我效能感缺乏，学习方法不当，态度不端正，毅力不够，对专业不感兴趣等。

（2）“读书无用论”的影响。全社会尚未真正形成尊重知识的良好氛围，知识分子社会地位和经济地位尚未彻底改善。大学生择业机制尚不健全，就业中不合理、不公平现象依然在一定程度上存在。

（3）教育因素。学生的专业规划、专业发展方向教育匮乏，使学生既不了解所学专业、更不了解所学专业之后的发展前景。专业和课程设置一定程度上脱离社会需要，导致择业困难，学用脱节，用非所学。

（三）学习动力的有效激发

由于高中学习与大学学习的差异，从高中到大学，大学生在学习心态和学习方式上需要进行重大的转变：由被动学习变为主动学习，明确学习目标，培养学习兴趣；运用积极归因的方法，从无助感中解脱出来，保持积极进取的学习状态，坚持努力去取得成就。

1. 明确大学学习目标

只有很清楚地知道“这是我的大学”“我需要一个这样的大学”时，学习才会保持正确的方向和不竭的动力。学习目标的设置也应恰当，过高的目标很难到，容易让人失去信心；过低的目标没有挑战，则起不到激励作用。

在学习中可以设定长远目标或总体目标，但在具体的学习中，宜将长远目标或总体目标分成多个具体或近期的子目标。这样每完成一个子目标就会获得一种成就感或成功感，随着成功机会的增多，自信心也会随之提高，学习的积极性就会被激发并保持。

2. 培养学习兴趣

培养学习兴趣，需要大学生多读、多听、多看、多实践。多读与专业相关的书籍、报纸、杂志，把握学术动态；多听学术报告会，了解学术动态和本学科当前最新的研究成果；多看一些学术展览，如艺术类专业的学生可以多参观艺术展览等，以激励兴趣；多实践，在操作中将理论与实际相联系，积极参加学校各种科技文化活动，有条件的还可参与教师的科研项目，锻炼科研能力。

大学生要基于对真理的追求、对知识的好奇等内在动机进行学习研究；而不是完全基于获得学历证书、获得外在奖励等外在动机来进行学习研究。只有这样，学习才能拥有持久而深远的动力。

3. 进行积极归因

积极归因训练对于学生的转变具有重要意义。把一件事情的成功归因于自身非常努力，而不是归因于自身很聪明或者运气很好；把失败归因于自身努力不够，而不是归因于自己不够聪明以及运气差。这样做有利于让大学生认识到学习的成败是掌握在自己手中的，学习的好坏取决于自身的努力程度。

不少学生常会把失败归因于能力不足，导致产生习得无助感，造成学习积极性降低。因此，有必要通过一定的归因训练，使他们学会将失败的原因归结为努力，从失望的状态中解脱出来。德韦克曾对一群数学成绩差又缺乏自信的学生进行归因训练。在训练中，德韦克安排这群学生解答一些数学题。当他们取得成功时，告诉他们这是努力的结果；而当他们失败时，告诉他们这是缺乏努力导致的。努力这一内部因素是可以控制的，是可以有意增加或减少的。在训练中，德韦克使学生多次体验学习的成败，也引导他们将成败归因于努力与否。经过一段归因训练后，学生不仅形成了努力归因，而且增强了学习的信心，提高了学习成绩。

当学生在学习上暂时遭遇困难时，应运用积极归因的方法，引导学生从努力程度、学习方法、学习态度等方面找原因，有针对性地进行改进，把学习的成败掌握在自己手中。

4. 增强自我效能感

自我效能感是指个体对自己是否有能力完成某一行为所进行的推测与判断。学习者的自我效能感是学习者对自己能否成功完成某一任务能力的主观判断，这种主观判断的成功率将随着学习者在学习中获得成功概率的增长而增长。

当自我效能感增强了，有了充分的自信心后，即使遇到一些具有挑战性的任务或遇到暂时的失败或挫折，也能保持积极进取的学习状态。况且，自我效能感还可以迁移，在某一学科获得的自我效能感的增强，在许多条件下也可以迁移到其他学科。

扩展阅读

学习动机过强

除了学习动力不足，学习动机不当还包括学习动机过强。由于给自己设置了过高的学习目标，或错误地认为“只要努力就能成功”“苦读就能成才”等，一些大学生会出现学习动机过强的现象。

学习动机过强的主要表现有：在学习上自我期望值过高，超过了自己的实际水平；成就欲望过于强烈，不能接受失败；学习过于勤奋，把学习看得至高无上，把全部心思都用在学习上，很少或从不从事娱乐和文体活动；有强烈的争强好胜心理，把分数和名次放在很重要的位置，总想取得第一名；很想得到老师、长辈或亲朋好友的肯定；由于学习压力大、长时间超负荷学习，常伴随学习焦虑和考试焦虑的现象；对自己要求过严，不允许失败，一旦失败就容易产生自责。①

二、学习效率低下及调试技巧

案例

小 D 是一名大三学生，从进大学以来学习一直很努力，除了吃饭、睡觉，几乎所有时间都在学习，成绩也不错。最近临近期末考试，他突然感觉十分疲劳，连拿笔时都觉得手很沉，脑子也不太好使了，常感觉自己能听见自己的心跳声、心

---

① 王祥君．大学生心理卫生与发展［M］．重庆：重庆大学出版社，2019：226.

慌、气短、食欲变差，睡眠也受到严重干扰。

在学习时他总提醒自己要专心、提高效率，可就是无法集中注意力，思维混乱，反应变得愈发迟钝，记忆力也下降不少。为此，他感到疲惫、焦躁、心烦意乱，一点小事就能惹他发脾气。

（一）学习效率低下的表现

学习疲劳是指学习者由于学习过度或学习方法不当而产生的学习效率逐渐降低，并伴有渴望停止学习的现象。学习疲劳包括生理疲劳和心理疲劳，一般来说，心理疲劳相对生理疲劳要更难以恢复，但大学生的学习疲劳以心理疲劳更为常见。

（1）生理疲劳。生理疲劳是指生理机能上的失调，包括肌肉疲劳和神经疲劳。极度的生理疲劳可能造成机体受损及神经功能紊乱。它表现为肌肉酸痛、乏力、头昏、精力不济等。出现上述现象的原因是大学生学习内容过多、学习时间过长、学习材料性质安排不当以及对学习内容缺乏兴趣。总之，学习过度导致学习生理疲劳的产生。

（2）心理疲劳。心理疲劳是指学习者主观上感觉疲劳，可能会导致人对学习或工作失去兴趣。它表现为对学习感觉疲倦情绪紧张、不安、烦闷、易怒，精神涣散、注意力不集中，记忆力下降等，这些因素导致学习积极性和学习效率大大减退，甚至造成学习困难。

（二）学校效率低下的原因

学习效率是衡量学习快慢的标准形式。对于学生而言，提高学习效率是一个很重要的问题。许多学生学习成绩不佳，往往与学习效率不高有关。学习效率低下的原因如下：

1. 自学能力欠缺

大学强调的不只是知识学习，更强调思维训练，尤其是强调自主性。缺乏自学能力的大学生，在处理相关问题时会因感觉束手无策而高度焦虑，只好以多年来形成的苦读习惯应对大学的学习任务。这显然是力所不及的，必然陷入疲劳战术和学习效率低下的困境。

2. 时间管理能力有限

时间管理是指通过事先规划和运用一定的技巧、方法与工具实现以时间的灵活有效运用，从而实现个人或组织的既定目标的过程。大学的学习科目既涉及公共课和专业课，还涉及知识学习、技能训练和综合能力培养，所以妥善、高效管理时间是提高学习效率、避免学习疲劳的重要前提。

3. 用脑方法不当

学习疲劳的出现不完全是件坏事，疲劳是大脑皮质的一种保护性抑制它对我们的大脑有保护作用，这种保护性抑制让我们的大脑不会被过量外界信息伤害。如果我们到了如此疲劳状态还不注意休息，疲劳得不到及时恢复，仍强迫大脑继续保持兴奋，长此以往会导致大脑的兴奋与抑制过程失调，甚至导致神经衰弱。

4. 记忆力减退

知识在理解的基础上识记，然后应用于实践，无论是文科还是理工科，无论是理论还是实践，都需要记忆。但是在学习过程中，记忆力减退是让许多大学生感到头痛的问题，它不仅直接影响学习的效率，而且还会影响学生学习的兴趣和情绪。

5. 注意力涣散

注意力是将心理活指向和集中于一定的事物的能力。大学生在学习中效率的差异，并不能完全归因于天资的不同，更多的时候是由于他们在学习时注意力集中的程度不同，而高度集中的注意力又是保证学生高效率学习的必要条件。有注意障碍的大学生，在学习时不能有效控制自己的心理活动，易被外界无关的刺激吸引而不能集中注意力。在课堂上，总是想一些跟学习毫无关系的事情。他们的思维远离当前的学习活动，常会伴随一些与学习无关的动作，比如东张西望、讲话、摆弄笔杆、摸东翻西等，始终不能把注意力维持在学习上。他们看起来花在学习上的时间很多，但是最终却收不到多少成效，就是因为在学习的时候常受干扰，效率低下。

（三）学习效率低下的改善

低效的学习会影响我们的学习成果，并逐渐瓦解我们对学习的信心。但学习效率低下却并不是毫无应对之法，科学地用脑，有效地管理时间，善用记忆力与注意力，能有效地提升我们的学习效率。

1. 学会科学用脑

有些大学生在学习过程中没有掌握用脑的科学原则，过度滥用或过于松懈，从而使大脑过于疲惫或过于松懈，严重影响了学习效率。科学用脑对大学生高效率地学习是非常重要的。

（1）保证睡眠时间。睡眠不但可以解除生理疲劳，防止超限抑制的发生，而且可以给正常的新陈代谢提供补充营养的机会，从而保证人体机能的和谐与平衡。对大学生来说，不但不应过多地牺牲睡眠时间，而且越是学习紧张越应保证充足的睡眠。尤其是在临考之前或考试之中，以牺牲睡眠来“临阵磨枪”，只能是得不偿失之举。

（2）及时转移大脑兴奋中心。大脑皮质功能定位学说告诉我们，要使大脑皮质各个区域经常交换着工作，以防止某一区域的脑细胞疲劳。一定的心理活动，总是发生在大脑皮质的特定区域，与此“无关”的其他区域总是处于相对的静息状态。当某种单一的活动强度过大或持续时间过长时，就会引起该区域的疲劳，从而降低该项活动的效率。

因此，不同性质的学习内容互相轮换，动静配合，可使大脑皮质保持较长时间的工作能力。例如，学习高等数学后听听音乐，看看报纸、小说；学习外语记忆单词后，看看电视或画册，使大脑左右两半球都能工作起来。如果善于变换活动内容或使活动内容丰富化，克服单学科独进倾向，使各学科系统安排、交叉进行，就可以达到轮换休息的目的，虽延长了学习时间却不会引起疲劳。

（3）适当的体育锻炼。体育锻炼不但可以增强学生的体质，而且可以提高他们的反应速度、灵敏度，培养他们的意志的坚强性和进取精神。体育锻炼使人体不断地分解和消耗能量，但经过恢复过程再合成的能量总是超过其原来具有的水平。生理学上称这种恢复过程为“超量恢复”。

（4）适当增加营养。营养不良会降低人体机制的兴奋限度，使其难以承受较为强烈或持久的刺激，从而影响注意力的集中、进取精神和探求行动，最终降低人活动的效率。可以说，营养不良是产生生理疲劳的主要根源。只有充分保证人体活动所需要的营养，才能提高人体机能兴奋度。因此，可适当让自己吃些蛋白质丰富的食物。另外，含有乙酰胆碱的鱼类、肉类等食物，可以使人的记忆力明显增强。

2. 进行有效的时间管理

时间管理对每个人来说，都是一个重要的人生课题。对于大学生来说，由于学习、工作中活动很多，若时间安排不好，常常顾此失彼，失去他们的主动权和掌控感，最后导致对自己产生不满，时常充满焦虑。

扩展阅读

我的“时间馅饼”

操作：请根据你的思考先绘制一张“理想的时间馅饼图”，而后再请你尽量回忆在过去的一周中参加的各项活动，包括花在各项工作、学习、家庭、朋友身上的时间，参加各种进修、兴趣爱好、身体锻炼和休闲活动等，然后根据每项活动所投入时间的多少按照百分比分配在“目前的时间馅饼图”中（图 6-3）。

完成两张时间馅饼图的绘制后，对比“理想的时间馅饼图”和“目前的时间馅饼图”，请思考下面的问题：

A. 对照一下自己做的那张“时间馅饼图”看看你是否将自己的时间用来实现自己定下的大学目标？

B. 最理想的“时间馅饼图”的分割与你目前实际的时间分配状况之间有何区别？是什么造成了这种情况？能不能进行改变？如何进行改变？

时间管理的一个重要原则是：你将时间耗费在做某些事情上的唯一理由就是为了实现自己的近期和长远目标。

3. 掌握科学记忆方法

（1）保持良好的情绪状态。心理学研究认为，愉快的心情会引起人体内的一系列生理变化，如肌肉舒适放松，心脏有规律地跳动，体温略上升等。这些愉快的体验会引起快感，在这种状况下学习，记忆效果会显著提高；而在不愉快的体验下，心率会加快，血压会升高，导致精神不集中，记忆效果也不佳。

（2）掌握最佳记忆时间。人体的各种生理和心理功能每天会随着时间推移做规律

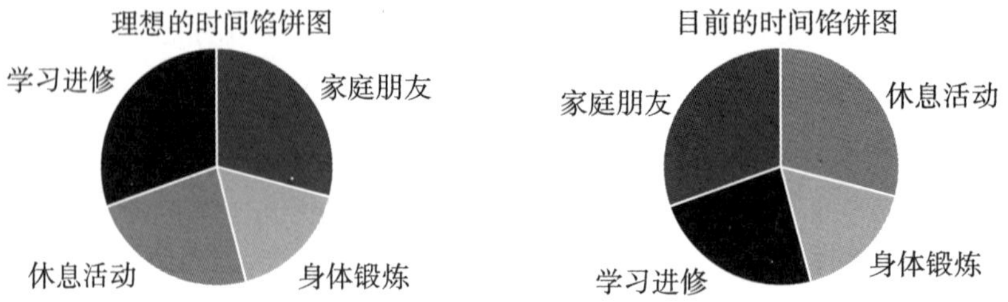

图 6-3 时间馅饼图

性的运动。根据苏联科学家的研究，人的生物机能上午 7 至 10 时逐渐上升，10 时左右精力充沛，处于最佳工作和学习状态，之后趋于下降；下午 5 时再度上升，到晚上 9 时又达到高峰，11 时过后便又急剧下降。具体到每个人又不完全相同，因为每个人每天学习的最佳时间与其长期养成的学习、生活习惯有很大关系。为了提高记忆效率，大学生应注意观察自身特点，掌握了解自己最佳的用脑时间，把重要内容放到最佳时间去学习。

（3）了解遗忘规律，及时巩固复习。德国心理学家艾宾浩斯的研究表明，遗忘的规律是先快后慢，先多后少。因此，要克服遗忘就必须及时复习。复习的原则是及时、持久，当天学习的内容当天就要复习，此后随着时间的推移可以逐渐加大复习的时间间隔。

4. 促进注意力的集中

（1）设置期限。设置期限，能有效集中精神完成不感兴趣的工作。如在学习过程中设置近期、中期、远期目标，其中，中期目标的设定明显有利于减少学习过程中懈怠的现象。

（2）自我奖赏。可以给自己设定某种奖赏作为学习的报酬，至于是什么类型的报酬，可以依自己的需要和兴趣而定。

（3）目标明确化。有效的目标管理可以通过以下两个步骤提升注意力：一是将目标明确化。例如，将模糊的大目标转化为具体可执行的任务，通过明确目标方向来激发注意力（尤其当对学习或工作缺乏兴趣时）。二是将目标可视化。例如，使用文字记录或图表呈现具体目标，通过视觉化的呈现能显著增强目标吸引力，且能持续强化注意力。

（4）愉快经验。我们如果在学习、工作上体验到成功的滋味后，便可拥有愉快的经验。这种愉快的经验会鼓舞我们的斗志，从而使我们接受不愿意做的工作和学习任务。

三、考试焦虑及调试技巧

案例

小 M，大四女生，准备考研的压力很大。临近考试了，很想复习但又无法静下心来复习。压力迫使她不得不以吃零食的方式来排解，每晚可以吃一斤多饼干、甜食等，直至吃到吐为止。在一个月的时间里，小 M 的体重增加了 15 斤。

小 N，在同一段时间里准备托福、研究生入学考试，天天都在复习，疲劳紧张得不得了。考托福前小 N 几乎通宵失眠，整夜听见心跳，考听力时有几个题因为紧张听蒙了，感觉心跳有如地震。但等考试全部考完以后怎么听也听不到心跳了，睡了 17 个小时才醒来。

（一）考试焦虑及其表现

考试焦虑是一种特殊的、由整个考试情景引起的神经紧张状态，也是一种对考试的恐惧和担忧。

考试紧张焦虑会影响考场发挥，其作用机制是：过强的求胜动机在大脑皮层形成优势兴奋中心，抑制周边区域的活动，破坏知识网络联结并阻碍知识提取，从而导致记忆中断。这种记忆中断会加重焦虑情绪，使考生过度担忧考试成绩，形成“焦虑-表现下降-更焦虑”的恶性循环，导致错答、漏答或形成思维空白；同时，焦虑状态还会损害分析、抽象和概括等思维能力，最终造成考试失利。

考试焦虑包含两种成分：忧虑性焦虑、情绪性焦虑。忧虑性焦虑包含较多的认知成分，包括注意力不集中、记忆力下降、看书效率低和思维僵化等。情绪性主要指与之相伴随的情绪体验及身体反应。具有高度考试焦虑的学生在考前会出现明显的生理心理反应，如过分担忧、失眠健忘、食欲减退，在临考时心慌气短、呼吸急促、手足出汗、频频上厕所、判断力下降、大脑一片空白。还有的学生会在考场上出现视动障碍，如看不清题目、看错题目、丢题落题、动作僵硬、手不听使唤、出现笔误，等等。

（二）考试焦虑的形成原因

考试焦虑是在应试情境刺激下，受个人的认知、评价、个性、特点等影响而产生的以对考试成败的担忧和情绪紧张为主要特征的心理反应状态。学生对考试的过度担忧和恐惧等焦虑情绪，是在受客观因素和主观因素的影响下形成的。

1. 客观因素

首先，考试本身的重要性、难易程度和竞争程度等。学生越是遇到重要的、难度大的、竞争程度强的考试，越容易产生考试焦虑。

其次，学生的知识掌握程度和对学业的期望。考试的难易程度从某种程度上来说是相对的，学生平时不努力、考前临阵磨枪，往往在面对考题时感到题目困难，从而产生焦虑。而学生对学业的期望越高，对学习的投入越多，越看重成绩，因而对考试的失败产生恐惧，也会对考试产生焦虑。

最后，来自教师、家长和社会的压力，考试的重要性、难易程度和竞争程度等。社会各界往往过度关注学生的重大考试，如大学生英语四级、六级、计算机等级考试，研究生入学考试，雅思/托福考试等。①

2. 主观因素

（1）个性气质特点。神经类型属于弱型的人，如敏感，易焦虑，过于内向，缺乏安全感和自信心者，做事追求完美的学生，易在考试中出现考试焦虑。

（2）考试经验。大多数学生有考试成功和失败的经历。如果把过去考试成功归于自己运气好、题目容易，而把过去考试的失败归结为自己不聪明、能力差，就会对自己失去信心，考试时就会紧张焦虑。

（3）知识掌握与复习准备情况。如果复习准备不足，则会对考试没有把握，信心不足。大多数的考试焦虑是由复习准备不充分引起的。

（4）对考试的认识。对考试的错误认识，包括过分看重考试对个人前途的影响，完全对考试结果不在意等。如，成绩不好等于不聪明、没优势、没本事，等于被人看不起，对不起父母；而成绩好，则是改写人生命运的唯一途径。这样的信念很容易带来过度的考试压力。②

（三）考试焦虑的调控技巧

1. 认知矫正

由于考试焦虑有比较明确的焦虑对象，因而认知评价活动在产生焦虑过程中扮演着重要角色。对考试错误的认识和不合理的信念，会导致焦虑情绪的产生，甚至引发不良后果。通过理智分析的方式找到导致考试焦虑的核心思维来予以认知和改变，可在一定程度上减轻或控制焦虑。这种方法叫作理性情绪疗法。

2. 行为矫正

在面对考试时，大学生要改变不合理的应试行为，找到适合自己的应试策略。对此，可以先罗列各方面的焦虑，再一一对这些焦虑进行自我辩论，树立正确的自我意识，增强参加考试的信心，减缓或克服考试焦虑，以一种崭新的精神面貌和行为姿态出现在考场上。例如，系统脱敏是治疗焦虑和恐惧最古老、历史最悠久的一种方法，是一种基于经典条件反射原理的行为干预法。系统脱敏最初由约瑟夫·沃尔普于20世纪50年代开发，曾广泛用于减少儿童恐惧和恐惧症。系统脱敏背后的基本假设是，恐惧反应可以通过替换与之不相容或对抗的活动来减少或抑制，沃尔普将这一过程称为交互抑制（Reciprocal Inhibition）。系统脱敏的过程通常是逐步开展的，在学校环境中，暴露于恐惧刺激通常是以想象的方式开始的，儿童想象恐惧刺激。以学校恐惧症为例，无论在个体内部或现实生活中，系统脱敏在许多情况下可能都适用。这一技术包括三个步骤：学习放松、构成焦虑层级和实施脱敏。③

基本方法：当出现焦虑和恐惧反应时，同时引起与之对抗的肌肉放松反应，以使人

① 吴少怡．新编大学生心理健康教程［M］．西安：西安交通大学出版社，2016：136.

② 吴少怡．新编大学生心理健康教程［M］．西安：西安交通大学出版社，2016：136-137.

③ 江光荣．心理咨询的理论与实务．第2版［M］．北京：高等教育出版社，2012：250-252.

原来的不良反应强度减弱，即交互抑制。将交互抑制按等级排列，从弱到强，渐次实施，直至最终消除个体的不良反应。

（1）学习放松。学习如何放松，反复练习，直至达到自如进入身心放松状态的程度。

（2）焦虑等级划分。根据焦虑程度的高低抽取若干情境作为焦虑事件并将它们排成一个层级，给它们指定表示焦虑程度的量值（Subjective Unit of Discomfort，SUD，表6-3）。

表 6-3 **焦虑事件层级举例**

编号	焦虑程度（SUD）	事件
1	10	任课老师宣布，两周内将进行考试
2	20	现在距离考试还有一个星期，我复习得还很不够
3	30	明天就要考试了，今晚我觉得准备得还不充分
4	40	我走在去考场的路上
5	50	我看见一个人忧心忡忡，正在匆匆背诵
6	60	监考老师到了，我等得很焦急，也好像失去了知觉
7	70	我被一道试题难住了
8	80	我看见有人在我之前答完题，交上卷子
9	90	时间要结束了，我根本做不完
10	100	考后我与别人交谈，发现自己的某些答案与他们不同

（3）实施脱敏。想象脱敏可以这样做：先进行放松训练，按照假定焦虑的等级依次想象，若不紧张，肌肉处于松弛状态则可进入下一个情形，若感到紧张就再做一次放松训练。以此类推，直到不感到焦虑为止。

3. 应试策略

（1）考前准备。考试前做好精神、物质上的准备工作，有利于缓解紧张心情，脚踏实地、有条不紊地进入应试状态。精神准备除了要调整好情绪，还要保证充足的睡眠。要重视科学用脑，不要“开夜车”；还要注意起床时间不要离考试时间太近，起床后应活动一下。在物质准备方面，除了生活上吃一些清淡、富于营养、易消化的食品，还应做好交通工具、学习用品、生活用品、防暑用品的准备。

还要注意的是考前怎样也紧张不起来的情况，具体表现为神经兴奋被抑制，没有激情和劲头。这是由于学生在考前经过长时间的学习复习，在生理和心理上都有些疲惫不堪，大脑接受信息过多和负荷过重，造成了一种保护性的机制。这时，要注意适度地放松，如休息、锻炼、调适心情等；还可以交换复习的形式和科目，避免因单调机械的刺激而产生厌烦疲惫的心理。

（2）考试中的应对策略。首先，应放平心态，不盲目乐观，也不低估自己。其次，要学会运用正确的答题原则。正确认识和评价自己的能力。先做容易题，后做难题；先做熟题，后做生题；先做有把握的题，后做没把握的题。再次，应该有效应对考场上的心理性噪音。有些学生总会在考后抱怨考场上有翻卷子声和书写声，以及考场外发出某种声音干扰了自己的思路，其实这是一种心理性噪音。越注意它们，就越容易受到干扰。最后，当考试时碰上不会的题或想不起的知识时，要及时调整心态。可以应用酸葡萄的心理效应，即：我不会是因为题目比较难，我不会别人也不会，这道题分值也不大要紧。然后利用隐性记忆，接受事实并合理决策来应对。

（3）考后总结。考完一门就结束一门，同学之间可以不比对答案，以此来降低他人对自己后续应考状态的影响。主观感觉考砸一两门是正常情况，事实上却未必如此。在成绩出来后，要正确对待考试结果，不以一次成败论英雄。

第三节　寻找适合自己的学习方法

导入

斯科特·扬的《如何高效学习》

《如何高效学习》讲述了一位男孩运用自己发明的学习方法，从而实现高效学习。作者斯科特·扬（Scott Young）从高中开始，课下几乎不学习，尽管如此，他还是以全班第 2 名的成绩毕业。读大学时，大考之前一般每天学习不过两个小时，但他的平均成绩总在 A 和 A+之间。他还以超凡的速度，用一年时间完成了四年麻省理工学院 33 门的计算机课程，节省了 150 万元大学学费。在这本书中，他对自己的学习方法进行了全面介绍，包括整体性学习策略的核心思想和快速阅读法、流笔记法、比喻法等具体技术，为高效学习提供了一套整体解决方案。①

可见，适合自己的学习方法能让我们的学习事半功倍。那么，有同学不禁要问，如何找到适合自己的学习方法呢？

一、掌握学习策略

学习方法是学习者在完成学习任务过程中相对固定的行为模式，如记笔记、不断重复口述、分类和比较等，它是外显的可操作的过程。而学习策略则是指学习者在学习过

① 胡象斌，吴量．大学生心理健康教育：自我成长与发展［M］．西安：西北工业大学出版社，2017：152-153.

程中积极操纵信息加工过程，以提高学习效率的步骤或程序。学习方法是学习策略的基础，没有学习方法或者学习方法缺乏就不可能形成较高水平的学习策略。

学习过程是一个信息加工过程，涉及编码策略、提取策略和问题解决策略等内部心理活动。学习策略的作用在于对感受器接收到的信息加以注意，并将它们转入短时记忆中，再把短时记忆中的信息转入长时记忆中并在新知识内部建立好新旧知识之间的联系。

根据学习策略涵盖的成分，心理学家迈克卡等人把学习策略分为认知策略、元认知策略、资源管理策略三个部分。认知策略是加工信息的方法和技术，有助于有效地从记忆中提取信息。一般而言，认知策略因所学知识的类型而有所不同，复述、精细加工和组织策略主要针对陈述性知识，模式再认策略和动作系列学习策略等则针对程序性知识。元认知策略是学生对自己认知过程的认知策略，包括对自己认知过程的了解和控制的策略，有助于学生有效地安排和调节学习过程。资源管理策略是辅助学生管理可用环境和资源的策略，有助于学生适应环境并调节环境以适应自己的需要，对学生的动机具有重要的作用。

扩展阅读

复习策略

复习策略解决如何对所学内容进行适当的重复学习，主要用于信息的长时记忆与保持。根据遗忘发生的规律，采取适当的复习策略可以有效克服遗忘，即在遗忘尚未产生之前，通过复习来避免遗忘。

- 复习的时间

对人类记忆的研究发现，人们对事件的开始和结尾具有较强的记忆，而对中间的记忆较差。比如，若连续复习3个小时，那么开始和结尾部分的记忆效果可能更好。为解决这一问题，可以将连续的集中复习时间加以分散，分为几个小的单元时间，中间穿插短暂的休息。这样就能够增加记忆过程中开始和结尾的数量，进而提高记忆效果。至于每一单元的复习时间，可根据学习材料的趣味性与难易程度而定。因此，应该注意及时复习和系统复习。及时复习可以较大限度地控制遗忘，但它也不是一劳永逸的，要想长时间记住所学的内容，还必须进行系统的、不断地复习。根据相关研究，表6-4所示可为如何复习提供参考。

表6-4　**复习安排**

复习次数	时　　间
1	学习结束后的5~10分钟
2	学习当天的晚些时候或学习结束后的第二天
3	学习结束一个星期后

续表

复习次数	时　　间
4	学习结束一个月后
5	学习结束半年后

● 复习的次数

在学习完某一新内容后，复习多少次最有利于记忆？这涉及过度学习的问题。所谓过度学习，即在刚好能背诵某一材料后再进行适当次数的复习。这种复习绝不是无谓的重复，相反，它可以加深记忆以增强记忆效果。一般而言，过度学习的程度达到50%~100%时效果较好。如，当你对某一材料读6遍刚好能够记住时，那么最好再多读两三遍。值得注意的是，这并不意味着重复次数越多越好，超过100%的过度学习会引起疲劳、注意力分散甚至厌烦情绪等不良后果。

● 复习方法

要注意选择有效的复习方法。研究发现，许多人反复地、一遍遍地阅读某种材料，以期达到记忆的目的。这虽然也能够使学习者最终记住有关内容，但它并不是一种非常有效的复习方法。较好的方法是尝试背诵法，即阅读与背诵相结合：一面读，一面试着背诵。这样可以使注意力集中于学习中的薄弱环节，避免平均分配学习时间和精力，进而达到提高学习效率的目的。此外，一系列研究也表明，只有理解了的信息才比较容易记忆并长久保持；反之，呆读死记的东西既难记，也容易遗忘。因此，复习策略应该与其他学习策略协同作用，共同促进学习效果的提高。

二、培养自主学习的能力

学习贯穿人的一生，它不再是教育者从外部强加给学生的，而是从学生本人的需要出发的。终身学习已经成为生命的必然，大学生要明确终身学习的意义。终身学习能满足我们生存和发展的需要；能使我们得到更大的发展空间，更好地实现自身价值；能充实我们的精神生活，不断提高生活品质。在大学期间，只有培养大学生的自主学习能力，才能保障大学生在终身学习过程中的可持续发展。大学生自主学习体现出如下特征：从灌输式学习到建构式学习的转变；从传统的单一客体模式到主客体合一模式的转变；从“要我学”的被动学习到“我要学”的主动学习的转变。

大学生要开展自主学习，可以从以下几个方面下功夫：

（一）更新学习观念

真正的学习体现在对所学习知识的理解水平和运用能力上，真正的学习体现在发现问题、分析问题和解决问题的能力中。

（二）保持最佳学习状态

最佳学习状态实质是一种学习的情绪状态，即大学生在自主学习时，需要在一种积极、热情、兴奋的情绪下，抱着适度的好奇心在轻松而高效的最有利于学习的状态下进行学习。

最佳学习状态的表现是：当呼吸、心跳和脑波都同步且流畅时，身体是放松的，非常适合头脑注意力的集中与新信息的接收。在自主学习能力培养时，大学生要积极设定学习目标，努力克服学习障碍，磨炼意志品质，从而提高自主学习能力。

（三）培养学习兴趣

当我们对某一门学科产生浓厚的兴趣时，就会以积极的态度去探索和学习，产生强烈的求知欲望。常言道，“兴趣是最好的老师”，“成功的真正秘诀是兴趣”。兴趣是学习能量的调节者，能激发一个人学习的主动性和创造性。带着兴趣学习，就会积极主动地去感知事物，对事物的观察变得更加敏锐，记忆力加强，想象力丰富，克服困难的意志也会增强。要培养兴趣，可以从以下三个方面入手：

1. 广泛积累知识

广博的知识中包含广泛的兴趣。学生往往对听得懂的课很有兴趣，对听不懂的课没有兴趣；对掌握较好的课兴趣浓厚，对学不好的课缺乏兴趣。这说明知识的积累是兴趣的源泉。我们要设法及时把课堂上听不懂的地方弄懂，从听懂每一节课开始，进而学好每一门课，对学习的兴趣也会逐步加深。

2. 迁移已有的兴趣

兴趣迁移法是利用对某些科目的兴趣来带动不感兴趣的科目的方法。每位学生大抵有自己相对感兴趣的地方，可以把学习兴趣在这些学科的基础上发展起来。在训练兴趣迁移时，首先，问自己是否愿意把这门课学好，并用肯定的语言来回答；其次，告诉自己这门课的重要意义；最后，将学习自己喜欢的科目的愉快心态迁移到不喜欢的科目上，让自己在学习该科目的时候也有轻松和愉快的心情。

3. 增强自信心

人们往往因为自信而成功，也因为缺乏自信而失败。许多学生正因为缺乏学好某门课的信心，而对这门课产生了畏惧，丧失了兴趣。可以想象自己曾获得成功的事情，回味成就感，以获得对学习的兴趣；或尽量想愉快的事情，令人愉快的事物能够激发兴趣。

扩展阅读

记忆术：PQ4R 法

由托马斯和罗宾逊改进的 PQ4R 方法是一种有效的能帮助学生理解和记忆的学习技术。PQ4R 分别代表预习（Preview）、设问（Question）、阅读（Read）、反思

(Reflect)、背诵（Recite）和回顾（Review）。

（1）预习。预习包含全部需要学习和记忆的材料，能确保学习者对这些材料有一个清晰的印象；对材料的基本组织主题和副主题有一个初步的了解。

（2）设问。在预习之后，可以结合材料自行提问，以使新的知识能更好地纳入知识结构。可使用“5W”提问法，用“谁”“是什么”“为什么”“怎么样”“在哪里”等进行提问；亦可将各分段标题和小标题等改为问句，如，一个小节的标题是“学习策略”，可改为“有哪些学习策略”或“学习策略对提升学习能力有什么意义”等。

（3）阅读。仔细阅读所要学习的材料，在反复阅读的过程中回答自己在设问步骤中所提出的问题。在阅读时，要尽可能多地思考、分析和记忆。

（4）反思。这一步骤要求学习者理解材料中的信息并使信息有意义。可以想出日常生活中的一些例子，把所学材料与自己以前经历过的事情联系起来；把信息和已知的事物联系起来，把课本中的副标题和主要概念及原理联系起来，并尝试用这些材料去解决联想到的类似的问题。

（5）背诵。通常在学完一段材料或一个阶段后，需要用自己的话来概述所学的知识。可以使用标题、重点词汇和概念，以及对要点所做的笔记对本单元进行提问，并回答自己所提出的问题。

（6）回顾。在学习完所有的材料后，应积极地复习材料，把材料各个部分的知识要点进行回顾复述，对提出的问题再回答一次。

三、大学生潜能开发

潜能是代表一个人潜在的、尚未完全表现出来的能力倾向。每个人的潜能是无限的，它深藏在我们的潜意识中。

左脑主管逻辑推理、判断、语言等，右脑负责处理图像、情感节奏、音乐等创造性活动。随着年龄的增长，左脑不断地接受限制性的信念、程式化的思维模式、僵化的思想观念，而右脑却长期处于“待业”状态。由于左脑的“训练”和“感受”，大部分人几乎不怎么用右脑去“体验”和“感受”，而只会用左脑去“思考”。要想开发潜能，整合左、右脑的优势，让它们各司其职，有效地合作，达到完美的全脑运作状态，可从以下策略着手：

（一）正确自我评估

潜能是个人发展的一种内在特质，是由智能、个性、兴趣、动机或价值观等多种因素构成的有机整体。个人潜能既包括一些天赋，也包括一些后天学习的经验最终形成个人的一种独特风格。年龄不同，组成的主要因素也不同。

（二）制定可行目标

潜能开发的一个重要前提是要有清晰、具体、现实而富有挑战的目标。因此，明确自己想要达到的目标，并根据目标建立一个详细的计划，是开发潜能的重要前提。

扩展阅读

将一群跳高能跳过一米的学生，随机地分为A、B两组进行实验。在训练测试时，告诉A组一定要跳过1.1米，告诉B组尽量跳得高一点。测试的结果显示：A组的成绩要显著好于没有设定具体目标的B组。

这个实验说明，光有跳得更高的愿望还不够，要有明确具体的目标，才能激发斗志，获得成功。

（三）意志力培养

意志是指决定达到某种目的而产生的心理状态，而意志力的培养是一种有意识地、自觉地控制和调节自己行动，克服困难，以期实现目标的心理过程。

在影响学习的非智力因素方面，意志是重要的因素之一。这是因为学习往往需要付出主观努力，克服困难和阻碍，排除干扰和消极影响。任何人的成功都是因为他有决心、有坚强的毅力。而意志力的培养，首先要分清楚“想要”和“决心要”，并在此基础上下定成功的决心，不断地自我激励、坚持实践，直至实现目标。

第四节　创造性思维的培养

导入

如果我们仅仅根据智力测验的基础，断定谁是聪明的孩子，我们就会忽视大约70%最富创造性的孩子。

——［美］E. 保罗托兰斯

一、创造与创造性思维

（一）创造的含义

“创造”被定义为“产生前所未有的事物”。这一定义不仅包括精神领域，也包括物质世界。在《现代汉语辞典》里，“创造”被解释为“想出新方法、建立新理论、做出新的成绩或东西”。世界各国对创造的定义形式仍有诸多不同见解，但对创造的实质已有一些一致的认识：创造既可理解为某种新的成果，如科学发现、技术发明、技术创新等；也可理解成产生新成果的过程。①

（二）创造性思维的概念与特征

1. 创造性思维的概念

创造性思维，也称创新思维，是一种具有开创性意义的思维活动，即开拓人类认识新领域、开创人类认识新成果的思维活动。它既是人类思维的高级形式，也是人的创造力的核心。

创造性思维是以感知、记忆、思考、联想、理解等能力为基础，以综合性、探索性和求新性为特征的高级心理活动，需要人们付出艰苦的脑力劳动。一项创造性思维成果，往往要长期地探索、刻苦地钻研甚至经历多次挫折方能取得，创造性思维能力也要经过长期的知识积累、素质磨砺才能具备。而创造性思维的过程，则离不开推理、想象、联想、直觉等思维活动。

2. 创造性思维的特征

创造性思维具有对传统的突破性、思路上的新颖性、程序上的非逻辑性、视角上的灵活性和内容上的综合性这五大主要特征，这些思维品质，能够保障大学生娴熟、深刻地掌握理论和运用知识。将这些理论和知识广泛地迁移到学习新的知识、解决新的问题的过程中，能使其学习和工作取得实质性的进展。②

（1）对传统的突破性。突破性不仅体现为创造者突破原有的思维框架，还体现为创造者突破已有的思维定势，以及超越人类既存的物质文明和精神文明成果。

（2）思路上的新颖性。这是指创造性思维在思路的选择和思考的技巧上都具有独特之处，表现出首创性和开拓性。有这种思维的人，不盲从、不满足现有的方式方法，而更多地通过自己的独立思考，形成自己的观点和见解，从而产生崭新的思维成果。

（3）程序上的非逻辑性。在创造性思维活动中，新观念的提出、问题的突破，往往表现为从“逻辑的中断”到“思想的飞跃”。这通常伴随直觉、顿悟和灵感，也就是说创造性思维具有超常的预感力和洞察力。

（4）视角上的灵活性。创造性思维表现为视角能随着条件的变化而转变，能摆脱思维定式的消极影响，善于变换视角看待同一问题，善于变通与转化，重新解释信息。创造性思维反对一成不变的教条，具体情况具体对待，主张灵活应用各种思维方式。

（5）内容上的综合性。创造性活动是在前人的基础上进行的，必须综合利用他人的思维成果。科学技术发展史一再表明，谁能高度综合利用前人的思维成果，谁就能取胜，就能取得更多的突破。

---

① 辽宁省普通高等学校创新创业教育指导委员会．创造性思维与创新方法［M］．北京：高等教育出版社，2013：5.

② 辽宁省普通高等学校创新创业教育指导委员会．创造性思维与创新方法［M］．北京：高等教育出版社，2013：38-43.

扩展阅读

人类社会处处是创造之地，天天是创造之时，人人是创造之人。

——陶行知

二、创造性思维的培养和训练

（一）突破传统、摆脱束缚

过往的教育体制和教学内容使学生受到的教育多属集中思维，容易形成思维形式单调、思维内容定式的局面，为此，加强大学生创造性思维的培养和训练，要突破传统思维模式。习惯思维目标的单一性及传统思维模式的僵化性会阻碍大学生创造力的发展，要想变得更富有创造力，就需要大学生不受以下枷锁的束缚：

（1）“正确答案”。在过往的教育经历中，学生被倾向于教导有一个正确答案。无论是数学、物理还是化学，都是根据学生是否能找到唯一正确的答案来评定成绩。

（2）“遵守规则”。没有规矩不成方圆，但过多的规则却会限制个体的创造性发展。创造性思考的有力战略之一就是改变规则，向规则挑战，因势利导，寻求更合理的问题解决方案。

（3）“拘泥于事实”。在每个人的心中都有一个“艺术家”和“法官”。其中，艺术家的开明态度，象征着当你逐渐形成创意时，在萌芽阶段所使用的思考方式。法官的评断代表当你准备执行创意时，在实用阶段所使用的思考方式。而我们需要在不同阶段采用不同的思考方式。

（4）“犯错是坏事”。过于相信“犯错是坏事”，一旦确信一点微小的错误也会产生不利影响时，保守的思维模式就占据主导，思维就有趋于懒惰的征兆。

（二）逆向思维、广开思路

大多数人对问题的思考，是按照常情、常理、常规去想，或者按照事物发生的时间、空间顺序去想。顺着想容易找到切入点，解决问题的效率比较高，大家都这么想，相互沟通的效率也更高。然而，顺着想难以出奇制胜，更重要的是，客观事物本身是复杂的、千变万化的，顺着想不可能完全揭示事物内部的矛盾，发现客观规律。在顺着想不能很好解决问题时，倒着想也是一种选择。

1. 从事物的对立面出发思考

在遇到问题时，可以直接跳到事物中矛盾一方的对立面去想。因为对立的双方是既对立又统一的，改变这一方不行，改变另一方则可能有助于问题的解决。

2. 换位思考

改变思考者自己的位置，从另外一角度看问题，这就是换位思考或易位思考。如果是在思考社会问题，可以把自己换到其他人的位置上，特别是换到考察的对象的位置上；如果是在研究科学技术问题，可以更换视角，从前后、优劣等各个方向去分析问题。

换位思考要求思考者加强的是自己思想的换位，而不是强求他人的转变。如，在企业的管理和发展过程中，真正意义上的换位思考，包括管理者与被管理者之间的内部换位思考，也包括企业与客户之间的内外换位思考。

（三）转换问题、开拓视角

问题是多样的，但彼此之间总有相通之处。对于难以解决的问题，与其紧抓不放，不如把问题转变一下。

1. 复杂问题向简单问题的转化

在解决问题的过程中，我们能观察到一些人可以把复杂的问题简单化，而另一些人可以把简单的问题复杂化。显然，前者具有大智慧，而后者则是在添麻烦。

在解决问题时能够化繁为简，就体现了一种新视角。一种方法的简单性，能够保证其正确性。在高等数学中，一些看似很复杂的题，答案往往非常简单，而如果答案十分复杂，那十之八九可能是算错了。

2. 生疏问题向熟悉问题的转化

对于从未接触过的生疏问题，可能一时无法下手，找不到切入点，但不要望而却步，试着把它转换成你熟悉的问题，可能就会有新的视角，也许还会有出色的成果诞生。

3. 从不能办到的事情向可以办到的事情的转化

世间有些事情是能够办到的，有些是较难办到的，有些是完全不可能办到的。但不能办到的事，或许可以转换成能做的、可以办到的事。

扩展阅读

1991 年，一位芬兰学生 Linus Benedict Torvalds 创建了 LINUX 操作系统。他的目标是打造一个兼具实用性和功能性的优秀的系统，同时让更多的人可以自由地使用和修改它。

这几乎是一个很难完成的目标，但他通过在网上发帖寻找合作者，吸引了上千名程序高手参与进来，帮助改进 LINUX 系统。只要有足够多的眼睛，程序中无论有多少漏洞都能被找出来。LINUX 操作系统的发展，正是巧妙地运用了互联网上成千上万的程序业余爱好者，把一项看起来无法完成的工作分配给网络大众，从而成就了 LINUX 系统的迅猛发展，也使得 LINUX 成为世界上最大的协作项目。

LINUX 的成功不仅在于它的技术品质，更在于它所代表的开放合作、共享文化和思维创新的精神。

（四）创造人格的塑造与完善

个体创造性的高低在很大程度上取决于其人格特征。良好的创造个性通常包括：刻苦钻研、视野开阔、富于幽默、勇于探索、团结协作、百折不挠。这也是大学生开展创造性活动的精神支柱和行为动力。有了良好的创造个性做后盾，大学生才能更好地提升自己的创造力。

1. 树立积极的人生态度

当代大学生应该树立远大的抱负强化自立观念与进取精神，不断完善自我意识，不断提高自信心与坚韧性。例如，增强为科学、文化、艺术和真理献身的精神与创新的热情，激发强烈的内在动力，充分发挥创造人格的强大动力作用。

党的二十大报告指出要提升国家创新体系整体效能，形成国家科技创新体系化能力，构建新时代科技发展新格局。面向世界科技前沿、面向国家重大需求、面向人民生命健康，健全新型举国体制，以国家战略需求为导向，集聚力量推动新时代新征程自主创新能力的发展。大学生亦要以成为具有学习力、思想力、行动力的创新创造型人才为发展目标。在党和国家的领导下，在加强科技基础能力建设的过程中，重视力量构建及资源配置，善用基础设施和科研平台、关注政策法规与创新生态，不断提升与发展创新创造的能力。

2. 培养好奇心并发展兴趣爱好

好奇心是激发大学生的创造性的重要因素。由于好奇心而受到奖励的学生，一定愿意继续进行试验；反之，则会倾向于限制自己的活动与经验，并且不能发展那些能促进他的自信心和创造性的能力。大学生应积极发展自身的兴趣与爱好，尊重其新颖独特的认知风格，支持其多样化发展与个性特色的发挥。

3. 摒弃阻碍创造性发展的人格特点

诸多研究表明，创造性人格的形成往往受到与创造性负相关的人格特点的阻碍。与创造性负相关的人格特点有：

（1）从众性。从众是指个人受到外界人群行为的影响，而在自己的知觉、判断、认识上表现出符合公众舆论或多数人的行为方式，而没有保持独立性。

（2）褊狭性。具有褊狭特点的人往往认为好恶相克，爱恨相斥、非此即彼，难以兼容并蓄。

（3）刻板性。刻板性最典型的特点是一贯保守，强烈地反抗新奇与新思想。这种人懒得动脑筋，不能忍受事件的复杂性，缺乏创造性。

4. 善用外部环境培养自身创造力

家庭、学校、社会等多个方面，是影响创造力发展的外部条件。良好的外部创造环境是培养创造思维的摇篮，大学生应善用外部环境，促进其创造力的发展。

（1）家庭环境。家庭成员的关系、家长的教养方式和态度等，会对创造力产生很大的影响。研究表明，具有高度创造性的个体，在早年的家庭经验中享有充分的独立与自由。具有创造力儿童的父母无一例外具有以下特征：富有表达性而又没有驾驭性；接受子女的退行现象，让其自然表现稚气行为；父母双方具有独立性。

（2）学校环境。除了家庭教育，学校教育同样影响着创造力的形成与发展。以成绩为学习动机的教育模式在一定程度上束缚了学生的思想和想象，很难培养出具有自发、独创灵感的创造性学生。因此，要鼓励学生敢于大胆表达自己的想法，还要更多地关注学生人格的成长，关注学生的亲身感受、自信心和成功体验。

（3）社会环境。从民族文化来看，创造发展趋势往往受到社会文化价值取向、社会对革新的吸收与排斥的态度、社会风尚的发展方向和社会是否愿意接受合作等方面的影响。社会的政治、经济水平，社会对创造发明的鼓励及政策倾向等也是社会环境对创造发展的影响源，需要在环境优化和利用中特别关注。

心理测试

托拉斯测试法

托拉斯测试法是由美国著名教育心理学家托拉斯提出的一种测试方法，主要用于评估学生的创造力。托拉斯测试法包含以下20个项目，如果符合自己的情况就打上“✓”，如果不符合就打“✕”。①

1. 在做事、观察事物和听人说话时，我能专心致志。（　）
2. 我说话、写作时经常用类比的方法。（　）
3. 我能全神贯注地读书、书写和绘画。（　）
4. 在完成老师布置的作业后，我总有一种兴奋感。（　）
5. 我不大迷信权威，常向他们提出挑战。（　）
6. 我很喜欢（或习惯）寻找事物的各种原因。（　）
7. 在观察事物时，我向来很精细。（　）
8. 我常从别人的谈话中发现问题。（　）
9. 在进行富有创造性的工作时，我经常忘记时间。（　）
10. 我总能主动地发现一些问题，并能发现和问题有关的各种关系。（　）
11. 除了日常生活，我平时差不多都在研究学问。（　）
12. 我总对周围的事物保持着好奇心。（　）
13. 对某一些问题有新发现时，我总能感到异常兴奋。（　）
14. 通常，我对事物能预测其结果，并能正确地验证这一结果。（　）
15. 即使遇到困难和挫折，我也不会气馁。（　）
16. 我经常思考事物的新答案和新结果。（　）
17. 我有很敏锐的观察能力和提出问题的能力。（　）
18. 在学习中，我有自己选定的课题，并能采取自己独有的发现方法和研究

① 辽宁省普通高等学校创新创业教育指导委员会．创造性思维与创新方法［M］．北京：高等教育出版社，2013：32-33.

方法。（　）

19. 遇到问题，我经常能从多方面来探索它的解决办法而不是固定在一种思路上或局限在某一方面。（　）

20. 总有些新的设想在我脑子里涌现，即使在游玩时也常能产生新的设想。（　）

【结果统计与解释】

如你打“✓”的数目占总数（20 题）的 90%以上，说明你的创造心理特征很好；

如在 80%左右（即打“✓”的有 14~17 道题），则属于良好；

如在 50%左右（即打“✓”的有 10~13 道题），则属于一般；

如在 30%以下，则说明你的创造心理特征比较差。

思考题

1. 什么是学习，大学生的学习特征是什么？
2. 怎样才能有效地激发学习动力？
3. 如何培养大学生的创造性思维？
4. 创造性与人格有何关系？如何塑造创造性人格？

第七章　大学生人格与心理健康

大学之道，在明明德，在亲民，在止于至善。

——《大学》

第一节　人格相关概念的介绍

导入

人格“Personality”一词，最初源于古希腊语“Persona”，此词的原意是指希腊戏剧中演员戴的面具。面具随着人物角色的不同而变换，体现了角色的特点和人物性格，就如同我国京剧中的脸谱一样。心理学沿用面具的含义，转意为人格，其中包含着两层意思：一是指一个人在人生舞台上所表现出来的种种言行，遵循社会文化习俗的要求而做出的反应。就像舞台上根据角色要求所戴的面具，是人格所具有的“外壳”，表现出一个人外在的人格品质。二是指一个人由于某种原因不愿展现的人格成分，即面具后的真实自我，这是人格的内在特征。“人格”是我们日常生活中经常使用的词汇。如“他具有健全的人格”“他的人格高尚”“他出卖了自己的人格”……这些描述包含着人格的多重含义：有法律意义上的人格，有道德意义上的人格，有文学意义上的人格，也有社会学意义上的人格。那么，在心理学中人格的准确含义是什么呢？

一、什么是人格

在心理学中，人格是探讨完整个体与个体差异的领域。到目前为止，由于心理学家各自的研究取向不同，因而对人格的看法有很大差异。综合各家的看法，可以将人格的概念界定为：人格是构成一个人的思想、情感及行为的独特模式，这个独特模式包含一个人区别于他人的稳定而统一的典型心理品质。①

人格是一个具有丰富内涵的概念，它具有如下本质特征：

（一）独特性

一个人的人格是在遗传、成熟和环境、教育等因素的交互作用下形成的。不同的遗传、生存及教育环境，形成了各自独特的心理特征。一方面，人与人之间没有完全一样的人格特点。如“固执”在不同的环境下有其特定的含义，在不同人身上也有不同的含义。在娇生惯养、过度溺爱的环境中，“固执”带有“撒娇”的意思；而在冷淡疏离、艰难困苦的环境中，“固执”又带有“反抗”的意思。所谓“人心不同，各如其面”，正说明人格是千差万别、千姿百态的。这就是人格的独特性。另一方面，生活在同一社会群体中的人也有一些相同的人格特征。如中华民族是一个勤劳的民族，这里的“勤劳”品质，就是共同的人格特征。不过在人格心理学研究中，会更注重个体差异，

① 彭聃龄．普通心理学［M］．北京：北京师范大学出版社，2012：450-454.

即人格的独特性方面。

（二）稳定性

人格具有稳定性。在行为中偶然发生的、一时性的心理特性，不能称为人格。例如，一位性格内向的大学生，在各种不同的场合都会表现出沉默寡言的特点，这种特点从入学到毕业不会有很大的变化。这就是人格的稳定性。俗话说，“江山易改，秉性难移”，这里的“秉性”就是指人格。当然，强调人格的稳定性并不意味着它在人的一生中是一成不变的。随着生理的成熟和环境的改变，人格也可能产生或多或少的变化。

（三）统合性

人格是由多种成分构成的有机整体，具有内在的一致性，受自我意识的调控。人格的统合性是心理健康的重要指标。当一个人的人格结构各方面彼此和谐一致时，他的人格就是健康的；否则，会出现适应性困难，甚至出现“人格分裂”。

（四）功能性

人格在一定程度上会影响到一个人的生活方式，甚至会决定某些人的命运，因而是人生成败的根源之一。当面对挫折与失败时，坚强者能发奋拼搏，懦弱者会一蹶不振。这就是人格功能的表现。

二、人格的结构

人格是一个复杂的结构系统，包括许多成分，其中最主要的有气质、性格、自我调控等方面。目前的心理研究认为，人格特质是在遗传与环境两种因素的共同作用之下逐渐发展的。与个人身体或生理有密切关系的人格特质，如情绪、气质等，受遗传影响较大。较为复杂的人格特质，如能力、兴趣、性格、价值观等，受环境的影响较大。

（一）气质

1. 气质的内涵

气质是人格的基础特征之一，是人格结构中比较稳定的并与遗传素质联系密切的成分。在平常生活中，我们常说有的人稳重、文静；有的人生来好动，办事慢条斯理；有的人爽快、泼辣、手脚麻利。这就是指人的气质表现。现代心理学把气质定义为：气质是表现在人们心理活动和行为方面的典型的、稳定的动力特征，它主要表现在心理过程的强度、速度、稳定性、灵活性及指向性上。个体情绪体验的强弱、意志努力的大小程度、感知或思维的快慢、注意集中时间的长短及转移的难易，以及心理活动是倾向于外部事物还是倾向于自身内部等是气质的表现。它具有以下几个特征：

气质是个体心理活动和行为的外部动力特点，主要表现在心理活动的速度、强度、稳定性、指向性等方面。

气质作为人的心理活动的动力特征，它与人的心理活动的内容、动机无关，即气质特点一般不受个人活动的目的、动机和内容的影响，具有较强的稳定性。

气质受先天生物学因素影响较大，即先天因素占主要地位。气质较多地受神经系统类型的影响，是神经系统的生理功能。

气质虽然具有先天性，但并不意味着它完全不变化，在生活环境和教育条件的影响下在性格的掩盖下，气质可以得到相当程度的改造。

2. 气质的类型

人的气质是有明显差异的，这些差异属于气质类型的差异。对于气质类型的划分，有不同的见解，因而形成了不同的气质理论。我们沿用古希腊医生希波克拉底的说法，将气质分为四种类型：胆汁质、多血质、黏液质和抑郁质。一般说来，单纯地只具有一种气质的少见，多见的是两种气质类型的混合甚至多种气质类型的混合。下面对这 4 种气质类型进行叙述。

古希腊医生希波克拉底最早提出气质概念并把气质分为多血质、胆汁质、黏液质和抑郁质 4 类，目前应用最为普遍的仍然是希波克拉底的分类法。

胆汁质：日常活动带有强烈的情绪色彩，情绪高时，学习、工作热情高，肯出大力，反之，对什么事都不感兴趣；积极参加各项课外活动，表情丰富敏捷；喜欢看情节起伏、激动人心的小说和电影，不爱看表现日常生活题材的作品。这类人可以成为出色的导游、推销员、节目主持人、演讲者、外事接待人员、演员、监督员等。

多血质：内心的体验一般会在面部表情和眼神中明显地表现出来；积极参加学校一切活动，但表现散漫，有始无终；学习疲倦时，只要稍微休息一下，便会立刻焕发精神重新投入学习；善于交际，待人亲切，容易交上朋友，但友谊常不巩固。这类人适宜的职业有外交家、管理者、公关人员、驾驶员、医生、律师、运动员、新闻记者、演员、军人、警察等。

黏液质：不爱活动，安静沉稳，很少发脾气，情感很少外露，面部表情单一；课堂上守纪律，静坐听讲不打扰别人，生活有规律，很少违反作息制度；交际适度，通常有几个要好朋友；善于自制，善于忍耐；兴趣爱好稳定专一，有毅力。这类人适合外科医生、法官、管理人员、会计、保育员、话务员、播音员等工作。

抑郁质：喜欢安静独处，性情孤僻，但是在友爱的集体中，又可能是一个很容易相处的人；办事犹豫不决，优柔寡断，做事情总比别人花费时间多，细心谨慎，稳妥可靠；爱看感情细腻、富有描写心理活动的小说和电影。校对、打字、检查员、化验员、保管员、机要秘书、艺术等工作是这类人的理想职业。

3. 气质对人的影响

气质贯穿在心理活动和行为方式中，对人的各种活动都有一定的影响。在个体心理发展早期阶段表现明显，虽然也随年龄增长而略有变化，但基本上是相当稳定的。大学生应正确对待自己的气质特点，因为每一种气质类型的人都可以成才。

气质对人的发展的影响，我们要明确以下几个方面。

气质本身没有好坏之分。它表现了人的神经系统的某种特性，只表明一个人心理活动的动力特征，不涉及心理活动的方向和内容。每种气质类型都有积极的和消极的方面。

气质不决定个体活动的社会价值和成就的高低。气质虽然对性格与能力等有一定的影响作用，但不能决定人的社会价值与成就的高低。事实上，在社会活动家、科学家、作家等卓越的人物中，可见各种气质类型的典型代表。任何一种气质类型的人都有可能发挥自己的才能。

气质影响人的活动方式与效率。在各种实践领域中，气质虽不起决定性作用，但它对人的工作方式有影响，并在一定程度上影响人的工作效率。因此在职业的选择上，考虑气质因素是十分重要的。气质类型均有各自的优缺点，因而应正视这种“短”“长”的客观存在，充分发挥自己的主观能动性；相信气质虽有极大的天赋性，但只要通过努力，仍可以在后天加以改造。

（二）性格

在中国传统文化中，性格的培养与塑造备受重视。《论语》有云，“君子坦荡荡，小人长戚戚”。这倡导了正直、豁达的性格品质；《道德经》则倡导“上善若水”，以水的柔韧与顺应启示人们培养谦逊、包容的性格。这些经典智慧，不仅是对古代君子人格的理想描绘，也为当代大学生提供了性格修养的精神指引。这就是说，他们在复杂多变的社会环境中，应保持内心的纯净与坚韧。一个人的各种性格特征交织在一起，就构成了他的性格。性格是后天形成的，是稳定的，相对气质而言则容易改变一些，但改变的难度仍然是较大的。①

1. 性格特征

性格有多种多样的特征，它们的组合形成了复杂的结构特征，性格主要由以下四个方面组成。

一是性格的态度特征。如同情或冷漠、正直或虚伪、勤奋或懒惰、认真或马虎、自信或自卑、开拓创新或墨守成规等。

二是性格的意志特征。如目的性或盲目性、纪律性或散漫性、独立性或易受暗示性、自制或任性、果断或犹豫、持之以恒或虎头蛇尾等。

三是性格的情绪特征。如热情或低沉、乐观或悲观等。

四是性格的理智特征。如主动观察或被动观察、偏好分析或偏好综合、富有想象或想象被阻抑、富于创造性或好钻牛角尖等。

2. 性格类型

性格类型是指一类人身上所共有的性格特征的独特结合。按一定原则和标准把性格加以分类，有助于了解一个人性格的主要特点和揭示性格的实质。由于性格结构的复杂性，在心理学的研究中至今还没有大家公认的性格类型划分的原则与标准。现将有代表

---

① 张雅伦，周兰芳．大学生心理健康［M］. 北京：北京理工大学出版社，2019：63-65.

性的观点加以介绍：

（1）按心理机能优势分类。这是英国的培因和法国的李波特提出的分类法。他们根据理智、情绪、意志三种心理机能在人的性格中所占优势不同，将人的性格分为理智型、情绪型、意志型。

（2）按心理活动的倾向分类。这是瑞士心理学家荣格的观点。荣格根据一个人力比多的活动方向来划分性格类型，力比多指个人内在的、本能的力量。力比多活动的方向既可以指向于内部世界，也可以指向于外部世界。

（3）按个体独立性程度分类。美国心理学家威特金等人根据场的理论，将人的性格分成场依存型和场独立型。前者也称顺从型，后者又称独立性。场依存型者，倾向于以外在参照物作为信息加工的依据，他们易受环境或附加物的干扰，常不加批评地接受别人的意见，应激能力差；场独立型者，不易受外来事物的干扰，习惯于更多地利用内在参照即自己的认识，他们具有独立判断事物、发现问题、解决问题的能力，而且应激能力强。可见，这两种人是按两种对立的认知方式进行工作的。

（4）按人的社会生活方式分类。德国心理学家斯普兰格从文化社会学的观点出发，根据人认为哪种生活方式最有价值，把人的性格分为六种类型，即经济型、理论型、审美型、宗教型、权力型、社会型。

（5）按特质分类。特质是指个人的遗传与环境相互作用而形成的对刺激发生反应的一种内在倾向。美国心理学家奥尔波特最早提出人格特质学说，他认为，性格包括两种特质：一是个人特质，为个体所独有，代表个人的行为倾向；二是共同特质，是同一文化形态下人们所具有的一般共同特征。美国另一位心理学家卡特尔根据奥尔波特的观点，采用因素分析法，将众多的性格分为两类特质，即表面特质和根源特质。他通过多年的研究，找出了16种根源特质：乐群性、聪慧性、稳定性、支配性、怀疑性、兴奋性、有恒性、敢为性、敏感性、幻想性、世故性、忧虑性、实验性、独立性、自律性、紧张性。根据这16种各自独立的根源特质，卡特尔设计了卡特尔16PF问卷，利用此量表可判断一个人的行为反应。

（三）自我调控系统

自我调控系统是人格中的内控系统或自控系统，包括自我认识、自我体验、自我控制三个子系统，其作用是对人格的各种成分进行调控，从而保证人格的完整、统一与和谐。

自我认知（Self-cognition）是对自己的洞察和理解，包括自我观察和自我评价。自我观察是指对自己的感知、思想和意向等方面的觉察；自我评价是指对自己的想法、期望、行为及人格特征的判断与评估，这是自我调节的重要条件。

自我体验（Self-experience）是伴随自我认识而产生的内心体验，是自我意识在情感上的表现。当一个人对自己作积极的评价时，会产生自尊感；作消极的评价时，会产生自卑感。自我体验可以使自我认识转化为信念，进而指导一个人的言行；自我体验还能伴随自我评价，激励适当的行为，抑制不适当的行为。如一个人在认识到自己不适当的行为后果时，会产生内疚、羞愧的情绪，进而制止这种行为再次发生。

自我控制（Self-control）是自我意识在行为上的表现，是实现自我意识调节的最后环节。如一个学生意识到学习对自己发展的重要意义，会激发起努力学习的动机，在行为上表现出刻苦学习、不怕困难的精神。自我控制包括自我监控、自我激励、自我教育等成分。

心理测试

简明“大五”个性量表下面是也许符合或者不符合你的一些个性特征。请在每题前面的横线处写下你在多大程度上符合或者不符合这种个性特征。

我把自己看作是：

1. ________（外向的、热情的）
2. ________（挑剔的、好争论的）
3. ________（可靠的、自律的）
4. ________（焦虑的、容易烦恼的）
5. ________（对新事物的态度为开放的、综合的）
6. ________（保守的、安静的）
7. ________（富有同情心的、热心的）
8. ________（紊乱的、粗心的）
9. ________（镇定的、情绪稳定的）
10. ________（传统的、缺乏创意的）

【结果统计与解释】

外向：1、6*。该因素测量的是个体从爱交际、乐群、武断这一极端到安静、保守、谦恭、退让的另一极端，也包括友善、社会化、支配、权力欲、社会能力。

随和：2*、7。该因素包括同情、合作、好脾气、热情这一极端到坏脾气、不高兴、不愉快、冷淡的另一极端，也有信任、攻击性、喜欢、友好地顺从、爱。

责任意识：3、8*。该因素从努力工作、勤劳、负责这一极端到任性、不负责和懒惰的另一极端，也涉及可信赖、成就欲、自我控制与冲动、野心与慎重、约束和工作。

情绪稳定性：4*、9。该因素关心的是个体的坚定、稳健、冷静从这一极端到焦虑不安、担心、情绪化的另一极端，也包括神经过敏。

开明性：5、10*。该因素的最佳特征是创造力、想象力、广泛的兴趣和勇敢。

注：带“*”号的题目反向记分，即8减去得分。将每个因素的相应两题记分相加，得分越高，则在这方面的特征越明显，反之越不明显。

第二节　健康人格的主要表现

导入

有一年的秋天，北京大学开学了，一位外地来的年轻学子背着大包小包走进校园，他实在太累了就把行李放在路边。这时恰好一位老者经过，年轻学子走过去说，您能帮我看一下包吗？老人爽快地答应了。一个多小时过去了，年轻学子办完各种入学手续回来时，老人还在尽职尽责地帮他看着行李。几天后，在北大开学典礼上，年轻学子惊讶地发现，那天替他看包的老人，竟是大名鼎鼎的学者、北京大学副校长季羡林先生。可以想象，当时在年轻学子心里，一种崇高的人格力量是怎样震撼着他。季羡林先生能在学术界享有崇高的声誉，除了他精深的造诣、严谨的学风，其高尚人格的魅力也是重要的原因。在今天的社会里，一个人能受到别人的欢迎、接纳，他实际上就具备了一定的健康人格。

一、了解健康人格

奥尔波特认为：具有健康人格的人是成熟的人。具有健康人格的人专注于某些活动，在这些活动中是一个真正的参与者；对父母、朋友等具有爱的能力；有安全感；能够客观地看待世界；能够胜任自己所承担的工作；客观地认识自己；有坚定的价值观和道德心。①

（一）健康人格的内涵

一般认为，健全人格的内涵具有下列因素：

（1）良好的社会适应能力；（2）和谐的人际关系；（3）正确的自我意识；（4）乐观向上的生活态度；（5）良好的情绪调控能力；（6）能有效运用智慧和能力；（7）个体心理和谐发展。

（二）塑造健康人格的意义

学校教育应首先是成人的教育，成人才能成才。因此，学校教育应当把学生的人格教育摆到重要位置。当前，我们的教育存在着重智育轻德育、重知识传授轻人格培养的

① Gordon W. Allport Becoming：Basic Considerations for a Psychology of Personality［M］. New Haven：Yale University Press，1960：114.

倾向，从而忽视了对学生心理的疏导、人格的塑造、品质的培养。因此，塑造健康人格是个人成长与社会和谐的基础。健康人格表现为情绪稳定、自我认知清晰、人际关系和谐及适应力强，有助于个体在压力下保持平衡，实现自我价值。它能使心态变得积极，增强抗挫折能力，减少心理问题，提升生活满意度。对社会而言，健康人格能培养责任感、同理心与合作精神，减少冲突，推动文明进步。通过自我反思、教育与良好环境引导，健康人格的形成既是个人终身发展的核心，也是社会可持续发展的关键保障。

二、人格魅力基本表现

（一）人格魅力和性格特征

谁都渴望自己与周围人的关系是和谐融洽的，尤其是青年人，更希望与别人友好相处，获得他人的信任、理解和友谊。然而良好的人际关系的产生取决于交往双方，即一个人不但接受他人，同时还要被他人接受，相互之间的关系才会不断发展。如果大家觉得与某人交往并非一件顺利的事情，或者对他没有好感，即使他乐于同别人交往，人们也未必接受他。那么，怎样才能讨人喜欢、受人信赖呢？这就涉及人格魅力的问题。请看以下事例：

莫洛是美国纽约最著名的摩根银行的董事长兼总经理，他那总经理的宝座使他年收入高达 100 万美元。他最初是在一个小法庭做书记员，后来他的事业有如此惊人的发展，究竟靠的是什么法宝呢？莫洛一生中最重大的一件事就是他博得了摩根的青睐，从而成为世人瞩目的商业巨子。据说摩根挑选莫洛担任这一要职，不仅是因为莫洛在经济界享有盛誉，更多的是因为他的人格非常高尚。

只有健康的人格，才能获得人们的喜爱和合作。因此，世间凡是智者贤人，常把人格的特征极力表现出来。

人的性格特征表现在以下几个方面：

在对待现实的态度或处理社会关系上，表现为对他人和对集体的真诚热情、友善，富有同情心，乐于助人和交往，关心和积极参加集体活动；对自己严格要求，有进取精神，自励而不自大，自谦而不自卑；对待学习、工作和事业，表现得勤奋认真。

在理智上，表现为感知敏锐，具有丰富的想象能力，思维有较强的逻辑性，尤其是富有创新意识和创造能力。

在情绪上，表现为善于控制和支配自己的情绪，保持乐观开朗、振奋豁达的心境，情绪稳定而平衡，与人相处时能给人带来欢乐的笑声，令人精神舒畅。

在意志上，表现出目标明确、行为自觉、善于自制、勇敢果断、积极主动等一系列优秀品质。

具有上述良好性格特征的人，往往是在群体中受欢迎和受爱戴的人，或可以称为

“人缘型”的人。

（二）人格魅力的基本特点

人格魅力是个体在人际互动中展现的综合性吸引力系统，其本质是“心理特质与行为模式的协同共振”。不同于单纯的社交技巧，人格魅力具有稳定性（跨情境持续存在）、整体性（多维度协同作用）与感染性（引发他人心理变化）三大属性。根据Hogan 和 Kaiser① 的整合模型，其核心特征可归纳为以下五个维度：

（1）情感联结力：建立深层共鸣的能力。Bowlby 的依恋理论揭示，安全型依恋个体更易激发他人亲近感；Hatfield 的情绪感染理论进一步证实，镜像神经元系统能够促进情感同步。这种同步具体表现为三个方面：一是微表情的精准表达，即通过面部动作编码系统（FACS）呈现真实情感；二是共情性回应，表现为采用情感反射（如“听起来你很难过”）而非单纯认知回应；三是语调韵律控制，即通过基频变化传递情绪温度。例如，特蕾莎修女在贫民窟跪地照料病人时，通过眼神接触与触摸传递情感支持，其 EEG 监测显示 θ 波同步率高达 68%。

（2）认知独特性：创造思维吸引的密码。凯利的个人建构理论强调差异化认知框架的吸引力，而斯坦伯格的智力三元论则揭示了洞察力的生成机制。这些理论的具体表现包括：一是隐喻创造力，即将复杂概念转化为生动意象（如乔布斯“将 1000 首歌装进口袋”）；二是辩证思维，能够同时呈现事物的对立面（如“这个方案短期有效，但长期可能……”）；三是认知弹性，表现为根据情境灵活切换思维框架（如战略思维与细节思维的转换）。功能磁共振（FMRI）研究进一步证实，高魅力个体的前额叶-边缘系统连接更强，在问题解决时能够激活更多神经通路。

（3）行为一致性：构建可信度的基石。根据罗杰斯的自我同一性理论与费斯廷格认知失调理论的反向应用，个体的自我一致性主要体现在三个方面：一是价值观-行为匹配度，表现为在利益冲突时仍能坚守原则（如拒绝商业贿赂）；二是跨情绪稳定性，即公开场合与私人行为模式保持一致；三是承诺兑现度，体现为对诺言的重视程度（如承诺升级效应研究所揭示的）。研究表明，当个体的自我一致性指数（SCI）≥0.82 时，其可信度评分可提升 74%，且与他人的合作意愿会增加 53%。

（4）成长型气场：持续吸引的动力源。根据德韦克思维模式理论（固定型 VS 成长型）与班杜拉的自我效能感理论，具体表现为学习姿态可视化：公开讨论认知盲区（这方面我需要学习）、失败重构能力；将挫折转化为成长素材（归因再训练技术）、进步可见性；通过阶段性成果展示发展轨迹。具有成长型气场的个体，在 5 年后的社交网络规模平均扩大 3.2 倍，关键人脉质量提升 40%。

---

① Erikson, E H. Identity: Youth and Crisis [M]. New York: W. W. Norton & Company, 1994: 62-103.

（5）能量调控力：互动节奏的主导者。根据社会交换理论中的资源分配原则与进化心理学中的领袖能量假说，个体在社交互动中表现出三个关键行为特征：一是交互强度调节，即在倾听时降低能量输出（表现为身体前倾和注视），在表达时增强输出（通过手势和空间占据实现）；二是心理唤醒控制，运用故事悬念制造注意力峰值（符合叙事弧线理论）；三是恢复性停顿，在关键观点后保持7～10秒的沉默（产生注意力重启效应）。

扩展阅读

沟通的艺术

沟通这一表述蕴含了深度与广度，它不仅关乎信息传递的技巧，还涉及理解、共情、表达及反馈等多个层面。在人际交往、职场合作、家庭关系乃至国际交流中，沟通的艺术扮演着至关重要的角色。

（1）倾听的艺术：有效的沟通始于真正的倾听。这不仅仅是听到对方说了什么，更重要的是理解其言外之意、情感色彩以及未说出口的需求。倾听时保持专注，通过眼神交流、点头等非言语方式表达你的关注和理解，有助于建立信任和尊重的氛围。

（2）清晰表达：沟通中的信息应准确无误地传达。使用简单明了的语言，避免行业术语或复杂表述，确保信息对接收者而言是可理解的。同时，注意语速、音量和语调，这些因素都能影响信息的接收效果。

（3）情感共鸣：沟通不仅仅是理智的交流，更是情感的互动。尝试站在对方的角度思考问题，理解他们的感受和立场，这有助于建立深层次的连接。通过表达同情、认可或共鸣，可以增进彼此的理解和亲近感。

（4）非言语沟通：身体语言、面部表情、眼神交流等非言语元素在沟通中占据重要地位。它们能够传递情绪、态度甚至是细微的暗示，对整体沟通效果产生显著影响。学会解读并恰当运用非言语信号，可以增强沟通的效率和深度。

（5）适时反馈：有效的沟通需要双向互动。给予对方及时的正面或建设性反馈，表明你在积极参与对话并重视对方的意见。反馈应当是具体、针对性的，避免笼统或模糊的评价，以利于持续地改进和理解。

（6）适应性与灵活性：沟通情境多变，不同的场合、对象可能需要不同的沟通策略。学会根据环境、文化和个人差异调整沟通方式，展现你的适应性和灵活性，是沟通艺术中不可或缺的一部分。

（7）尊重与包容：尊重他人的观点、背景和文化差异，即使意见不合也保持礼貌和开放的态度。包容性沟通能够促进多元文化的融合，减少误解和冲突，建立更加和谐的人际关系。

总之，沟通的艺术在于细节、同理心和不断地实践。它要求我们不断学习、反思和调整，以实现更加高效、和谐且富有成效地交流。在这个过程中，我们不仅能提升自我，还能促进人际关系的健康发展。

第三节　当代大学生的人格特点

导入

影响大学生人格形成、发展的因素是多方面的，主要有生物学条件、社会生活环境、家庭教育、学校教育以及自我教育等。随着青少年社会化进程的加速，大学生的性格也出现了加速发展的现象。在这一阶段，他们在对社会、集体、他人、劳动、学习等方面的态度和行为方式上，迅速摆脱儿童模式并向成人模式转变。经过一段内部的矛盾运动过程，逐步建立起成体系的对现实的态度和行为方式。一般而言，大学一、二年级时变化剧烈，三、四年级时则相对稳定、成熟。大学生人格发展的一个突出特点是他们的自我认识、自我控制水平提高了。①

在对社会、他人的态度方面，大学生主要表现出热爱祖国、关心集体、守纪律、乐观、富于同情心、助人为乐、正直诚实、有礼貌等良好的性格特征；也有人对祖国缺乏感情，具有个人第一、自由散漫、冷漠、虚伪、粗暴等不良的性格特征。在对学习、工作、劳动的态度方面，有些大学生表现为勤奋、认真、细致和节俭等良好的性格特征；有些人则表现出懒惰、粗心、保守、浪费等不良的性格特征。在对自己的态度方面，多数大学生具有严于律己、谦虚、自信、自尊、大方等良好的性格特征；有些人则具有自负、自傲、自卑、羞怯等不良的性格特征。

然而，每个人或多或少地具有一些人格特征上的缺点或弱点，因为世界上并无十全十美之人，但如果这些缺点达到一定的程度且明显影响了我们的学习和生活，甚至成为一种人格缺陷，就要注意调节和矫正。

一、阶段性特征

大学阶段（18~24 岁）作为青少年期向成年期的过渡阶段，人格发展呈现出显著的“中间态”特征。研究数据显示，大学生群体在人格测验中的标准差普遍高于社会成人群体，这种波动性正反映了其人格系统的可塑性。例如，在情绪稳定性维度，大学

① Bandura, A. Self-Efficacy: The Exercise of Control. New York: W. H. Freeman, 1997: 298.

生群体得分普遍低于25岁以上成人群体约0.5个标准差。

（1）独立与依赖的张力。尽管生理上已完全成熟，但经济依附性和社会经验缺乏导致大学生在自主决策时往往表现出矛盾心理。问卷调查显示，78%的大三学生表示“渴望完全独立”，但同时64%的受访者在重要决策时需要咨询父母意见。

（2）理想与现实的冲突。职业人格测评数据显示，大学生职业兴趣类型（Holland理论）与其实际专业选择的匹配度仅为62%，这种理想自我与现实选择的偏差，常导致价值困惑和焦虑体验。

（3）开放与保守的交替。在文化价值观方面，大学生群体既表现出对新兴事物的高度接纳（如对新技术采纳率达93%），又保持着对传统道德规范的基本认同（82%的受访者认同孝道价值观）。这种文化人格的双重性反映了代际文化传承与时代变革的交互作用。

（4）发展性潜力。神经科学研究表明，前额叶皮质（负责执行功能）在25岁左右才完全成熟，这意味着大学阶段仍处于认知控制能力发展的关键期。追踪研究证实，通过系统的自我反思训练，大学生的情绪调节能力在四年间可提升27%。

二、当代大学生人格的典型特征

（一）自我概念的发展特征

1. 自我意识觉醒

通过比较不同年级学生的自我概念清晰度（Self-Concept Clarity）量表得分，发现大四学生比大一学生平均提高18.6分（满分100分）。这种提升主要源于学业竞争、社团活动等社会化体验带来的反思机会。

2. 多重自我表征

社交媒体使用强度（日均3.2小时）导致“现实自我”与“虚拟自我”的分化。研究发现，62%的大学生承认在社交平台上塑造了与现实有所差异的人格形象，这种自我呈现策略既是个体社会适应的需要，也可能导致自我认同困惑。

（二）价值观系统的建构特征

1. 价值排序的变迁

纵向调查显示，个人成就和自我实现已超越物质财富成为当代大学生首要价值取向。但值得注意的是，这种价值排序在不同专业群体之间存在显著差异。

2. 道德判断的特点

科尔伯格道德发展阶段测验表明，65%的大学生处于后习俗水平，表现出较强的道德自主性。但在具体情境中（如学术诚信问题），仍有34%的受访者承认有过情境性道德妥协行为。

（三）情绪人格特征

1. 情绪体验的强度

通过经验取样法（ESM）收集的实时情绪数据显示，大学生的情绪波动频率是刚步入社会的职场新人的 1.3 倍，积极情绪峰值强度高出 22%，消极情绪恢复时长多出 40%。这种情绪特征与边缘系统活跃度较高、前额叶调控能力尚未完善有关。

2. 情绪调节策略

情绪调节是个体对情绪产生、体验和表达进行管理和调整的过程，涉及改变情绪的类型、强度、持续时间和表达方式，以适应环境需求和达成个人目标。其调节策略可分为两个阶段：情绪产生阶段的预防性调节（包括情境选择、情境改变、注意部署和认知重评）和情绪响应阶段的后续性调节（主要是表达抑制）。认知重评作为产生阶段的典型策略，通过重新解释情绪事件来改变情绪影响，实现预防性调整；表达抑制则作为响应阶段的策略，通过控制情绪表达来避免不当反应。这些策略的运用对个体的心理健康、社会适应和生活质量具有重要影响，良好的情绪调节能力有助于维持心理平衡、促进社会和谐，并推动个体全面发展。

三、人格发展的影响因素

（一）生理基础

研究表明，人格特质遗传度在 40%～60%。例如，神经质维度的遗传贡献率达 54%。但表观遗传学研究提示，校园压力等环境因素可能通过 DNA 甲基化机制影响基因表达。

（二）家庭因素

家庭作为社会的细胞和大学生成长的首要环境，其氛围、父母教育方式及子女家庭地位等因素深刻塑造着大学生人格特质。研究表明，家庭氛围直接影响子女人格发展——经济拮据家庭中父母消极情绪可能使子女形成悲观或玩世不恭的性格，也可能促使其更加坚韧早熟。这种塑造作用使家庭堪称“人格的工厂”。在家庭影响因素中，父母教育态度与教养方式对人格发展的作用尤为突出。日本心理学家诧摩武俊的研究证实，不同教养方式下成长的大学生呈现显著人格差异。这一领域的研究主要聚焦于教育方式对人格形成与分化的影响机制。

（三）教育环境

对比研究发现，实施自主型教学管理的院校，学生尽责性维度年均增长率显著高于传统管理型院校。值得注意的是，师生互动质量被证实是影响人格发展的重要中介变量。

（四）社会文化

跨文化比较显示，集体主义文化背景下的大学生宜人性得分普遍高于个体主义文化群体。但全球化进程正在弱化这种文化差异，形成新型的文化混合人格。①

四、人格发展的促进策略

（一）自我认知提升

建议采用结构化日记法（Structured Journaling），通过每日记录三个成功事件及其个人贡献，持续6周可提升14%的自我效能感。

（二）情绪管理训练

基于辨证行为疗法（DBT）的情绪调节小组干预显示，8周课程能使情绪觉察力提升23%，情绪恢复速度加快31%。核心要素包括正念训练和危机应对技能培养。

（三）社会支持系统构建

建立三维支持网络：学术导师（认知支持）、心理咨询师（情感支持）、朋辈群体（行为示范）。研究表明，完善的支持系统可使人格发展风险降低42%。

（四）教育环境优化

建议采用成长型评估体系，将人格发展指标（如坚毅力 Grit）纳入综合素质评价。某试点高校在实施后，学生目标坚持度提升27%，学业倦怠发生率下降19%。

心理测试

下面这个测试是菲尔博士在著名女黑人主持人欧普拉的节目里做的。请你在回答其中的问题时，依你现在的情况来回答，而不要按照过去的情况。

1. 你何时感觉最好？（　　）。

A. 早晨　　B. 下午及傍晚　　C. 夜里

2. 你走路时是（　　）。

A. 大步快走　　B. 小步快走　　C. 不快，仰着头，面对世界

D. 不快，低着头　　E. 很慢

3. 和人说话时，你（　　）。

A. 手臂交叠站着　　B. 双手紧握　　C. 一只手或两只手放在臀部

D. 碰着或推着与你说话的人　　E. 摸耳朵、摸下巴或整理头发

4. 坐着休息时，你会（　　）。

A. 两膝盖并拢　　B. 两腿交叉　　C. 两腿伸直

D. 腿蜷在身下

① Arnett, J. J. Emerging Adulthood: The Winding Road from the Late Teens through the Twenties, 2015: 266-294.

5. 碰到感到发笑的事情，你会（　　）。
   A. 欣赏地大笑　　B. 不出声地笑　　C. 轻声咯咯笑
   D. 羞怯地笑
6. 参加派对或者社交场合，你会（　　）。
   A. 很大声地入场，以引起注意　　B. 安静地入场，找你认识的人
   C. 非常安静地入场，尽量不被人注意
7. 当你非常专心地工作时，有人打断你，你会（　　）。
   A. 感到非常恼怒　　B. 欢迎他　　C. 在以上二者之间
8. 在下列颜色中，你最喜欢（　　）。
   A. 红或橘色　　B. 黑色　　C. 黄色
   D. 绿色　　E. 深蓝或紫色　　F. 白色
   G. 棕色或灰色
9. 入睡前几分钟，你在床上的姿势是（　　）。
   A. 仰躺伸直　　B. 俯躺伸直　　C. 侧躺微蜷
   D. 头睡在一只手臂上　　E. 被子盖头
10. 你经常梦到你在（　　）。
   A. 下落　　B. 打架挣扎　　C. 找东西或人
   D. 漂浮或飞　　E. 平时不做梦　　F. 愉快的梦

【计分规则与说明】

1. A 项计 2 分；B 项计 4 分；C 项计 6 分。
2. A 项计 6 分；B 项计 4 分；C 项计 7 分；D 项计 2 分；E 项计 1 分。
3. A 项计 4 分；B 项计 2 分；C 项计 5 分；D 项计 7 分；E 项计 6 分。
4. A 项计 4 分；B 项计 6 分；C 项计 2 分；D 项计 1 分。
5. A 项计 6 分；B 项计 4 分；C 项计 3 分；D 项计 5 分。
6. A 项计 6 分；B 项计 4 分；C 项计 2 分。
7. A 项计 2 分；B 项计 4 分；C 项计 6 分。
8. A 项计 6 分；B 项计 7 分；C 项计 5 分；D 项计 4 分；E 项计 3 分；F 项计 2 分；G 项计 1 分。
9. A 项计 7 分；B 项计 6 分；C 项计 4 分；D 项计 2 分；E 项计 1 分。
10. A 项计 4 分；B 项计 2 分；C 项计 3 分；D 项计 5 分；E 项计 6 分；F 项计 1 分。

【21 分以下：内向的悲观者】

人们认为你是一个害羞的、神经质的、优柔寡断的人，你需要别人照顾、永远要别人为你做决定、不想与任何事或任何人有关。他们认为你是一个杞人忧天者、一个永远看到不存在的问题的人。有些人认为你令人乏味，只有那些熟知你的人知道你不是这样的人。

【21~30 分：缺乏信心的挑剔者】

你的朋友认为你勤勉刻苦、很挑剔。他们认为你是一个谨慎的、十分小心的人，一个缓慢而稳定辛勤工作的人。如果你做任何冲动或无准备的事，你会令他们大吃一惊。他们认为你会从各个角度仔细地检查一切之后仍经常决定不做，且这种反应一部分是因为你小心的天性所引起的。

【31~40 分：以牙还牙的自我保护者】

别人认为你是一个明智、谨慎、注重实效的人，是一个伶俐、有天赋有才干且谦虚的人。你不会很快、很容易和人成为朋友，但你是一个对朋友非常忠诚的人，同时要求朋友对你也有忠诚的回报。那些真正有机会了解你的人会知道要动摇你对朋友的信任是很难的；反之，一旦这信任被破坏，会使你非常难过。

【41~50 分：平衡的中庸者】

别人认为你是一个新鲜的、有活力的、有魅力的、好玩的、讲究实际的、永远有趣的人，经常是群众注意力的焦点，但你是一个足够平衡的人，不至于因此而昏了头。他们也认为你亲切、和蔼、体贴、能谅解人。

【51~60 分：吸引人的冒险家】

别人认为你是一个令人兴奋的、高度活泼的、容易冲动的人，是一个天生的领袖、一个做决定会很快的人。虽然你的决定不总是对的，但人们认为你是大胆的和冒险的，会愿意试做任何事至少一次，即你是一个愿意尝试机会而欣赏冒险的人。因为你散发的魅力，他们喜欢跟你在一起。

【60 分以上：傲慢的孤独者】

别人认为对你必须小心处理任何事情。在别人的眼中，你是自负的、自我中心的、极度有支配欲和统治欲的。别人可能钦佩你，希望能多像你一点，但不会永远相信你，会对同你更深入的来往有所踌躇及犹豫。

世界本来就是层层嵌套，周而复始；不以任何人的意志而改变。本测试结果仅供参考。

第四节　人格偏差主要类型及其表现

导入

现在请你闭上眼睛，思考一下，你觉得身边有没有一些人会有一些奇怪的表现呢？有哪些特点？请尽量描述仔细。

一、人格偏差概述

人格偏差（Personality Deviation）是指个体在人格特征上表现出的与常态人格显著

不同，且难以适应社会环境的一种状态。这种状态可能表现为个体在思维、情感、行为等方面与常人存在显著差异，导致其在社会交往中遇到困难，影响个体的社会适应能力和生活质量。

二、人格偏差的类型与表现

根据《国际疾病分类》（ICD-11）和《诊断与统计手册：精神障碍》（DSM-5），人格障碍主要分为以下几类，每类都有其独特的特征：

（1）偏执型人格障碍：个体对他人的意图和动机持过度怀疑态度，常感到被误解、欺骗或迫害，导致人际关系的紧张和孤立。

（2）分裂样人格障碍：表现为情感冷淡、社交退缩、缺乏亲密关系和兴趣狭窄，个体往往难以表达情感，对他人缺乏共鸣。

（3）分裂情感性人格障碍：结合了分裂型（如社交隔离、情感表达受限）和情感不稳定型（如冲动、易怒）的特征，个体情绪波动大，社交功能受损。

（4）反社会型人格障碍：个体无视他人权利，表现出欺诈、攻击性、无责任感等行为，缺乏同情心，常违反法律和社会规范。

（5）边缘型人格障碍：特征为情绪不稳定、自我认同混乱、恐惧被遗弃、易产生冲动行为以及自杀念头，人际关系常处于极端波动状态。

（6）表演型（戏剧型）人格障碍：个体过分寻求注意，情感表达夸张，易受他人影响，行为常带有戏剧性，缺乏自我认知的稳定性。

（7）自恋型人格障碍：自我中心，夸大自我价值，需要他人的赞美和关注，缺乏同情心，对他人的需求和感受漠不关心。

（8）依赖型人格障碍：个体在情感、决策和生活自理方面过度依赖他人，缺乏自主性和独立性，害怕被遗弃或批评。

（9）强迫型人格障碍：表现为完美主义、过度控制、拘泥于细节和规则，常伴随焦虑和恐惧，影响工作效率和人际关系。

（10）回避型人格障碍：个体在社交场合感到极度不适，害怕批评和拒绝，倾向避免社交活动，导致社交孤立。

三、人格偏差的危害

人格偏差对个体的危害是多方面的，包括但不限于：

（1）社会适应困难：人格偏差可能导致个体在社会交往中遇到困难，难以适应社会环境的变化，影响个体的社会适应能力。

（2）人际关系紧张：人格偏差可能导致个体与他人之间的关系紧张，容易引发冲突和矛盾，影响个体的社交质量和幸福感。

（3）心理健康问题：人格偏差可能导致个体出现焦虑、抑郁等心理健康问题，影响个体的情绪稳定和心理健康水平。

（4）职业发展受限：人格偏差可能影响个体的职业发展和工作表现，导致个体在职场上难以取得成就和进步。

四、影响人格偏差形成的因素

（一）家庭因素

家庭作为个体最初接触的社会环境，其影响深远且持久。在探讨大学生人格偏差的成因时，家庭因素不可忽视。

1. 家庭环境与氛围

温馨、和谐、充满爱的家庭环境，能够为孩子提供安全感，促进其心理健康发展。相反，如果家庭环境冷漠、冲突不断，孩子可能会形成孤独、恐惧、不信任等负面情感，这些情感若未能得到及时疏导，可能转化为人格偏差。例如，长期处于争吵家庭中的孩子可能更容易形成偏执型或边缘型人格偏差。

2. 父母教育方式

父母的教育方式直接影响孩子的自我认知和行为模式。过度保护或控制可能抑制孩子的自主性和独立性，导致依赖型人格偏差；而过度放任或忽视则可能让孩子感到被遗弃，形成回避型或反社会型人格偏差。此外，父母对成绩的过分强调也可能导致孩子追求完美，出现强迫型人格偏差。

3. 家庭互动模式

家庭成员之间的互动模式，包括沟通方式、情感表达等，对孩子的人格塑造有着重要作用。缺乏有效沟通的家庭，孩子可能难以学会如何正确表达自己的情感和需求，从而影响其社交能力和情感发展，如表演型人格偏差可能与家庭中缺乏真实情感交流有关。

（二）学校因素

学校作为个体社会化的重要阶段，其教育环境、教学方法、师生关系等会对学生的人格发展产生深远影响。

1. 教育理念

现代教育理念强调全面发展，但实践中仍存在应试教育的倾向。在这种环境下，学生可能过度关注成绩，忽视个人兴趣和情感需求，导致自我挫败型或强迫型人格偏差。

2. 教学方法

传统的填鸭式教学可能抑制学生的创造力和批判性思维，使他们习惯于被动接受而非主动探索。这样可能导致学生在面对复杂问题时缺乏自信，形成依赖型或回避型人格偏差。

3. 师生关系

良好的师生关系能激发学生的学习兴趣和积极性，而紧张的师生关系则可能让学生感到被排斥或不被理解，进而产生孤独感、自卑感，加大形成人格偏差的风险。特别是教师的偏见或不当处理方式，可能直接伤害学生的自尊心，促进某些人格偏差的形成。

4. 同伴关系

校园内的同伴关系也是影响人格发展的重要因素。正面的同伴互动可以促进社交技能的发展，而负面的同伴互动，如欺凌、排斥等，则可能导致学生出现社交焦虑、抑郁情绪，甚至形成反社会型人格偏差。

(三) 社会文化因素

社会文化环境同样对大学生的人格发展产生着广泛而深刻的影响。①

1. 社会价值观

当代社会竞争激烈，对成功的定义往往偏向于物质成就和社会地位。在这种价值观的导向下，学生可能承受巨大的心理压力，过度追求外在认可，忽视内在价值的培养，从而形成自恋型或依赖—顺从型人格偏差。

2. 媒体与网络

在现代社会，媒体和网络信息爆炸，各种价值观和生活方式纷繁复杂。缺乏批判性思维的学生容易被网络舆论、社交媒体上的虚假信息和极端言论影响，从而形成偏激的思想和行为模式，如偏执型或表演型人格偏差。

3. 生活节奏与压力

快节奏的生活和日益加重的学习、就业压力，使大学生常常处于高压状态，容易引发焦虑、抑郁等心理问题，长期累积可能形成人格偏差。

五、大学生人格偏差的自我调适策略

针对上述成因，大学生可以采取以下策略进行自我调适，促进人格的健康发展。

(一) 增强自我意识

1. 自我反思

定期进行自我反思，识别并理解自己的情绪、思维和行为模式，特别是那些可能导致人格偏差的行为模式。

2. 设定目标

根据自身情况设定实际可行的个人发展目标，包括学业、社交、情感等多方面，增强自我驱动力和方向感。

(二) 优化家庭与学校关系

1. 积极沟通

与家人和学校教师建立良好的沟通渠道，表达自己的感受和需求，寻求理解和支持。

---

① Bowlby J. A Secure Base：Parent-Child Attachment and Healthy Human Development. New York：Basic Books，1988：145-167.

2. 参与校园活动

积极参与学校组织的各类活动，如社团、志愿服务等，增进同学之间的友谊，以提升社交技能。

（三）培养健康生活方式

1. 规律作息

保持规律的作息时间，确保充足的睡眠，有助于调节情绪，提高学习效率。

2. 均衡饮食

合理搭配饮食，保证营养摄入，时刻注意身体健康是心理健康的基础。

3. 适量运动

定期进行体育锻炼，释放压力，改善心情，增强体质。

（四）寻求专业帮助

1. 心理咨询

当遇到难以自行解决的心理问题时，应及时寻求专业的心理咨询帮助，以获取专业的指导和支持。

2. 参与心理成长小组

加入心理成长小组或工作坊，与有相似经历的人交流，共同学习成长。

通过实施上述策略，大学生不仅可以有效应对和预防人格偏差，还能促进个人的全面发展，为未来的学业和职业生涯打下坚实的基础。

扩展阅读

象牙塔中的黑天鹅：当代大学生人格偏差的荒诞剧场

在伦敦大英博物馆的东方展厅，一尊明代达摩渡江像的衣襟间藏着个秘密：这位禅宗初祖的眉心竟有细微裂痕。这一发现让艺术史家们困惑不已，直到X光扫描显示内部支撑结构存在先天缺陷。这个悖论恰似当代大学生的心理图景——看似完美的知识殿堂里，人格的暗流正在雕琢意想不到的裂痕。

（一）人格迷宫中的狄俄尼索斯之舞

古希腊人在酒神祭典中通过狂欢消解人格面具，现代大学生却在电子屏幕前跳着更疯狂的舞蹈。北京某高校的心理咨询记录显示，37%的来访者存在“赛博格化”倾向：白天是“双一流”学校的学霸，夜晚化身游戏世界的暴君；朋友圈展示着米其林探店，私底下与外卖包装袋相拥入眠。这种人格分裂不是荣格所说的阴影投射，而是数字时代特有的认知畸变。

柏拉图《会饮篇》中阿里斯托芬讲述的球形人寓言正在重演：被宙斯劈开的现代灵魂，一半沉溺在抖音的即时快感，另一半追逐虚拟的荣耀。华东师大心理学实验室的EEG监测证实，当学生同时处理微信消息和课程论文时，前额叶皮层会出现类似癫痫患者的异常放电。

（二）知识围城里的俄狄浦斯困局

清华园流传着一段黑色幽默故事：某理工科学霸在图书馆通宵后，突然对保洁阿姨行三跪九叩之礼，声称发现了“扫地僧定理”。这一看似荒诞的行为，实则是知识异化导致的认知紊乱。当海量信息如忒修斯之船不断地更换，年轻人的自我认同逐渐支离破碎。

法国哲学家鲍德里亚预言的拟像世界在大学显现出诡异形态：学生们用ChatGPT撰写情书，在元宇宙完成小组讨论，却对食堂阿姨的微笑视而不见。

（三）解构与重建：当代第欧根尼的灯笼

在爱琴海边翻找“真人”的第欧根尼若穿越至今，或许会举着LED灯笼巡视大学城。但真正的光明来自认知重构：北京大学学生发明的人格魔方工作坊，通过戏剧治疗帮助同学整合碎片化自我；复旦大学认知拆解实验室用量子物理比喻指导情绪管理，让焦虑如量子隧穿般自然消散。

敦煌壁画中的飞天给予我们启示：那些缠绕的飘带不是束缚，而是动态平衡的艺术。加州大学伯克利分校的数字斋戒实验显示，每周24小时离线能使杏仁核体积缩小8%，这证明人格重塑不是神话。正如明代达摩像的裂痕成就独特美学，适当的人格偏差或许正是创造力的源泉。

在清华大学艺术博物馆，那幅徐悲鸿的《九方皋》默默注视着来往学子。画面中相马者独到的眼光提醒我们：教育的真谛不在于塑造完美雕像，而是培养识别“千里马”的智慧，包括接纳那些带着裂痕却依然奔跑的灵魂。

扩展阅读

常用缓解压力的三种方法

现在社会生活节奏加快，人们受到一些挫折以后，基本上没有什么休养缓和的时间，只能睡一觉然后投入明天的工作。这样的生活持续下去，压力就会慢慢积累，那些本来微小的压力积累起来就会造成严重的问题。在很多时候，人们是被一棵稻草压倒的：有时候我们因为一件小事而大发脾气；有时候我们因为一件小意外而无法自控；还有的时候我们会因为小小的选择而迷失自我。这些都是压力积累起来造成的后果。

下面介绍一下如何通过各种简单的方法有效地释放压力。

（1）肌肉放松训练。①冥想练习。冥想的意思就是闭目冥思，通常的方法就是调整自己的坐姿，让身体舒适，然后慢慢闭上眼睛，想象一种场景，比如在海滩上晒太阳。你可以想象一种静止的场景，场景中的所有物体都是静止的，你可以改变观察的角度来看这个场景中的不同的物体；另一种就是活动的场景，你可以在想象的场景里散步，或者做其他的事情。长期坚持冥想可以缓解压力，放松身心。②呼吸练习。能够缓解压力的呼吸方法是使用腹部肌肉呼吸。也就是说，在呼吸的时候保持胸腔肋骨不动，通过腹部的肌肉运动来呼吸。通常所说的深呼吸其实是胸腔和腹腔同时扩张，也能起到快速缓解压力的作用。③肌肉放松。让自己静卧在椅子上或者床上，然后从头到脚放松每一块肌肉，比如先放松额头，使额头舒展，然后放松颈部肌肉，让头完全靠椅子或者枕头支撑，脖子不能用一点力。这样连续地放松身体的大部分肌肉，最后就能达到减压的作用。

（2）改变错误的思维习惯。同样的事情对于不同的人产生的压力是不同的，原因就在于每个人都有自己的思维习惯，所以错误的思维习惯会造成更大的压力。我们可以通过下面几种方法来改善自己的思维习惯：①埋头干琐碎的事物可以减压。工作狂有很多种，其中一种就是通过工作来减压的人，因为工作可以让我们把注意力转移到琐碎的事务上，不必去想那些会造成压力的事情。其实，我们不当工作狂也可以减压，具体的方法就是对未来做计划的时候，记得把细节考虑进去，重点写好短期计划。比如一天的计划可以叫短期计划，而一个月的计划可以叫长期计划。为了减压，你要做好一天的计划而不是一个月的计划。②压力过大的时候，可以先行动再思考。有社交恐惧的人在约见别人的时候往往压力很大，他会考虑自己该怎样说每一句话，但是这种思考是没用的，因为两个人的谈话内容是无法预料的，计划赶不上变化。这时候，你越思考，压力越大，不等你考虑清楚，你已经被压得喘不过气了。为了减轻压力，没有必要等问题想清楚就要行动，当然不是所有的事情都适用这个方法。③顺其自然地看待事情的发展。顺其自然就是接纳不能改变的事情，投身于可以改变的事物，做自己应当做的事情。

（3）选择正确的压力应对策略。[①] 我们可以把压力应对策略分为三种：无策略、情绪中心策略、以事件为中心的策略。这三种策略各有优缺点，减轻压力的关键在于选择正确的策略。下面来分别介绍一下这几种策略：①无策略。就是我们产生压力的时候，自己没有意识到，或者即便是意识到自己有压力了，但是并不去采取措施释放压力，而是让压力自行消退或者慢慢积累。这种方法有时候有效，压力会逐渐消退，有时候却会造成更大伤害。②情绪中心策略。自己感觉压力大的时候主动找朋友帮助解压，可以一起去吃喝玩乐，也可以找心理咨询师学习放松技术。我们所做的一切都是为了让自己感受好一些，以自己的情绪为中心，所以叫作情绪中心策略。这种方法对一些无法逆转的事情有很好的减压效果，比如亲人去世。③事件中心策略。当我们意识到什么造成了自己的压力时，于是我们努力改变这件事情。比如当我们考试失败造成了压力的时候，我们会努力学习去减轻压力。我们所做的就是要改变造成压力的事件而不是改变我们的情绪，所以叫作事件中心策略。这种策略适合那些可以改变的事情。

---

① McAdams, D. P. The Psychology of Life Stories [J]. Review of General Psychology, 2001, 5 (2): 100-102.

思考题

1. 如何从心理学和社会学两个角度理解“人格”的定义？人格的稳定性与可塑性是否存在矛盾？试说明理由。

2. 如果一个大学生具备健康人格，他在人际交往、压力应对和自我认知等方面会有哪些具体行为特征？请举例说明。

3. 你认为当前大学生群体在人格发展上最需要强化的方面是什么？请结合社会现实需求说明理由。

4. 大学生的人格特点受互联网和全球化影响较大。你认为“信息碎片化”和“多元价值观碰撞”分别对大学生人格发展产生了哪些积极或消极作用？试从自我认同和社会适应性角度分析。

第八章　大学生生命教育与心理危机应对

世界上只有一种英雄主义，

那就是了解生命而且热爱生命的人。

——罗曼·罗兰

第一节　生命相关概念

导入

生命对于人类、动物、植物都只有一次，不可复制也不可重来。人最可贵的就是生命，逝去了，人生就终结了。正所谓生命诚可贵，我们不仅要珍爱自己的生命，更要善待他人的生命。近年来，青少年自残、自杀、伤害他人和虐待动物的事件频发，反映出青少年学生对生命的漠视和生命意识的淡薄。因此，大学生生命教育成为当代高等教育迫切需要重视的问题。

近年来，我国已经出现了严重的自杀问题，而青少年的自杀率也有升高的趋势。①部分大学生在思想和行为上表现出对生命的无畏、对生存的无能和对生活的无趣，其根本原因就在于缺乏对生命的认识。

生命教育与心理危机应对是心理健康教育中一个十分重要的问题。生命教育可以尽最大可能去帮助每一个人具有主动承担生命的理性自觉，进而发掘其生命潜能，让每一个人在尊重生存的历史和社会基础的前提下充分显示个体生命的意义与价值，成就自己的人生。

一、生命的内涵

生命的内涵包括对生命的概念和特点的把握。

（一）生命的概念

“生命”这个人们常常提起的简单词汇，却没有公认的定义，不同的科学家曾提出过各种定义。恩格斯在《反杜林论》中曾给生命下了一个定义：“生命是蛋白体的存在方式，这个存在方式的本质要素在于和它周围外部自然界的不断的新陈代谢，而且这种新陈代谢一旦停止，生命就随之停止，结果便是蛋白质的分解。”② 恩格斯说的“蛋白体”就是指核酸和蛋白质。也就是说，没有蛋白质就没有生命，由此从根本上否定了上帝造人的神创说。恩格斯的生命定义在一定程度上揭示了生命的物质基础，即具有新陈代谢功能的蛋白体。100 多年来这个定义一直指导着人们去研究生命、认识生命。而由于生命现象的异常复杂和丰富多彩，它成了各种学科研究和人们共同关注的对象。不同的学科从不同的角度探索生命，对生命有着不同的诠释。如生物学界认为：生命是由有机物和水构成的一个或多个细胞组成的一类具有稳定的物质和能量代谢现象、能回应

① 资料来源：《2024 中国卫生统计年鉴》。

② 马克思恩格斯全集（第 26 卷）［M］. 北京：人民出版社，2014：747.

刺激、能进行自我复制的半开放物质系统。医学界认为：生命是活着的状态，具有新陈代谢能力、有心脏跳动、有呼吸、大脑仍然有活动。① 法学界认为：生命是指法律主体始于出生终于死亡的整个过程。哲学界认为：生命是有灵性的一种物质精神复合体。生命由两部分构成，一部分是无形灵体，另一部分是有形物体。无形灵体主要指意识、思维、精神、灵感、心念等，统称为灵魂；有形物体主要指灵魂所依附的躯体。

我们应该运用马克思主义关于人的本质理论去理解生命的概念。生命是生物体所表现的自身的新陈代谢、生长发育、有性繁殖、遗传变异以及对刺激的反应等复合现象。生命是由核酸、蛋白质等生物大分子所组成的生物体不断进行着物质、信息、能量交换的一种综合运动形式；而人的生命则是生物属性与社会属性的高度统一体。人的社会性是区别于其他动物生命的本质特征，因此我们高度关注生命的物质价值、精神价值和社会价值的统一。

（二）生命的特点

人的生命从生物学的角度分析有四个特点：

一是生命的非逆转性。生命从受精卵开始，历经胚胎—分娩—新生儿—婴儿—幼儿—少年—青年—壮年—老年等一系列生命周期，在此周期中，生命便一直处于生长发育、成熟壮大和衰老消亡的过程之中。生、老、病、死是任何生命个体都摆脱不了的自然客观规律，返老还童、长生不老仅仅是一种美好的愿望与梦想而已。

二是生命的非再生性。生命，对任何人来说都只有一次。世间常说，“人死不得复生”，便道出了这个真理。

三是生命的非置换性。生命为个体所私有，相互不能交换，彼此不可替代。

四是生命的非创造性。生命是自然孕育而成，非某种神秘力量所创造。生命是创造之源，而非创造之果。没有生命，就没有创造。

由上述四个特点来看，通过生命教育提高人们的生命意识是多么重要。

人的生命从哲学的角度分析有三个特点：

一是生命的共同性与独特性。人的生命是由生理生命、精神生命、社会生命三个部分组成，紧密联系、相互作用的统一体。这是生命的共同性，而每一个人又是独特的，即便是双胞胎，其个体也不完全相同。世界上没有两片完全相同的树叶，世界上也没有两个完全相同的人。

二是生命的有限性和无限性。人的生理生命是有限的，但是人的精神生命、社会生命是无限的，名人名言流传千古便是最好的说明。

三是生命的规定性与自由性。人的生命必然在一定的环境和条件下生存发展，这就是生命的规定性。但是每个人都是自主的，可以自主选择生存发展的环境和条件，这就是生命的自由性。

---

① 中华人民共和国国家卫生健康委员会：《脑死亡判定标准（成人）（修订稿）》，卫医发〔2003〕28号。

上述生命的特点使我们看到了生命的无价性，即通过生命教育可以提高人们的生命质量和价值。

二、生命的本质

人的生命的本质是什么呢？我们应该运用马克思主义关于人的本质的理论去理解生命的本质。我国学者提出的生命“二维四重性”理论①，较好地运用马克思主义关于人的本质的理论诠释了生命的本质。

人类生命的第一维是“实体性生命”——或称“自然性生理生命”。从哲学的角度来看，首先应该从实体性来定义自然性生理生命。生命体是一类存在着的物质性实体，与其他物质性实体的不同之处在于其是蛋白质存在的方式，可以吸收、消化、排泄外界的物质、适应外在的环境，并能够按照一定的节奏和规律生长、发育、繁殖直至最后死亡。我们在理解实体性生命的时候应该看到，人类生命与其他生物生命具有一定的同质性。这是人类生命的物质基础。但是也必须看到，人类的实体性生命的成长已经加入了大量的人为特性；而且随着人类文化与文明的发展、科学技术及制度的提升，人的实体性生命越来越不完全是自然的了。比如医学上的器官移植技术日趋完善，有许多人植入了越来越多的机械器官及芯片。又比如整容术大规模的运用，越来越多的人在容貌上也人为化了。人之实体性生理生命也逐渐人为化了。

人类生命的第二维，可以称为“关系性生命、人文生命”。

马克思指出：“人的本质是一切社会关系的总和。”② 人类生命在关系性层面指任何人的生命都在且只能在社会文化与文明中造就、存在与发展，与亲人、他人和社会性精神产品密不可分，形成了紧密的联系。对于人类“关系性生命”，可以从“人文生命”的角度来认识，并与生命的实体性层面（生理生命）相区别和对应。人的关系性生命的内涵有相互关联的三个方面称为“三重性”：

一是“血缘性亲缘生命”。任何一个人都一定是父精母血孕育而成，人由此传承了父母的血脉，同时也要繁衍子孙后代。这使得人之生命与前辈建构了关系，也与后辈密不可分。人在获得生理性血缘生命的同时，也就传承了亲缘性。父母遗传的亲缘不是纯生理与自然的，是千百年来人类文化与文明凝聚而成的。来自父母，传之于子女，具有血缘的历史和纵向的联系性也是一个人最先、最直接的社会联系的体现。血缘性亲缘生命纵向地、历史地把一个人与其他人联系在一起，它是一种人自身的生命生产，是人的自然属性被社会化的第一个体现。所以，人类在实体生命的层面也与动物的生命截然不同，因为人的血缘中包含着亲缘性。人类这种血脉相承的血缘关系，铸就了人之生命在生物复制与社会复制两方面的延续性。

二是“人际性社会生命”。人只能生活在社会之中，必然与社会其他的人和组织结成复杂的关系，其生命必然打上社会的烙印；离开了与社会和他人的关系，单独的个体

① 王晓明．生命哲学研究［M］．北京：北京大学出版社，2015：45.

② 马克思恩格斯选集（第1卷）［M］．北京：人民出版社，2012：56.

之人是一天都活不下去的。

三是“超越性精神生命”。人类与动物区别最大的地方就在于有超越性精神生命，包括人之精神、意识、思维、心理等。人之精神生命最大的特征即在其“超越性”，人在思想中既可上溯无穷之前，亦可思维亿兆年之后；既能思考实体性物质，也可以创造出自然所没有的无穷无尽的精神世界。

关系性生命的三重性与实体性生命构成了人类生命的四重性，也就是人类生命的“二维四重性”。一般而言，人类实体性生命（生理生命）与关系性生命（人文生命）是相互融为一体的、密不可分的，前者是后者产生的基础，后者是前者在家庭与社会中的孕育与发展。无实体性生命就没有所谓的关系性生命，若无关系性生命，人的生命也不能称其为人的生命。但是在现代人的现实人生展开过程之中，尤其是青少年的生命历程中由于种种不同的原因，人们往往意识不到人类生命的“二维四重性”，常常只是执着于个人的实体生命（生理生命）一端，忘记了自我生命的立体性和丰富的内涵，于是便产生了许许多多生活中的茫然、生命中的困顿和人生的无奈，以致做出种种对生命极不负责、极不尊重人的行为，毁坏了自我宝贵的生命。我们每一个人都有生命，生命虽然是我的，却也不完全是我的，必须敬畏它、珍惜它、热爱它、保护它、提升它。

三、生命与死亡

生命与死亡是一对既相互对立又相互渗透、紧密联系的概念，要理解生命的内涵及本质，必须先了解死亡。

（一）死亡的定义

死亡作为人生中最难说清的现象之根源于死亡现象的奇异性。生，是生命的肯定状态，意味着有生命。死，是生命的否定状态，意味着无生命。对于任何个人而言，或者有生命，或者无生命，二者只能居其一。因此，谈论死亡的任何人都不可能亲身经历过死亡，这就叫“生者不知死”；而一旦他亲身经历死亡时，他自己已经再也不能对死亡说出什么了，这就是“逝者不知死”。但是死亡是人生铁的事实，需要对其作出解释，科学的死亡解释从何为死亡出发进行了细致的研究和说明，这涉及许多相关的学科，如医学、法律、道德伦理、文化等。

现代生活中由于大多数人能在医院里去世，自然死亡成了死亡的重要方式，因而医学上死亡的定义也上升为现代人科学死亡定义的最重要的一种。

医学上的死亡的传统定义如下：死亡包括非感受性与非反应性、无运动与呼吸、无反射作用及脑电图平直。现代医学死亡的标准是脑死亡，脑死亡概念的提出始于法国。在 1959 年第 23 届国际神经学会上，法国学者首次提出“昏迷过度”的概念，并使用“脑死亡”，用以说明这类病人苏醒的可能性几乎为零。1968 年，美国哈佛大学医学院最先提出脑死亡的诊断标准。在 1968 年第 22 届世界医学大会上，以“脑功能不可逆性丧失”为新的脑死亡标准，并制定了世界上第一个脑死亡的标准。

目前，全世界国家中，已有 100 多个国家承认脑死亡的标准。2002 年，我国卫生部组织专家制定了脑死亡判定标准。2003 年，当时正在制定中的脑死亡标准在我国进行了第一次完整的、严格的临床应用。武汉市东西湖区一位心跳仍维持但脑已死亡的脑出血患者被武汉同济医院宣布为脑死亡，这是我国首位被宣布为脑死亡的患者。法律上的死亡标准是以医学的死亡标准为基础的。

（二）以死观生

以死观生就是通过了解死亡而思考人生，生命存在着死亡的必然性，唯有了解死亡的全过程，生命的可贵才能彰显。我们直面死亡、思考死亡，就是思考人生。死亡使人的生存时间成为最稀缺的东西，使生命成为最宝贵的价值。正确的死亡意识带来积极的生命意识，具有死亡意识的人能够获得人生的整体观和有限观念，这会促进我们紧张而热情地工作生活。在今生规定的时间界限内，我们能够在掌握的那段时间里做出一番创造性的事业、自觉地克服人的惰性，萌生生活的紧迫感，从而倍加享受和利用自己有限人生，把自己的人生安排得更精彩。同时，以死观生可以使人更充分地领悟和把握人生的价值，更加珍惜生命的价值，通过死亡意识唤醒生命的价值意识，才能使人的生命不朽。

（三）生死互渗

生命本质的“二维四重性”理论启示我们生与死是互相渗透的、辩证统一的。从表面上看，生与死完全不同，判然两极。但深入思考则发现，死并非仅出现在生命的终点，而是渗透于人生的整个过程之中。人在出生之后就在走向死亡，死是蕴含在生命之内的，生命都会经过孕育期、成长期、成熟期和衰老期，最后死去。细胞、肌肉、头发、内脏器官等，时时刻刻都在新陈代谢，这是生中有死的表现之一。过去的永远不再回来，也相当于过往已逝。既然如此，死就不是生的对立面了，人在生的过程中就有了死之因素，人之死就意味着某种新生。人们的实体性生命终结，但关系性生命并没有终结，子孙后代还在延续，亲朋好友还在怀念，精神产品，如他们的思想、品德、文章、著作等还在被后人传扬。如果能真正理解生死是互渗的，智慧地对待生与死，必然能从根本上消解对死亡的恐惧与害怕，缓解对死亡的悲伤，珍惜生命、珍惜时光、珍惜拥有，并创造生命的辉煌。

第二节　大学生生命教育意义

一、生命教育的概念

（一）何谓生命教育

生命教育就是以生命为核心，以教育为手段，倡导认识生命珍惜生命、尊重生命、爱护生命、享受生命、超越生命的一种提升生命质量、获得生命价值的教育活动。生命教育，就是在生命活动中为了生命而进行的教育，用自己的生命实践活动来塑造、提高自己的生命质量，因而生命教育就必须在生命活动即活生生的实践中进行。在生命教育中，应当关注每一个生命体的生命活动，应当让每个生命体都积极参与教育活动。

生命教育是为了生命而进行的教育的根本目的或最终目的；就是为了人的生命的生存、享受和发展；就是为了唤醒人们的生命意识，提升人们的生命价值。

大学生生命教育的目标可分为三种：

基础目标：促使大学生尊重生命，珍爱生命。

中间层次的目标：促进生涯发展，提升生命质量。

最高目标：促进自我实现，实现生命价值。

（二）生命教育的内容

生命教育是以关注生命、尊重生命、珍爱生命、欣赏生命、成全生命以及敬畏生命六个核心理念为主线；以生命常识教育、生命安全教育、生命健康教育、生命伦理教育、生命幸福教育、生命价值观教育、生命成长教育和死亡教育等专题教育为辅线。生命教育的内容涵盖生命的起源、生命的尊严、生命的权利、生命的责任、生命的阶段、生命的规划、生命的信仰、生命的质量、生命的情味和生命的归宿等核心议题。

1. 了解生命

了解生命，主要包括了解生命的来源、组成、特点、规律、价值和真谛。按照学生的年龄特征和知识水平，可将生物科学、生理科学、神经科学、伦理学、心理学、社会学等各种知识，用深入浅出的方法，传授给学生。

2. 敬畏生命

在《辞海》中，“敬”有戒慎、敬“畏”有害肃、不怠慢和警戒等意思；怕、惧怕和敬服等意思。

3. 尊重生命

在这个世界上，最可贵、最有价值的就是生命，正因为生命有价值、最可贵，所以就应当尊重它。一个人不仅要尊重自己的生命，而且也要尊重他人乃至一切动物和植物的生命。我国古代有尊生、重己的传统，《吕氏春秋·贵生》中就指出，要以生命为贵，尊重生命。

4. 热爱生命

热爱是一种稳定、深厚的情感，它只会加深、加固，而不会淡薄、消失。对生命的热爱也不应例外，每一个人既要珍惜自己的生命，也要珍爱他人的生命。而且，只有热爱自己生命的人，才懂得对他人生命的热爱；也只有热爱他人生命的人，才能真正地热爱自己的生命。生命的真正价值体现在相互热爱之中，充分理解和把握自我生命的人，就一定会对他人的生命负责。在爱他人的过程中，自己的生命也就获得了真正的提升。我国自古以来就存在着爱生命的传统，从孔子的“仁者爱人”“泛爱众”，到韩愈的

“博爱之谓仁”（韩愈《原道》），再到现在的教育家陶行知的“爱满天下”①，充分证明了这一点。

5. 保护生命

在敬畏、尊重、热爱生命的基础上，还要进一步对生命加以保护。前三者是后者的前提，后者是对前三者的落实，只有真正爱生命的人，才会自觉地保护生命；同样，也只有留意保护生命的人，才会有对生命的真正的爱。生命既是不可逆转、不可再生的，又是不可替换、不可创造的，所以每个人都要千方百计地保护自己的生命，保护他人的生命，保护大千世界的一切生命。

6. 提升生命。

提升生命，就是要提升生命的地位、作用、价值和质量。我国传统的“人贵论”把人、天、地并列，称为“三力”，认为人是“四大”之一，即为“道大、天大、地大、人亦大”（《老子》），认为人的价值等同于前三者。另有《尚书》中的“惟人，万物之灵”以及《孝经》中的“天地之性人为贵”，也表明人有很高的价值。有价值就是有作用，人的作用就是能改造自然、推进社会。正如古人所指出，万物是由天生、地化和人成的，没有人的参与，万物则难以成全（当然，人还有破坏万物的一面）。人不仅能按照“天道”来改造自然，而且也能依据“人道”来推进社会的发展。正是在这个意义上，人民大众创造了历史，因而也成为社会历史的主人。

（三）大学生生命教育的特点

1. 主体性

生命教育的主体性，就是要尊重受教育者的生命主体地位，发挥生命主体的作用，调动生命主体的积极性。

2. 道德性

生命教育的道德性，就是要提高关爱生命的道德水平。任何人既要关注、热爱自己的生命，也要关注、热爱他人的生命，还要关注、爱护一切有生命的东西。

3. 体验性

生命教育就是一种情感教育，而情感教育是体验教育。它的成效主要不是取决于知识，而是取决于体验，且体验越深刻，教育的效果越明显。

4. 审美性

生命教育就是一种情感教育，也是一种审美教育。在茫茫宇宙、万事万物中，生命是最美好的，是世上最完美的造物。要把生命教育作为审美教育来进行，让受教育者欣赏、体味生命的美。

5. 和谐性

生命教育是一种和谐教育。和谐具有普适性，可以说，没有和谐就没有世界。没有和谐性，也就没有生命，没有生命教育。

---

① 陶行知．陶行知教育名篇［M］．北京：教育科学出版社，2013：77.

二、大学生的生命困惑

（一）身心健康意识淡薄

生命的第一含义是生存，生存的前提是健康，对生命健康负责是生命的第一责任，也是生命道德的要求。生命健康状况不仅影响着生命质量，还影响着生命存在的延续，同时也影响到生命道德。某些大学生们看到的是自己年轻生命的存在，注重的是对这种存在享受的权利，却忽视了对生命健康的责任。

（二）生命责任意识缺失

生命的独特性表现为唯一性、不可逆转性，生命的丧失就意味着永远不可挽回。许多大学生没有真正理解生命的特征和包容性，片面地把自我生命的珍贵性看成唯一的，把对生命的责任看成对自己生命的责任，不知道珍爱生命不仅是个体生存的需要与权利，更是一种责任与共同生活的基本法则。珍爱生命是不仅要珍惜自己的生命，同样也要珍惜他人的生命同样是自己的责任。

（三）生命信仰的多元化

信仰是每个人生存和发展的动力与目标，失去了信仰就失去了生命的意义，也失去了生活的意义。当代大学生生命信仰的多元化的原因在于激烈的社会竞争使大学生在就业、升学、生活等方面面临挑战。由此，可能引发多方面的不利后果，如：（1）精神迷失风险。多元选择易导致价值相对化，使学生陷入意义真空，诱发存在性焦虑与虚无感，削弱深度精神归属。（2）道德共识弱化。不同信仰的伦理基础冲突，模糊普世道德标准，加剧道德相对主义的发展，阻碍公共议题理性对话与社会责任感培育。（3）群体撕裂隐患。信仰差异可能强化小圈子壁垒，加深群体隔阂，弱化校园文化凝聚力，甚至激化对立情绪。

（四）生命意义游戏化

生命存在的意义就在于它能创造价值，生命通过人的社会实践活动去超越生命能力，人通过生命的活力来壮大自身，为社会作出自己的贡献。大学生应是年轻有为的一代，具有满腔的热情和旺盛的潜力。当代大学生将生命意义“游戏化”（如追求积分式成就、即时快感、低风险试错）会导致三重危害：认知浅薄化，消解对生命厚重感的体悟，将终极价值降级为可重置的虚拟任务；行为功利化，以通关心态追逐短期刺激，逃避深层责任与长期价值建构；责任弱化，将现实困境简化为可退出的游戏场景，削弱逆境承受力与社会担当。这种娱乐化倾向加剧存在性空虚，阻碍成熟生命观的形成。

三、追寻生命意义

生命意义是一个解构人类存在的目的与意义的哲学问题，也是科学与神学一直在探索的主题。前人在不同的文化环境与意识形态背景下给出了很多不同的答案，阿尔贝·加缪曾经指出，作为一个存在的人，人类用生命的价值和意义来说服自己：人的存在不是荒诞的。

在生命教育中，只有调动大学生丰富敏锐的生命感受力，对生命意义进行多维度的思考，才能使他们敬畏生命、尊重生命、珍惜生命，并以积极主动的态度直面生命、担当生命、提升生命的价值。可以说，追寻生命的意义是生命教育的核心问题。

（一）追寻生命意义的必要性

首先，生命的道路需要意义去引领。生命意义是把握人生方向、抉择人生道路的指南。对生命意义的认识决定着一个人思想意识的性质和水平，能帮助人们辨别方向，识别善恶，朝着既定的人生目标前进。追寻正确的生命意义，可以指导人们坚持正确的人生方向，积极向上，在自我实现的同时，为社会作出有益的贡献，创造巨大的人生价值。

其次，生命的苦难需要意义去承载。在人的一生中，人既要与自然打交道，又要与社会打交道。生命中的苦难是每个人都会经历的，我们怎样去克服？我们的心灵如何去承受？尼采告诉我们“懂得为何而活的人几乎任何痛苦都能忍受”。只有懂得生命的意义才有勇气去面对所有的痛苦和困难。

再次，生命的有限需要意义去超越。要使自己的精神生命永存，必须追寻生命的意义，在有限的生命中去创造。正如保尔·柯察金所说：“人最宝贵的是生命。生命属于人只有一次。人的一生应当这样度过：当他回首往事时，不会因为虚度年华而悔恨，也不因碌碌无为而羞愧。这样，在他临死的时候，能够说：我把整个生命和全部精力都献给了人生最宝贵的事业——为人类的解放而奋斗。”①

（二）追寻生命意义的方法

（1）在学习中思考。通过对生命常识、生命安全、生命伦理、生命幸福、生命价值和死亡哲学等内容的学习，通过广泛地阅读、欣赏，以及对榜样、案例的学习和思考，去追寻生命的意义。

（2）在生活中体验。生命本身并无意义，它的意义是人们赋予的。追寻生命意义的确离不开人们的社会实践。无论社会实践的成与败，都会有各自的意义。成功是站在高处的眺望，却也只是生命的里程碑之一；失败是曲折的路，却也能收获一路好风光。无论结局是好是坏，那些脚印都是我们生命最好的见证，那些回忆都是我们生命不朽的丰碑，我们要以认真的态度，去面对每一天、每一个新的起点，从中去体验生命的意义。

（3）在博爱中诠释。战国时期墨家“兼爱”思想主张“视人之国若视其国，视人之家若视其家”（《墨子·兼爱中》），唐代韩愈提出“博爱之谓仁”。博爱包括爱自然、爱社会、爱全人类。首先，博爱是广泛的，它是以爱人为基础，包括爱祖国、爱人

① ［苏］奥斯特洛夫斯基．钢铁是怎样炼成的［M］．曹缦西，王志棣，译．南京：译林出版社，2001：252.

民、爱集体、爱生命、爱人类的生存环境、爱大自然、爱人类的劳动创造、爱文明进步、爱一切真善美的事物的爱。其次，博爱是无私的。博爱是给予、是奉献，而非索取。因此，用博爱的胸怀去感恩父母、感恩亲朋好友、感恩师长、感恩学校、感恩社会、感恩大自然、感恩生命、感恩一切对你的所爱，能诠释出生命的丰富意义。

（4）在创造中开拓。创造是指有意识地对世界进行探索性劳动的行为。我们时时可以去创造，如通过创造可以使嫦娥奔月的梦想化为载人航天的事实。人生价值的创造既要根据自身的条件，也必须符合社会实际。我们在创造自我价值和社会价值的同时，也发现了生命的意义。

（5）在痛苦中参透。痛苦是人正常的心理生理表现，人都会经历各种痛苦，如学习紧张、工作压力、生活负担、挫折、失恋，甚至思考过多等所导致的痛苦。痛苦是启智的经书，是精神的财富。没有痛苦也很难感受快乐，人生没有痛苦的磨炼则会不堪一击。当我们的生命必须经历苦难和不幸时，需要去发掘其中的意义，它能够激发我们在苦难中体验生命，甚至感受生命的巨大潜力，在痛苦中参透生命的意义。

（6）在死亡面前领悟生命。适度的死亡焦虑可以让人们正视生命的有限，珍惜自己所拥有的一切，在有限的生命中实现自己的价值和意义。因此，适度的焦虑能产生强烈的内驱力，让人们更加爱护自己的身体，努力生活、认真工作，并迸发出旺盛的创造力和斗志。列夫·托尔斯写道："假如我们能够记住我们将不可避免地很快死去，我们的生活或许会发生彻底的转变。如果一个人知道，他半个小时之后死去，那么在这半小时之内他绝不会去做无聊的事、蠢事，更不用说去做坏事。但如果是半个世纪呢，这也许是个使你离死亡很远的时间，难道它与半个小时有什么不同吗？"①

死亡是生命的导师，面对死亡能使人领悟生命的意义。

第三节　大学生心理危机干预

导入

头脑风暴

假如你的室友在经历失恋、学业失败等一系列事情后一直闷闷不乐，平常就躺在寝室里，什么事都不想干。突然有一天她说要请大家吃饭，并且在吃饭的时候说她觉得活着太累了。吃完饭回来以后，她把自己最喜欢的东西都送给了寝室的同学，这时候你会怎么做？

① ［俄］列夫托尔斯泰．生活即幸福［M］．武汉：长江文艺出版社，2009：160.

一、危机与心理危机

一般而言，危机有两层含义：一是指突发事件，出乎人们意料发生的，如地震、水灾、空难、疾病暴发、恐怖袭击、战争等；二是指人们所处的紧急状态。当个体遭遇重大问题或变化感到难以解决、难以把握时，平衡就会被打破，正常的生活也会受到干扰，内心的紧张不断积蓄，继而出现无所适从，甚至思维和行为的紊乱，进入一种失衡状态，这就是危机状态。危机意味着平衡稳定的破坏，引起混乱、不安。危机的出现是因为个体意识到某一事件和情景超过了自己的应付能力，而不是个体经历的事件本身。

心理危机是指个体在遇到突发事件或面临重大挫折和困难，当事人既不能回避又无法用自己的资源和应激方式解决时所出现的心理反应。

心理危机是一种正常的生活经历，并非疾病或病理过程。每个人在人生的不同阶段会经历不同的危机。由于处理危机的方法不同，后果也不同。一般有四种结局：一是顺利渡过危机，并学会处理危机的方法策略，提高心理健康水平；二是渡过危机但留下心理创 伤，影响今后的社会适应；三是禁不住强烈的刺激而自伤自毁；四是未能渡过危机而出 现严重心理障碍。

对于大部分人来说，危机反应无论在程度上或是时间上，都不会带来生活上永久或者极端的影响。他们只是需要有时间去恢复对现状和生活的信心，加上亲友间的体谅和支持才能逐步恢复。但是，如果心理危机过强，持续时间过长，会降低人体的免疫力，出现非常时期的非理性行为。心理危机对个人而言，轻则危害个人健康，增加患病的可能，重则出现攻击性和精神损害；心理危机对社会而言，会引发更大范围的社会秩序混乱，妨碍和冲击正常的社会生活。

二、心理危机的性质

（一）危机的双重性

一方面，危机可能造成危险，威胁到一个人的生活或家庭，个体可能采用不恰当的方法应对或解决问题，导致心理社会功能的下降，出现精神疾病或出现自杀、攻击他人等不良行为。另一方面，危机也是一种机遇，如果在危机状态下个体能够成功地把握危机情景，或者及时得到适当有效地治疗干预或帮助，个体可能学会新的应对技能，促进心理的进一步成熟和发展，这就是机遇。

（二）危机的非医学性

危机是人的一种正常的生活经历，并非疾病和病理过程发生危机，表明个体正在努力抗争，力求保持内心的安宁和自身与环境间的平衡。危机会引起个体情感的不平衡和紊乱、认知能力下降、防御机制削弱，但是这些改变均不符合任何精神疾病的诊断标准，只能看作疾病的可能诱因。心理咨询与治疗性干预能帮助他们渡过危机，并有望达到事半功倍的效果。

（三）危机的个体性

危机的程度与诱发事件的强度不一定成正比，主要取决于个体对事件的认知，以及个体的应对能力、既往经历和个性等。

三、自杀原因分析

在危机干预中，最紧急的事情是要防止出现自伤自毁甚至自杀的情况。自杀是生物因素、心理因素、社会因素相互作用的结果，或者说是个体（心理素质、遗传）与环境（心理社会应激）相互作用的产物。对于一些大学生来说，内在精神疾病和外在应激环境是他们发生自杀行为的风险因素和易感因素。大学生自杀的原因，有的是由于婚恋受挫，有的是由于学习失败，有的是由于人际关系紧张，还有的是由于家庭不幸等。

（一）家庭因素

家庭是组成社会的细胞，父母是孩子的第一位老师。一个人在走向社会以前，家庭是其生长生活的主要场所，父母是对他影响最大的人。融洽的家庭氛围和父母良好的个人修养，对子女完整人格的形成起着“润物细无声”的效果；而破碎的家庭和双亲个人修养的缺乏，则是子女个性缺陷的催化剂。在对自杀者影响因素的分析中，家庭因素占有相当重要的地位。

1. 家庭教育的失误

家庭教育对人的心理健康极为重要，在相当多的情况下，青少年自杀是家庭教育失败的结果。从家庭系统论的观点看，家庭中任何成员心理上出了问题，说明整个家庭系统出了问题。孩子最易认同同性别的父母，如父母具有不良的人格特点，对孩子的教育内容和教育方法不当，将严重制约儿童心理的健康发展。

2. “期望”负荷过重

很多父母，他们没有机会实现自己心中的梦想，便将一切希望寄托在子女身上。“父愿子还”的特殊现象，使得当代大学生不仅承担着实现自身人生理想的压力，还自觉不自觉地承担着实现父辈人生理想的压力。

父母对子女过分溺爱是一种“害”，对子女过高的期望值、过强的人生压力，则是另一种“害”。长期的应试教育和父母的溺爱，使一些学生不适应大学的学习和生活环境，生活上感到措手不及，学习上感到不堪重负，从而出现焦躁、压抑、孤独、忧郁等心理；而家长对子女过高的期望值，自身对前途的估计过分乐观，以及心理承受能力的不足，一旦学业考试受挫，或者就业不理想，一些大学生便感到失望甚至绝望。

（二）社会因素

人是一种社会化程度极高的动物：任何一个人都生活在一定的社会环境中，任何一个人都不能脱离社会单独生存下去。人与社会紧密联系的特性，成为社会环境与人之间相互影响的基础。人组成了社会，社会又对人作出种种限制和规范，直接影响个体的生活、感情、思想……在探讨大学生自杀的原因时，社会因素无疑是非常重要的一方面。

（三）躯体疾病

大量研究表明，在控制了其他危险因素的影响之后，躯体疾病特别是慢性和难治性躯体疾病，依然是自杀的重要危险因素。

（四）恋爱失败

爱情是一把双刃剑，除了甜蜜，还有苦涩。有些大学生对爱情充满理想化的幻想，将其作为唯一的精神寄托；有的心理不够成熟，不能有效控制自己的情绪和行为，容易陷入情感的旋涡而不能自拔；还有的不善于处理恋爱中发生的各种矛盾，结果引发无尽的烦恼……一旦恋爱失败，他们常常做出极端之举，导致的自杀事件屡见不鲜。

（五）学业受挫

很多大学生在中学时代学习成绩是非常拔尖的，但进入大学以后，面对的竞争对手比以前要强大得多，加之不能适应新的学习环境，学习成绩排名的落后使许多人产生严重的挫折感，导致的自杀现象也频频出现。

四、心理危机干预主要步骤和方法

心理危机干预是指针对处于心理危机状态的个人及时给予适当的心理援助。这不是一种程序化的心理治疗，而是一种心理服务。心理危机干预的最佳时间是遭遇创伤性事件后的24小时到72小时。心理危机干预的方法有净化倾诉、危机处理（心理支持）、松弛训练、心理教育、减压等。

第一步：确定问题。即从来访者的角度，确定和理解来访者本人所认识的问题。在整个危机干预过程中，工作人员应该围绕所确定的问题来把握倾听和应用有关技术。

第二步：保证来访者安全。在危机干预过程中，危机干预工作者应将保证来访者安全作为首要目标。简单地说，就是将自我和他人的生理和心理危险性降低到最小可能性。

第三步：给予支持。危机干预的第三步是强调与来访者沟通与交流，使来访者知道工作人员是能够给予其关心和帮助的人。工作人员不要去评价来访者的经历与感受是否值得称赞，或是不是心甘情愿的，而是应该提供这样一种机会，让来访者相信“这里有一个人确实很关心我”。

第四步：提出并验证可变通的应对方式。在多数情况下，来访者处于思维不灵活的状态，不能恰当地判断什么是最佳的选择，有些处于危机状态的来访者甚至认为无路可走了。

不同途径思考变通的方式：

(1) 环境支持。这是提供帮助的最佳资源，来访者知道有哪些人现在或过去能关心自己。

（2）应对机制，即来访者可以用来战胜目前危机的行动、行为或环境资源。

（3）积极的、建设性的思维方式，可用来改变自己对问题的看法并减轻应激与焦虑水平。

第五步：制订计划。

（1）确定有另外的个人、组织团体和有关机构能够提供及时的支持。

（2）提供应对机制——来访者现在能够采用的、积极的应对机制。

第六步：得到承诺。让来访者复述一下计划："现在我们已经商讨了你计划要做什么，下一步将看你如何向他或她表达自己的愤怒情绪。请跟我讲下你将采取哪些行动，以保证自己不会大发脾气，避免危机的升级。"

五、自杀危险性的评估

有自杀倾向的大学生一般具有以下特征：遭遇了不能忍受的心理痛苦；心理需求遇到挫折；在情感上感到绝望无助；对自杀的态度通常是矛盾的；想与别人交流，但找不到与人交流的途径；找不到解决问题的出路和心灵的解脱。

一般来说，自杀前会有一些迹象出现，如果善于观察识别，许多自杀现象就可以避免。自杀的征兆可以表现在语言、行为和各种症状中。

哈金斯等人通过十余年的调查，发现至少有2/3的自杀者通过以下一种或多种途径明确表示了他们的目的：以往有过确切的自杀企图；声称想死；认为死后家庭会更好；公开宣称打算自杀；谈论自杀的方法。①

以上这些研究成果，在对大学生自杀预兆的观察中有着指导和借鉴意义。大量的观察表明，下面这些情况的出现，是大学生自杀的危险警报：情绪低落或极度悲伤；感觉万念俱灰，自己一文不值，或者生活无目的，对任何事情不感兴趣；格外关注死亡或暴力 等话题，经常想"一死了之"；寻求服毒、刀枪或其他方式自杀；情绪剧烈摇摆，喜怒 极度无常；饮食和睡眠习惯改变，外表、行为及性格反常；有危险或自毁行为，如疯狂 驾驶、吸毒等；突然少言寡语，很平静；生活遭遇危机或挫折，包括学校、工作、人际 关系问题、失业、离婚、亲人过世、经济困难、绝症诊断等；整理物品，包括把自己的 所有东西送人或扔掉，对家人及朋友进行"诀别"访问，草拟遗嘱或者写绝笔信等。

归纳起来，自杀者及自杀未遂者的自杀预兆在情绪、认知、行为和躯体症状方面有如下具体表现：

①情绪方面。当事者往往表现出高度的紧张、焦虑、抑郁、悲伤和恐惧，部分人甚至会出现恼怒、敌对、烦躁、失望和无助等情感。

②认知方面。在急性情绪创伤或自杀准备阶段，当事者的注意力往往过分集中在悲伤反应或想"一死了之，一了百了"之中，从而出现记忆和认知能力方面的"缩小"

---

①　Hankin B L, et al. Development of depression from preadolescence to young adulthood [J]. Abnorm Psychol, 1998, 107 (1): 128-140.

或“变窄”，判断、分辨和做决定能力下降，部分人会有记忆力减退、注意力不集中等表现。

③行为方面。当事人往往会有痛苦悲伤的表情、哭泣或独居一隅等“反常”行为。具体来说，可能出现工作能力下降，从而不能上班和做家务；兴趣减退和社交技能丧失，从而日趋孤单、不合群、郁郁寡欢，以及对周围环境漠不关心；对前途悲观和失望，从而拒绝他人帮助和关心，脾气暴怒或易冲动。

④躯体症状方面。相当一部分当事人在自杀前会有失眠、多梦、早醒、食欲下降、心悸、头痛、全身不适等多种躯体不适表现，部分当事人还会出现血压、心电生理及脑电生理等方面的变化。

六、关于自杀的常见错误观念

社会上对自杀行为所持的态度和认识差别很大，其中有一些错误的观念应该予以纠正，以便在面对求助者时能够及时发现潜在的自杀危险行为，予以及时干预。

（一）自杀无规律可循

自杀事件常常带有突发性，一旦发生，周围的人常感意外和诧异。其实，大部分自杀者曾有过明显的直接或间接的求助信息，他们在决定自杀前会因为内心的痛苦和犹豫而发出种种信号。

（二）与想自杀的人讨论自杀将诱导其自杀

受自杀困扰的人往往愿意别人与他倾 谈，听他诉说对自杀的感受，如果故意避开不谈，反而会因被困扰的情绪无从分解而加 重情绪问题。

（三）威胁别人说要自杀的人不会自杀

事实上，大量自杀死亡者曾经威胁过别人或者对他人公开过自己的想法。研究表明，50%的企图自杀者在自杀前曾向他人谈论过自杀，这种人很可能会有自杀的举动，必须高度重视。

（四）想过一次自杀，就会总想自杀

事实上，大部分人只是在他的一生中某个时候产生自杀企图。他们大多数能从短时的威胁中恢复过来，学会适应与控制，长久地生活下去，使自己的生活丰富多彩，免受自我冲突的威胁。

（五）一个人自杀未遂后，自杀危险可能结束

事实上，自杀行为最危险的时候是个人情绪高涨期，即想自杀的人严重抑郁后变得情绪活跃起来的时期。一个危险的迹象是在抑郁或者自杀未遂后出现“欣然”期。在自杀危机改善后，至少在 3 个月内还有再度自杀的可能，尤其是有抑郁症状的人在症

状好转 时最有危险性。

七、自杀干预的原则

大量的危机干预经历表示，自杀的征兆可以分为三类：一是言语线索，比如把“活着真没意思”“我再也不能照顾你了”之类的话挂在嘴边；二是行为线索，如交代后事、将珍贵的东西送人、收集与自杀方式有关的资料等；三是情绪线索，如悲观失望、痛苦焦虑，以及绝食或暴饮暴食、失眠或嗜睡等。更具体的线索上文已经阐述过。那么碰到这样的情况，我们该怎么办呢？

如果身边有人出现上述情况，我们要耐心倾听，认可其表露出的情感，不要试图说服他们改变想法；要让他相信能走出困境，并鼓励其寻求帮助。如当事人要求对其自杀的想法予以保密时，切记不可答应，要立即陪他去医院或相关机构接受评估和治疗。

（一）自杀干预的措施

一旦发现有人威胁要自杀，那么千万别大意，一定要保持 冷静，并及时采取措施：

（1）不要让当事人单独一个人待着；也不要让其接触枪、刀、药等“自杀之物”。

（2）寻求学校相关机构、医院及其他专门机构的帮助。在等待帮助的时候，一定要对当事人“洗耳恭听”，目光与他保持接触。

（3）向当事人问话，以了解其自杀方式以及是否真的是“有计划自杀”。

（4）如果当事人一旦实施自杀，应拨打急救电话，并尽可能实施现场急救。

（二）自杀干预访谈的原则——五要

（1）保持平静、沉稳，对当事人随之而来的暴风雨般的情绪要有心理准备。

（2）给当事人充分的时间倾诉，以便确定危机类型、诱发事件及严重程度，不要试图消解自己被当事人引起的沮丧感。

（3）必要时询问客观问题，问题提得恰当，可对当事人起到镇静的作用。

（4）要直接面对事件，勿涉及深层及潜意识原因（这些留待以后再解决）。

（5）可向学校、社区、医务、法律等机构求援。

（三）自杀干预访谈的原则——十不要

（1）不要对求助者责备或说教。

（2）不要批评求助者或对他的选择、行为提出批评。

（3）不要与其讨论自杀的是非对错。

（4）不要被求助者告诉你危机已过去的话误导。

（5）不要否定求助者的自杀意念。

（6）不要过分着急，要保持冷静。

（7）不要分析求助者的行为或对其进行解释。

（8）不要让求助者坚守自杀这一秘密。

(9) 不要把自杀行为说成是光荣的、浪漫的、神秘的，以防止别人盲目仿效。

(10) 不要忘记跟踪观察。

扩展阅读

如何疗愈心理创伤

一、省察过去的伤痕

首先，我们应当学习不再把手指指向别人，认为都是别人害得我们变成今天的境况。心灵治疗的第一个步骤就是“自我省察”，了解自己在成长历程中曾发生的事，并用现在的眼光去检视。

从心理学的角度来看，使一个人特别愤怒或过度受伤的“情绪过激”反应，通常与小时候的原生家庭有关。

人要学习用现在的、较成熟的、更客观的立场审视过去所发生的事情。如果你的父亲曾对你很绝情，试着从新的角度来看，你可能会了解原来父亲也是不得已的，或者他只不过是不小心讲了一句话，对你的伤害没有那么真实、那么深。除非你能重新探索，否则很难从中解脱出来。纵使父亲对你的伤害是有意的，心灵探索与医治也能减轻伤害，帮助你接受别人的缺点，学会设身处地，找到父亲那样做的理由，进而饶恕他。孩子的承受力不够，遭遇一些事情时，有时会造成很深的伤害，但我们若能以成人的眼光追溯当时的情况，伤口也就没那么大了，这也证实了为什么回顾心路历程很重要。

二、了解自我防卫的三种形态

在人际互动过程中，有三种自我防卫的形态。了解这三种形态，分析自己属于哪一种，可以清楚地知道问题出在哪里。第一种是“讨好型”，以“讨好人”来保护自己。这种人总是笑嘻嘻地，保护自己的方式就是甜言蜜语，主动上前和人握手、打招呼，用“只要我乖，人就爱我”的内在誓言，希望天下所有人都爱他。但若是一直采用同一种方式面对问题而没有弹性时，就会出现状况。每个人应该不断成长，学习用更成熟的心态与方法去解决问题。第二种是“攻击型”，在人还没有指责他之前，先凶狠地指责别人，与每个人保持距离。用这种方法可以隐藏自己的软弱，不轻易被人刺伤，但付出的代价太大了，因为他内心其实很需要爱，却用攻击的态度拒人于千里之外。第三种是“隔离型”，既不攻击也不讨好别人，只是把自己隐藏起来，保持遥远的距离，冷眼旁观。有的人是“电脑型”，凡事用逻辑分析，过度运用理性，以隔离感情的方式来保护自己，不和别人互动，也不把心事告诉别人，似乎离群索居，很难与人深交。有的人是“小丑型”，虽然表面上嬉皮笑脸，却从不开放自己的内心世界，他可以把你逗得哈哈笑，可是根本不与你分享心事。如此一来，虽达到了保护自己的目的，但享受不到与人心灵相契的喜乐。

三、写情绪日记能更了解自己

除了了解上述基本的心理防卫方式，我们还可以多看书，多听有关人际、心理方面的演讲，也可借情绪日记与生命线分析，更深入地了解自己的情绪及与他人之间的心理互动。尝试写情绪日记，仔细思索生活中到底有哪些事会让你有情绪过激的反应，把这类事情记录下来，对于自己的成长、心理复健很有帮助。

如果我们没有勇气去面对过去一些痛苦的经历，一味地压抑自己受伤的情绪，反而会变成这些情绪的奴仆并受其控制。极力压抑、否认这些情绪，往往会在意想不到的时间、场合，以更大的强度爆发出来。因此，我们要常常自省，学习了解情绪、处理情绪。当我们处于情绪过激的危机状态时，正是我们重新学习的最好机会，这个即时反省的过程，可以帮助我们更深入地了解潜意识中种种情绪的心理运作。所以不要轻易放弃，反而应该趁机努力一点一滴地记录下来，借着情绪日记，可以帮助我们省察、思考。

四、运用生命线回溯过去

追溯记忆中悲伤或快乐的事件和过去的家庭历史，可以做生命线的分析或心理历史的分析。方法如下：在纸上画一条横线，左端写零岁，右端是现在的年龄，线的上方记录生命中较喜乐、有建设性的事件，下方则记录曾受伤害的历史事件。譬如你记得在4岁时全家出去玩非常愉快，那么就在线上写个“4”，然后把这个美好的回忆记在“4”的上方。7岁时，因为数学没学好被爸爸打了一顿，这个负面的经历就写在“7”的下面等。

五、找到一个安全的人保守秘密

情绪性或经验性上的学习远胜过只在知识性上的学习。当你在回顾时，身旁最好有个安全的人，这个人是很了解你的朋友，也是可以让你做真正自己的人。有时最亲密的人未必是最安全的人，因此要寻找可以帮你守密，也不会因你谈了某些深入的问题，而对你产生异样看法的人。同时，你也要自问能不能成为那个有恩慈、多倾听、少论断的人。当我们能真正倾听、接纳、了解彼此时，便在其中获得医治。而这种心灵相契、具矫正性的情绪治疗经验，是心灵治愈过程中最重要的一环。

当我们用现在更远、更成熟的眼光去检视昔日的伤痛，那些破坏的魔力才能消失、减少。多年前一个小孩所无法承受的苦痛，经过这些年的学习及智慧的长进再重新面对，会比较有能力解决当时的困难。在心理回顾的过程中，如果所探索的只是些小小的不愉快，可以自行解决，若是比较大的伤害，譬如性侵害，就需要找受过专业训练的人来协助。这些人不但能保密，更了解医治的过程，知道如何去照顾人，帮人抚平创伤。

术业有专攻，不管是修理车辆、驾驶飞机，任何专才都必须经过长期学科、术科的训练，更何况是人生中最重要的婚姻与家庭？我们也要经过学习才能成为好父亲、好母亲、好子女，而心理治疗就是一个“个别化”的教育课程，教导一个人认识自我，了解自己和别人的情绪。

六、改变生命密码，重塑自我

过去深沉的创伤，需要借助专业辅导帮助你走出伤痛，找到适当的支持团体，有人同行便不觉得那么孤单，也更有力量面对难题。也许我失败之处是别人曾经历过的，别人成功的经验可以帮助我，以此相互打气、扶持。

生命的列车呼啸而过，我们要经常检查心灵，以前有用，而现在和将来都再也用不上的处理问题方式，必须及时更新。

心理测试

焦虑自评量表 SAS

SAS 采用四级评分，主要评定症状出现的频度，其标准为：“1”表示没有或很少时间有；“2”表示有时有；“3”表示大部分时间有；“4”表示绝大部分或全部时间都有。20 个条目中有 15 项是用负性词陈述的，按上述 1~4 顺序评分。其余 5 项（第 5，9，13，17，19）注 * 号者，是用正性词陈述的，按 4~1 顺序反向计分。

请注意：(1) 请根据你一周来的实际感觉在括号内填上适当的数字，不要漏评任何一 个项目，也不要在相同的一个项目上重复地评定；(2) 量表中有部分反向 (即从焦虑反向 状态) 评分的题，请注意保证在填分、算分、评分时正确理解；(3) 本表可用于反映测试者焦虑的主观感受，量表总分值仅能作为一项参考指标而非绝对标准。

1. 我觉得比平常更容易紧张和着急（焦虑）。 (　)
2. 我无缘无故地感到害怕（害怕）。 (　)
3. 我容易感到烦乱或惊恐（惊恐）。 (　)
4. 我觉得我可能将要发疯（发疯感）。 (　)
5*. 我觉得一切都很好，也不会发生什么不幸（不幸预感）。 (　)
6. 我手脚发抖打战（手足颤抖）。 (　)
7. 我因为头痛、颈痛和背痛而苦恼（躯体疼痛）。 (　)
8. 我感觉容易衰弱和疲乏（乏力）。 (　)
9*. 我觉得心平气和，并且容易安静坐着（静坐不能）。 (　)
10. 我觉得心跳很快（心慌）。 (　)
11. 我因为一阵阵头晕而苦恼（头昏）。 (　)
12. 我晕倒了或感到要晕倒了（晕厥感）。 (　)
13*. 我呼气、吸气都感到很容易（呼吸困难）。 (　)
14. 我感觉手脚麻木和刺痛（手足刺痛）。 (　)
15. 我因为胃痛和消化不良而苦恼（胃痛或消化不良）。 (　)
16. 我常常要小便（尿意频繁）。 (　)
17*. 我的手常常是干燥温暖的（多汗）。 (　)
18. 我脸红发热（面部潮红）。 (　)

19*. 我容易入睡并且一夜睡得很好（睡眠障碍）。 (　)

20. 我做噩梦。 (　)

【结果统计与解释】

分析指标：

SAS 的主要统计指标为总分。将 20 个项目的各个得分相加，即得粗分；用粗分乘 以 1.25 以后取整数部分，即得标准分。

结果解释如下：

按照中国常模结果，SAS 标准分的分界值为 50 分，其中 50~59 分为轻度焦虑，60~69 分为中度焦虑，70 分以上为重度焦虑。

思考题

1. 心理健康的定义是什么？你如何理解心理健康？
2. 如何识别自杀危险？
3. 你的心理健康程度和心理成熟度如何？如何改善？

第九章　职业生涯规划

凡事预则立，不预则废。

——《礼记·中庸》

第一节　职业生涯规划的概念和相关理论

导入

四只毛毛虫的故事

毛毛虫都喜欢吃苹果，有四只关系好的毛毛虫长大了，各自去森林里找苹果吃。

第一只毛毛虫

它跋山涉水，来到一棵苹果树下。可它根本不知道自己面前的是一棵苹果树。当看到其他的毛毛虫往上爬时，它就稀里糊涂地跟着往上爬。它根本不知道自己到底想要哪种苹果。可能最后它找到了一个大苹果，幸福地生活着；也可能在爬行中迷失了方向。但可以确定的是，大部分的毛毛虫是这样活着的，没想过什么是生命的意义，为什么而活着。

第二只毛毛虫

它也爬到了一棵苹果树下。它知道这是一棵苹果树，也很明确自己的目标就是找到一个大苹果。可是它并不知道大苹果会长在什么地方？但它猜想：大苹果应该长在大枝叶上吧！于是它就慢慢地往上爬，遇到分支的时候，就选择较粗的树枝继续爬。于是它就按这个标准一直往上爬，最后终于找到了一个大苹果，这只毛毛虫刚想高兴地扑上去大吃一顿，但是放眼一看，它发现这个大苹果是全树上最小的一个，上面还有许多更大的苹果。更令它生气的是，如果之前选择另外一个分枝，它就能得到一个更大的苹果。

第三只毛毛虫

它也爬到了一棵苹果树下。这只毛毛虫知道自己想要的就是大苹果，同时还为自己准备了一副望远镜。爬之前它利用望远镜先观察了一下苹果树，发现了一个很大的苹果。同时，它发现了不同的攀爬方法。它利用反推法从大苹果的位置出发，由上往下反推至目前所处的位置，记下这条确定的路径。于是，它开始按照刚刚确定的路径开始爬，绕过了各种杂乱的分支。理论上，这只毛毛虫提前对自己进行了规划，应该会有一个很好的结局。但是它忽略了自己爬行缓慢这一因素，所以当它抵达时，苹果要么被别的毛毛虫捷足先登，要么就是苹果已熟透烂掉了。

第四只毛毛虫

这是一只做事有计划的毛毛虫，它知道自己想要什么苹果以及苹果的成长历程。因此，它的目标并不是一个大苹果，而是一朵含苞待放的苹果花。它对自己的行程进行了估算，当它到达的时候，这朵花正好长成一个成熟的大苹果。所以它如愿以偿，得到了一个又大又甜的苹果，从此过着幸福快乐的日子。

其实我们的人生就像毛毛虫，而苹果就是我们的人生目标——职业成功。爬树的历程就是我们职业生涯的道路。离开校园后，我们每个人都需要去寻找属于我们自己的那个大苹果，完全没有规划的职业生涯注定是失败的。

一、生涯的概念

“生涯”最初是指古代作战的车辆，后来被引申为人生发展的道路。不同的研究者从不同的角度对生涯进行了界定，现在普遍认为存在广义和狭义两种：广义的生涯是指一个人一生中所从事的工作，以及其所承担的职务和角色，也同时涉及其他非职业或工作的活动。生涯是人一生的发展，即人一生的发展与他工作、职业内、职业外的信息是息息相关的。狭义的生涯是指一个人一生的工作经历，生涯规划就是对我们的生涯发展做出主动的设计。

生涯有其自身的特点，具体如下：

（1）独特性。每个人的生涯是不可以重复和复制的，因为我们每一个人都是独一无二的。庄子《逍遥游》中“大鹏与小雀谁更强”的故事告诉我们，大鹏有大鹏的长处，小雀有小雀的特点；大鹏有大鹏的使命，小雀有小雀的自在。我们应该顺应自己的本性，将自己的潜能发挥到极致，拥有属于自己的目标，充分欣赏自己的生存方式，不妄自菲薄、不怨天尤人，我们的人生就有更加充分的机会可以实现自我。

（2）发展性。每个人的生涯都不是一成不变的，而是一个动态发展的过程。它会随着你职务的变更、职位的升迁以及工作的改变而不断地发生变化。

（3）终身性。生涯规划是一个人一辈子的事情，并不意味着只有大学毕业找工作的时候才会进行生涯规划。按照舒伯的生涯发展理论，人的一生的生涯发展是循环再循环的，并不是只有一次选择，人会不断地了解自己，了解世界。所以我们的生涯是在不断调整的，每个人基本十年会有一个小循环，每个小循环都会经历衰退、维持、建立、探索和成长等阶段。而且，我们每个人在不同的年龄阶段，都会面临对应的事业发展上的困扰。

扩展阅读

20世纪五六十年代舒伯等人提出“生涯”的概念。他将生涯的过程视为从出生到死亡，把人的生涯发展分为成长、探索、建立、维持和衰退五个阶段：

①成长阶段（从出生至14岁）。这一阶段可以分为幻想期、兴趣期、能力期。

②探索阶段（15~24岁）。在这一阶段，青少年通过学校生活和社会实践，对自我能力及角色、职业进行探索。

③建立阶段（25~44岁）。这一阶段是逐步实现自我与职业的统合，与特定职业岗位相联系并达成人生发展目标的阶段。

④维持阶段（45~65岁）。在这一阶段，人们力图维持个人现有的成就和地位并力求有新的发展。

⑤衰退阶段（65岁以上）。在这个阶段，由于个体心理与生理机能逐渐衰退，并逐渐离开工作岗位。此时，个体所追求的是：寻求新的生活方式、发展新的社会

角色以替代和满足个人物质和精神生活的需求。

大学生的生涯发展阶段属于探索期，这个阶段主要的生涯发展任务是从多种实践机会中探索自我，逐渐确定职业偏好，并在所选定的领域中开始起步。舒伯认为学生、子女、配偶、退休者等角色是一个人自我概念的具体表现，这里的自我概念是指个人对自己在兴趣、能力、价值观以及人格特征等方面的认识，是个人生涯发展历程的核心。个人对工作与生活的满意程度，有赖于个人能否在工作上、职场中以及生活形态上找到展现自我的机会。在舒伯的理论中，职业生涯规划更注重职业对人的意义。他认为，完美的人生，未必仅仅依赖于职业角色的完美，更多的非职业角色则使人生有更多自我实现的可能性。①

（4）综合性。选择一份职业，并不意味着只是找一份工作，而是这份职业会影响你一生的生活。舒伯提出了生涯彩虹理论，即每个人都有属于自己的生涯彩虹图。人们同时在不同空间里扮演着不同的角色，所有的角色彼此相互影响。随着年龄的增长，我们会不断地增加一些新的角色，在某些时间段我们会拥有多重角色的经历。

二、职业生涯规划的概念

职业生涯规划是指个人和组织相结合，在对一个人职业生涯的主客观条件进行测定、分析、总结研究的基础上，确定其最佳的职业奋斗目标，并为实现这一目标做出行之有效的安排。

职业生涯规划一般包括自我剖析、目标设定、目标实现策略、反馈与修订四个方面的内容。自我剖析就是全面、深入、客观地了解和分析自己。目标设定是指在自我剖析的基础上，设立明确的职业目标。目标实现策略是指通过各种积极的具体行动和措施去争取实现职业目标。反馈与修订是在实施职业生涯目标的过程中，根据实际情况自觉地总结经验和教训，修正对自我的认知和对职业目标的界定。个人职业生涯规划要根据自身的现实条件、决定个人职业选择的外界机遇、制约因素以及对机遇与制约因素发展变化的预测，确立自己的职业方向、职业目标，选择职业生涯发展道路，制订发展计划、学习计划及实现职业生涯目标的具体行动方案，包括行动的具体策略与进程等。它要求大学生根据自身的兴趣、特点，详细估量内外环境的优势和限制，将自己定位在一个最能发挥自己长处的位置，选择最适合自己能力的事业。

三、职业生涯规划的意义

职业生涯规划是一个过程，其核心在于为职业生涯设定目标，并找出达成目标所需采取的步骤。在职业生涯规划中，目标的制定是一个探索过程，这个过程帮助个人逐渐去厘清生命的价值与意义，并用行动去实现这些价值与意义。职业生涯规划好像为飘忽不定的人生加了一个锚，无论风雨来自何方，人生之船都自有它的方向。

① 王祥君．大学生心理卫生与发展（第2版）［M］．重庆：重庆大学出版社，2023：237-238.

米凯洛奇指出：职业生涯规划有突破障碍、开发潜能和自我实现三个积极目的。一个人最大的幸福，是能以自己选择的方式生活。择其所爱，爱其所择的结果，会使一个人以己为荣，并呈现出圆融、丰足、喜悦、智慧和充满创造力的气质。

（一）职业生涯规划可以发掘自我潜能，增强个人实力

一份行之有效的职业生涯规划将会：引导你正确认识自身的个性特质、现有与潜在的资源优势，帮助你重新对自己的价值进行定位并使其持续增值；引导你对自己的综合优势与劣势进行对比分析；使你树立明确的职业发展目标与职业理想；引导你评估个人目标与现实之间的差距；引导你进行前瞻与实际相结合的职业定位，搜索或发现新的或有潜力的职业机会；使你学会如何运用科学的方法采取可行的步骤与措施，不断增强你的职业竞争力，实现自己的职业目标与理想。

（二）职业生涯规划可以明确发展的目的性与计划性，提升成功的机会

职业生涯发展要有计划、有目的，不可盲目地“撞大运”，很多时候我们的职业生涯受挫就是由于规划没有做好。好的规划是成功的开始，古语讲，凡事“预则立，不预则废”就是这个道理。

（三）职业生涯规划可以提升应对竞争的能力

当今社会处在变革的时代，到处充满着激烈的竞争。要想在这场激烈的竞争中脱颖而出并立于不败之地，必须设计好自己的职业生涯规划，这样才能做到心中有数，不打无准备之仗。而不少应届大学毕业生不是首先坐下来做好自己的职业生涯规划，而是拿着简历与求职书到处乱跑，总想会撞到好运气、找到好工作。结果是浪费了大量的时间、精力与资金，到头来感叹招聘单位有眼无珠，不能“慧眼识英雄”，叹息自己英雄无用武之地。部分大学生认为找到理想的工作需要的是学识、业绩、耐心、关系、口才等条件，职业生涯规划纯属纸上谈兵，简直是耽误时间，有那时间还不如多跑两家招聘单位。这是一种错误的观念。实际上未雨绸缪，先做好职业生涯规划，磨刀不误砍柴工。有了清晰的认识与明确的目标之后再把求职活动付诸实践，这样效果要好得多，也更经济、更科学。

想一想

- 通过上大学，你要实现的目标有：________________________________。
- 很小很小的时候，我的理想是：________________________________。
- 天真烂漫的小学，我的理想是：________________________________。
- 初中的花季和雨季里，我的理想是：______________________________。
- 高中的激情岁月里，我的理想是：________________________________。
- 现在，来到大学，我的理想是：________________________________。
- 以上这些理想的共通之处是：__________________________________。

❖ 通过以上思考与分析，我发现：____________________。
❖ 基于现实，我想到实现自己理想的具体计划有：____________________。
❖ 在理想实现的过程中，我渴望获得的支持是：____________________。

四、职业生涯规划相关理论与方法

职业生涯理论的形成与发展同心理学、人力资源管理等学科的理论有着密切的联系，职业生涯理论是在不断整合其他理论的基础上建立起来的。

(一) 哈维格斯特的综合适应发展理论

生涯发展的概念来源于美国心理学家哈维格斯特，他认为，人类不是天生就有一种能指引自己生活的本能，要在人类社会中顺利地生活，个体必须学会自我学习、探索。这个学习过程伴随人的一生，随着生命的开始而开始，也随着生命的结束而结束。哈维格斯特认为发展任务也就是一个人在发展的某一个阶段必须学习的活动，若成功学会此项活动，不仅会使他感到快乐，并且还会促使他完成以后的发展任务。若此项活动失败，不但使他感到沮丧、不安以及不容易被社会承认，而且有可能阻碍以后发展活动的进行。哈维格斯特将一个人的一生划分为婴儿期与儿童早期、儿童晚期、青少年期、成年期、中年期和老年期六个阶段。关于个体在每个阶段的发展任务，哈维格斯特作了如下概括：

（1）婴儿期与儿童早期（0~6岁）：学习走路；学习食用固体食物；学习说话；学习控制排泄机能；获得稳定的肌肉运动；形成对社会和身体的简单概念等。

（2）儿童晚期（6~12岁）：学习游戏所需的身体技能；形成健全的自我态度；学习与同伴和谐相处；学习扮演适合自己性别的角色；发展读、写、算的基本技能；发展日常生活所需的各种观念；形成良知、道德价值观念；表达对社会团体和制度的态度。

（3）青少年期（12~21岁）：接受个体的体型和性别角色；与年龄相近的异性和同性建立新的关系；情绪上不再依赖父母或其他成人；树立经济上独立的自信态度；选择职业并做好就业准备；发展行使公民权利所需要的知识、技能和观念；发展对社会负责的行为准备适应婚姻和家庭生活；将自我的价值建立在科学的基础上。

（4）成年期（21~40岁）：选择配偶；学习过婚后的配偶生活；开始组建家庭；抚育子女；管理家庭；开始从事一种职业；履行公民责任；参与合乎自己志趣和性格的社团活动。

（5）中年期（40~60岁）：完成成年人的公民和社会职责；建立并维持某种经济水准的生活；帮助青少年子女成长为可靠、幸福的成年人；开展中年期的闲暇生活；与配偶维持密切关系；承受并适应中年期的生理变化；与年迈父母相互适应。

（6）老年期（60岁至死亡）：适应逐渐衰退的体力和健康状况；适应退休和收入的减少；适应配偶的死亡；与其他老年人建立密切的联系；履行对社会和公民的义务；享受美满的人生。

哈维格斯特重视个体心理发展的阶段性，并用发展变化的观点看待个体心理发展阶段的整体性和连续性。他强调完成各阶段任务的关键期，以及完成任务后的积极情绪体验对以后任务达成的促进作用。哈维格斯特明确地列出了人生发展六大阶段的主要发展任务，让这个理论变得更具有操作性，深受实践工作者的赞赏。

（二）霍兰德人格类型理论

1959 年，美国著名职业指导专家霍兰德以自己的职业咨询经验为基础提出了一种关于职业选择的人格类型理论。该理论认为：职业选择是个人人格的反映和延伸，人格（包括价值观、动机和需要等）是决定一个人选择何种职业的重要因素。霍兰德研究发现，具有相同人格特质的人对许多生活事件的反应模式是相似的，因此，某一类型的职业通常会吸引具有相同人格特质的人，这种人格特质反映在职业上，就是职业兴趣，而职业兴趣反映出一个人在职业选择上的人格类型。霍兰德认为，个人在职业选择上存在六种人格类型：实用型（R）、研究型（I）、艺术型（A）、社会型（S）、企业型（E）、事务型（C）。个人的职业兴趣往往是多方面的，因此，通常用 3 个字母（代表 3 种兴趣类型）的代码来表示一个人的职业兴趣，这个代码就称为“霍兰德代码”。这三个字母之间的顺序表示不同类型兴趣的强弱程度的不同，例如，若发现与自己相匹配的职业代码是 SAI，则表明自己是具有社会倾向的人格类型，会喜欢与他人合作，愿意帮助别人或为他人提供帮助。以下是六种人格类型的分析：

1. R（实际型）

人格倾向：愿意使用工具从事操作性强的工作，喜欢与物打交道；动手能力强，做事手脚灵活，动作协调；喜欢具体的任务；不善言辞，不善交际。这类人的性格往往朴实无华、具体，但是人际交往能力相对比较缺乏。因此，这类人适合从事一些技术性或技能型的职业。

主要职业：工程师、技术员；野生动物专家；机械操作、维修、安装工人；木工、电工、鞋匠；火车、汽车司机；测绘员、描图员；农民、牧民、渔民；园艺师等。

2. I（研究型）

人格倾向：这类人的抽象能力很强大，求知欲强，喜欢动脑筋，善于思考，但不愿动手；喜欢独立和富有创造性的工作；知识渊博，学富五车；这类人通常喜欢对一些抽象的任务进行观察、分析、得出结论、形成理论等；这类人不善于领导他人，不具备领导才能。因此，这类人适合从事一些独立的、研究性的以及抽象型的职业，主要涉及科学研究和科学实验等工作。

主要职业：自然科学和社会科学方面的研究人员、专家；化学、冶金、电子、无线电、电视、飞机等方面的工程师、技术人员；飞行驾驶员、计算机操作人员；科学杂志的编辑或作家等。

3. A（艺术型）

人格倾向：这类人追求美，喜欢以音乐、绘画、表演等各种艺术形式的创作来表现自己的艺术才能，实现自身价值；具有特殊艺术才能和个性，极具创造力；喜欢多样性与变化性；喜欢自我表达，常常冲动行事，情感丰富而直觉性强，热衷于表达自我个性，但不太看重实际等。这类人不能胜任一些常规型、事务型的职业，而适合从事各种艺术创作工作，如表演、音乐、美术等。

主要职业：音乐、舞蹈、戏剧等方面的演员、艺术编导、教师；文学、艺术方面的评论员；节目主持人、编辑、记者；绘图师、书法家、摄影家；家具、珠宝、房屋装饰等行业的设计师等。

4. S（社会型）

人格倾向：这类人对人际交往感兴趣，喜欢从事为他人服务和教育他人的工作；喜欢参与解决人们共同关心的社会问题，看重合作，渴望发挥自己的社会作用；具有良好的人际交往技能，喜欢交朋友；比较看重社会义务和社会道德。因此，这类人适合从事各种直接为他人服务的工作，如医疗服务、教育服务、生活服务等。

主要职业：教师、保育员、行政人员；医护人员；衣食住行服务行业的经理、管理人员和服务人员；福利人员；心理咨询师等。

5. E（企业型）

人格倾向：这类人精力充沛、自信、有抱负、喜欢交际，具有领导才能；喜欢竞争，敢冒风险；喜欢权力、地位和物质财富；言语说服能力强，善于向人推销自己的产品或观点；做事有较强的目的性。因此，这类人适合从事那些组织与影响他人共同完成目标的工作。

主要职业：企业家、政府官员、商人；行政部门和单位的领导者、管理者；律师；广告宣传员；销售人员等。

6. C（常规型）

人格倾向：这类人尊重各项规章制度，喜欢按计划办事，习惯接受他人的指挥和领导，自己不谋求领导职位；注重实际和细节性的东西，做事稳重、有条理，不喜欢冒险和竞争；工作踏实、忠诚可靠，遵守纪律。因此，这类人适合从事各类文件档案、图书资料、统计报表之类的科室工作。

主要职业：会计、出纳、统计人员；打字员；办公室人员、秘书和文书、图书管理员；导游、外贸职员；保管员；邮递员；审计人员、人事职员等。

霍兰德提出的人格六大类型并非并列的关系，而是有着清晰的边界。他以六边形标示出六大类型的关系，其中存在着三种关系：相近、中性、相斥。

（1）相近的关系。在这六大类型中，有两种类型的个体，他们之间存在着比较多的共同点。如实际型 R 和常规型 C 的人都比较注重实际和细节的工作，多从事一些具体性的事务性工作；研究型 I 和实际型 R 的人不太善于与人相处，等等。类似的相近关系还有 RI、IR、IA、AI、AS、SA、SE、ES、EC、CE、RC 及 CR。

（2）中性的关系。存在这种关系的两种类型个体之间共同点较相邻关系的少一些，如 RA、RE、IC、IS、AR、AE、SI、SC、EA、ER、CI 及 CS。

（3）相斥的关系。在六边形上处于对角位置的类型之间即为相对关系，如 RS、IE、AC、SR、EI 及 CA，存在相斥关系的人格类型，彼此之间的共同点较少。因此，一个人同时对处于相对关系的两种职业环境都兴趣很浓的情况较为少见（图 9-1）。

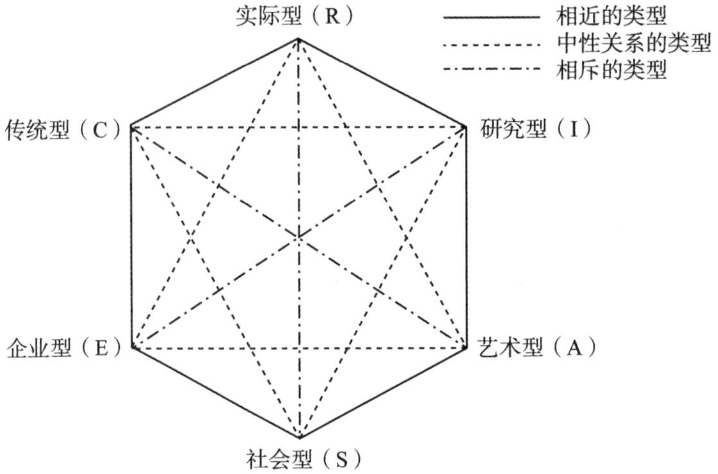

图 9-1　霍兰德的人格六角形模型

霍兰德的人格六角形模型可以很好地解释六种职业类型之间的关系：在六角形模型上任何两种类型之间的距离越近，其职业环境及职业兴趣的相似程度就越高。

霍兰德的六角形模型可以帮助我们对人格特质类型与职业环境类型之间的适配性进行评估。如果人格类型与职业环境匹配度较高，例如一个社会型人格特质的人在社会性的职业环境中工作，极有可能提升其职业满意度，带来职业成就感和提高职业稳定性。因此，占主导地位的人格特质类型可以为个人选择职业和工作环境提供方向。

（三）施恩的生涯发展理论

美国麻省理工学院斯隆管理学院教授、著名的职业生涯管理学家施恩立足于人生不同年龄段面临的问题和主要工作任务，将职业生涯分为 9 个阶段：成长、幻想、探索阶段；进入工作世界；基础培训；早期职业的正式成员资格；职业中期；职业中期危险阶段；职业后期；衰退和离职阶段；离开组织或职业。

（1）成长、幻想、探索阶段（0~21 岁）。这一阶段的主要任务是：

①发展和发现自己的需要和兴趣，发展和发现自己的能力和才干，为进行实际的职业选择打好基础；②学习职业方面的知识，寻找现实的角色模式，获取丰富信息，发展和发现自己的价值观、动机和抱负，作出合理的受教育决策，将幼年的职业幻想变为可操作的现实；③接受教育和培训，培养工作世界中所需要的基本习惯和技能。在这一阶段，人们一般充当的角色是学生、职业工作的候选人、申请者。

（2）查看工作世界（16~25 岁）。首先，分析劳动力市场，谋取可能成为一种职业基础的第一项工作；其次，个人和雇主之间达成契约，正式成为一个组织或一种职业的成员。在这一阶段，人们一般充当的角色是：应聘者、新学员。

（3）基础培训（16~25岁）。与上一阶段正在从事职业工作或组织阶段不同，人们要担当实习生、新手的角色，也就是说，已经迈进职业或组织的大门。此时的主要任务，一是了解、熟悉组织，接受组织文化，融入工作群体，尽快取得组织成员资格，成为一名有效的成员；二是适应日常的操作程序，应对工作。

（4）早期职业的正式成员资格（17~30岁）。在这一阶段，人们取得新的正式成员资格，主要面临的任务是：

①承担责任，成功地履行与第一次工作分配有关的任务；②发展和展示自己的技能和专长，为提升或拓展其他领域的横向职业成长打基础；③根据自身才干和价值观，根据组织中的机会和约束，重估当初追求的职业，决定是否留在这个组织或职业，或者在自己的需要、组织约束和机会之间寻找一种更好的配合。

（5）职业中期（一般25岁以上）。此阶段的主要任务是：

①选定一项专业或进入管理部门；②保持技术竞争力，在自己选择的专业或管理领域内继续学习，力争成为一名专家或职业能手；③承担较大责任，确定自己的地位；④开发个人的长期职业计划。

（6）职业中期危险阶段（35~45岁）。此阶段的主要任务是：

①实际评估自己的进步、职业抱负及个人前途；②就接受现状或者争取看得见的前途做出具体选择；③建立与他人的良好关系。

（7）职业后期（40岁以后直到退休）。可以说，这一阶段属于职业后期阶段，此时的职业状况或任务是：

①成为一名良师，学会发挥影响，指导、指挥别人，对他人承担责任；②扩大、发展、深化技能，或者提高才干，以担负更大范围、更重大的责任；③如果求安稳，就此停滞，则要接受和正视自己影响力和挑战能力的下降。

（8）衰退期和离职阶段（一般在40岁之后到退休期间）。在此阶段，不同的人在不同的年龄会衰退或离职。此阶段主要的任务：一是学会接受权力、责任、地位的下降；二是基于竞争力和进取心的下降，学会接受和发展新的角色；三是评估自己的职业生涯，着手退休。

（9）离开组织或职业（退休及以后）。在失去工作或组织角色之后，将面临两大问题或任务：①保持一种认同感，适应角色、生活方式和生活标准的急剧变化；②保持一种自我价值观，运用自己积累的经验和智慧，以各种资源对他人进行传帮带。

需要指出的是，施恩虽然基本依照年龄增大顺序划分职业发展阶段，但并未囿于此，其阶段划分更多的是根据职业状态、任务、职业行为的重要性。正如施恩划分职业周期阶段是依据职业状态和职业行为和发展过程的重要性，又因为每个人经历某一职业阶段的年龄有别，所以，他只给出了大致的年龄跨度，并且职业阶段上所示的年龄有所交叉。

（四）SWOT分析法

SWOT分析法又称为态势分析法，最早是在20世纪80年代初由旧金山大学的管理学教授提出来的，主要用来分析个人能力、喜好和职业规划的检测工具。分别包含：优势（Strength）、劣势（Weakness）、机会（Opportunity）、威胁（Threats）。优势、劣势均为内部要素，机会、威胁为外部要素。SWOT分析法的原理是通过对内外部竞争环境和条件下的态势进行分析，经过调查，将涉及研究对象关联的优劣势、外部机会和威胁等罗列出来，再把各种因素相互匹配并进行系统分析，从而得出科学结论。利用这种方法可以非常容易地找出自己的优势和弱势，精确地评估职业发展道路上的机会和威胁，及时发现并解决问题，明确自身发展方向。那么，将SWOT分析法应用于职业生涯规划，我们可以从以下四个步骤来进行：

第一步：分析自身的长处和短处。

每个人都有自己独特的能力和天赋，我们可以把自己的优点和长处全部列出来，从学习能力、交往能力、创造能力、自我控制能力、沟通能力等方面进行呈现，列出来的优点和长处越多越好，列出后按其在心中的重要性进行排序。同时，列出自己的缺点和劣势，同样列出的条目越多越好，并对其按重要性进行排序。将自己的优点和缺点进行排序后，你就可以清晰地知道自己的长处和劣势了。除此之外，你也可以邀请你身边的亲朋好友讲述你的优点和不足，这样你对自己的分析会更加准确和客观。

第二步：寻找职业发展的机会和威胁，从中找出重要的优势、弱势，努力纠正常犯的错误并提高技能；或放弃不擅长的技能、高要求的职业。根据第一步分析出来的优点和不足，选择出自己感兴趣的工作并进行研究，从中找出其机会和威胁。职业是一个人一生中非常重要的组成部分，可能占据了人生的1/3或者更多的时间。对于一名大学生来说，一般毕业时22岁，如果60岁退休，那么他的职业生涯就有38年。然而这段时期将是一个人一生中精力最旺盛、创造力最高、成就最多的时期，所以寻找一份适合自己并且愿意为此奋斗终身的职业尤为重要。

第三步：列出今后3年内的职业规划。为自己制定出接下来3年中最希望实现的目标与理想，例如薪酬、能力、工作岗位等。然后，根据之前所定的目标与计划用来激励自己，把自己变成自己希望的样子。

第四步：列出今后3年的职业行动计划。进行一系列的分析活动后，克服劣势因素，识别并规避潜在威胁因素，并根据过去的经验着眼未来。依据第三步，把自己制定的3年大目标分解为一个一个的小目标，将高难度的目标分解为低难度的目标完成。具体来说，如果你希望自己3年后变成什么样子，那么在第2年的时候，你应该已经成为怎样的人，在做着怎样的事情？在你第1年的时候，你已经成为怎样的人，在做着怎样的事情？在半年的时候，你已经成为怎样的人，在做着怎样的事情？在3个月的时候，你已经成为怎样的人，在做着怎样的事情？在1个月的时候，你已经成为怎样的人，在做着怎样的事情？最后，想想此刻你应该在做什么？不积跬步，无以至千里；不积小流，无以成江海。只有一点一点地不断积累，我们才能更好地实现自己的目标。

作为一名大学生，我们可以根据对自我及其周围环境的分析，构建一个个人的SWOT分析模型，罗列出自己离开大学走向社会最想实现的几个目标。通过分析自身的优势、劣势、机会和威胁，找到适合自己并切合实际的职业发展目标。①

拓展练习

小王同学即将毕业，目前有3种职业选择，分别是：

(1) 某学校的学生管理工作者。首先，小王一直梦想着在学校从事学生管理工作；其次，在大学期间，小王一直在学生工作处做学生助理，有这方面的工作经历；再次，他大学所学专业是管理学，这让他可以将所学专业知识应用到工作中；最后，小王的人际交往能力强，爱交朋友，很受学生的欢迎。然而唯一不足的是，小王未接受过教师工作的相关培训，缺乏作为一名教师该有的基本技能，但这可以通过训练来获得。

(2) 某公司的行政部门专员。该公司不论是在实力方面还是在员工待遇方面，都优于当地的其他公司。公司的晋升渠道较多，工作一段时间后也可根据自己的实际情况转到喜欢的岗位工作；但是公司的工作压力相对较大，竞争激烈。

(3) 出国继续深造。小王如果能申请到全额奖学金，则想继续学习；如果只能申请到部分奖学金，就有些犹豫了，因为他不想给家里太大的负担，再者申请出国过程中还会有其他各种不确定的因素存在。

从目前的三种选择中来看，每一种对于小王来讲都有两面性，但从他自身的角度来分析，第一种选择可能更符合他个人的职业定位。首先，学校的学生管理工作是他自己喜欢的岗位，因为热爱，就会在工作中投入更大的热情，同时获得更多的乐趣；其次，教师这个职业在社会上是受人尊重的；最后，小王的性格开朗、随和，这些都与学生工作管理有很大的相关性，能使他的工作更顺利地开展。所以，第一种选择，即作为一名学生工作管理者是可以实现的。

第二节　职业生涯规划的自我探索与实施

导入

请以“我的旅游计划”为例，对职业生涯规划的步骤进行阐述。安静下来，找到自己呼吸的节奏，想想自己一直想拥有的一次旅游是什么样的，并为自己制订一个详细可行的旅游计划。

① 钟谷兰，杨开．大学生职业生涯发展与规划［M］．上海：华东师范大学出版社，2008：31-38.

- 这个旅游计划包括哪些具体内容？
- 你制订这个计划时经过了哪几个步骤？
- 你将如何落实这个旅游计划？
- 这个过程与制订职业生涯规划有哪些相似之处？
- 找个同学或朋友，与他交流一下你的旅游计划。

生涯是一本厚厚的书，一旦你打开，便有无限精彩的画面扑面而来。古往今来，每一个人都在以自己的方式诠释生涯。要想制定合理完善的职业生涯规划，首先要了解我们的职业生涯环境。职业生涯环境包括内部环境和外部环境，也就是自身条件以及高校教育现状和职业现状。

一、认识自己并进行职业自我探索的渠道

做好职业生涯规划的一条路径就是了解自己，了解自己的价值观、优势、兴趣、爱好。在此为大家介绍几种探索的渠道。

（一）反思自己羡慕的他人的工作

我们都曾经有过羡慕别人工作的经历。在人生的某个特定阶段，或者在某个特定的场合，比如我们参加某个培训或论坛，有时会觉得从事那个人的工作该是多么幸福。有些羡慕只是一个很短暂的念头，很快就消失了；而有些羡慕会在我们的脑海中一直徘徊。

当然，我们的这种羡慕往往是对我们所理解的被羡慕对象最光鲜的一面的片面理解，当我们理解了那份工作的全部时，或许我们并不喜欢很多背后的东西。但是毕竟我们羡慕别人的工作，这种感觉往往是我们自身兴趣的一种投射。一个喜欢 IT 的人会羡慕比尔·盖茨而不是周杰伦；一个对管理感兴趣的人会羡慕张瑞敏的工作而不太可能是王朔的工作。所以，找个安静的地方静静地回忆在过去的某段时间里你曾经对某个工作有比较强烈的羡慕之情，从中是否可以找到你乐意为之奋斗的工作。

（二）职业生涯兴趣测验

这类测试有很多，可以在网上搜一下，或者看一下相关书籍。通过几种不同的方法互相印证，基本上能够发现自己大致的兴趣点。不建议单纯地花钱去做测试：一是这样的人存在的问题比较严重，如果通过多种方法也不能发现自己的兴趣，则不是很有功力的顾问或者咨询师很难给你比较好的建议，反而会把你搞得很糊涂，还不如找自己周围比较成功的朋友，听一下他们的建议。二是职业咨询是个很专业的工作，而有的咨询师本身都没有成功的职业经历，他们只是比你多熟悉一些工具而已。万一你找了一个不称职的咨询师，说不定会越帮忙越乱。当然，那些真正有功力的咨询师还是会对你的职业

发展提出有价值的建议的，但无论如何最重要的决策人和执行人仍然是你。事实上，来自你这个行业的成功人士的建议更有价值，所以如果有机会，研究一下你所在行业的成功人士的经历或者有机会向他们请教或许能够有所收获。

（三）用行动去探索自己不喜欢和喜欢的东西

兴趣的产生不是凭空产生的，而是在不断接触外部事物的过程中形成的。有的人经历非常丰富，他们能够从众多的行为中比较出哪些行为能够给他形成正向激励，哪些行为只能够给他带来负面反馈。通过这样的比较，他们就会自然而然重复那些能够形成正向激励的行为，并且在不断重复的过程中将这一行为变得更强。比如，喜欢数据分析的人，他们能够从这份工作中获得足够的正向激励，所以他们就愿意花更多的精力，学习更多数据分析方面的知识和技巧，将这一能力变得更加强大。相反，如果他们看到数字就头疼，就没心思在这方面花费更多的精力了。再比如，适合做销售的人，他们能够很快拿到订单，这将对他们形成一种正向激励，即使工作中遇到了难搞的客户，他们也会去研究如何搞定这样的客户。而对于不适合做销售的人来说，长期拿不到订单，会让他们的信心丧失殆尽，进而产生怀疑自己的念头。

（四）用回归分析法探索自己的优势

回归分析法就是在你准备做一件事情之前，记录下你对结果/效果的期望，在事情完成之后，将实际的结果/效果与你的预期进行比较。通过比较，你会发现什么事情你可以做好，什么事情你做不好。

思考以下问题：

- 你对目前的工作哪些方面最满意？哪些方面最不满意？你认为理想的工作是怎样的？
- 你曾经做过的什么事情让你最有成就感？
- 你学到的新知识和新技能，哪些你学得很快并且非常有兴趣学？哪些学得很认真 但总是很吃力而且掌握不好？
- 记下你的成绩、受到的肯定和觉得有收获、充实的事情，大约三个月或半年分析一次，如此几次你就能够逐渐明白你的兴趣所在。即使你没有参加工作，你也可以从自己的生活中获得类似的资料。除了了解自己的兴趣、优势，还要了解职场信息。对职业进行关注、调查、体验，则是职业规划的另一个不可或缺的步骤。了解职位有很多方法，对应届生而言，实习是最佳手段。另外，参加讲座和博览会，定期查询行业和公司的网络可以了解行业与公司基本信息；向职场过来人，尤其是职称优秀者咨询，则能够获得职业需求第一手信息；研究网络上的招聘启事可以了解这个职位的职责和要求是什么。在缺乏系统教育的情况下，大学生更要学会调查自己感兴趣的职业需求，做好自己的职业规划。①

实训活动

了解影响你生涯决策的因素

个人因素

■ 兴趣

■ 性格

■ 学习成绩

■ 其他

环境因素

■ 老师的期待

■ 同学的选择

■ 未来职业的名誉

■ 未来的出路

■ 其他

家庭因素

■ 父母期望

■ 亲戚的意见

■ 家庭经济状况

■ 其他

其他因素

■ 与家人的相处

■ 休闲时间

■ 小区活动

■ 其他

二、职业生涯规划探索方式

（一）自我兴趣探索

兴趣是影响人们工作满意度、职业稳定性和职业成就感的重要因素，同时也是对职业进行分类的重要基础。兴趣具有行动和能量导向的作用，我们要将兴趣最终转化为自己的职业，需要在实践中不断地探索、积累，不断地提升自己的能力。因此，兴趣是职

① 王祥君．大学生心理卫生与发展（第 2 版）［M］．重庆：重庆大学出版社，2023：242-244.

业生涯规划中进行自我探索的一个重要方面。

心理测试

你适合什么职业

假设你正驾驶着一架小型飞机（没错，假设你有）横跨太平洋，忽然飞机的引擎冒烟，显然就要坠毁。按照国际环保条约，15 秒后飞机就会自动爆炸以免产生废物。换言之，你只能跳伞，可能你一辈子也不会碰上有船把你救走——你可能会在岛上生活一辈子。

岛屿 R：自然原始的岛屿。岛上保留有热带的原始植物，自然生态保持得很好，也有相当规模的动物园、植物园、水族馆。岛上居民以手工见长，自己种植花果蔬菜、修缮房屋、打造器物、制作工具。

岛屿 I：深思冥想的岛屿。岛上人迹较少，建筑物多僻处一隅，平畴绿野，适合夜观星象。岛上有多处天文馆、科技馆以及图书馆等。岛上居民喜好沉思、追求真知，喜欢和来自各地的哲学家、科学家、心理学家等交换心得。

岛屿 A：美丽浪漫的岛屿。岛上充满了美术馆、音乐厅，弥漫着浓厚的艺术文化气息。同时，当地的原住民还保留了传统的舞蹈、音乐与绘画，许多文艺界的朋友喜欢来这里找寻灵感。

岛屿 S：温暖友善的岛屿。岛上居民个性温和、十分友善、乐于助人，社区各自有自成体系的、密切互动的服务网络，人们多互助合作，重视教育，弦歌不辍，充满人文气息。

岛屿 E：显赫富庶的岛屿。岛上居民热情豪爽，善于经营企业和贸易。岛上的经济高度发展，处处是高级饭店、俱乐部、高尔夫球场。来往者多是企业家、经理人、政治家、律师等，衣香鬓影，夜夜笙歌。

岛屿 C：秩序井然的现代岛屿。岛上建筑十分现代化，是进步的都市形态，以完善的户政管理、地政管理、金融管理见长。岛上居民个性冷静保守，处事有条不紊，善于组织规划。

第一步：选择岛屿。

我的度假岛屿： 选择 1：________，因为________。 选择 2：________，因为________。 选择 3：________，因为________。

第二步：将教室分成六个区域，分别代表六个岛屿，大家按照自己选择的第一个岛屿就座。选择同一岛屿的人交流一下，自己为什么选择这个岛屿，看看大家有

什么共同的兴趣爱好。然后归纳出 2~ 3 个关键词，每人思考自己在这个岛上做的事，并给自己的岛屿命名。

我们的岛屿关键词：________________________________。

我想在岛上做什么：________________________________。

我们的岛屿的名字是：______________________________。

第三步：岛屿图画。每个小组合力画出自己所选岛屿的图画，请一位代表用两分钟的时间来展示，介绍岛屿关键词、岛屿名字以及图画的含义。

（二）自我性格探索

案例

小赵一直对自己的职业方向感到迷茫，不知道自己适合从事什么样的工作。在一次性格测试中，他发现自己的性格特质包括高度的责任感、耐心和细致入微的观察力。这启发他开始思考自己是否适合从事需要这些特质的工作，如医疗、教育或心理咨询等领域。

为了验证自己的想法，小赵开始参加这些领域的实习和志愿者活动，亲身体验这些工作的内容和要求。通过这些经历，他逐渐发现了自己对医疗领域的兴趣和热情，并决定将其作为自己的职业发展方向。现在，小赵正在努力学习医学知识，为未来的职业生涯打下坚实的基础。

研究表明，性格影响着一个人对职业的适应性，一定的性格适合于从事一定的职业；同时，不同的职业对人有不同的性格要求。例如，我们使用右手吃饭时得心应手，但使用左手吃饭时却有些力不从心。在其他事情上也是如此，每个人天生有自己擅长的一面，也有自己不擅长的一面，就如我们的右手和左手，它们没有好坏或对错之分。如果能够找到一个适合的环境，使我们能够发挥自己的长处和优势，那么我们就会很自信，往往会取得佳绩。相反，如果要求我们做不擅长的事情，那么多半会感到不舒服、不自在，而且可能干不好。如果我们知晓自己性格上的“左右手”，并了解与之相适应的环境和职业，就能帮助我们做出合乎自己情况的职业选择。

性格类型没有对错，不要盲目地去羡慕别人、崇拜别人，而是要相信自己、找到自己的优点。它是一种倾向和动力，是一种态度和行为方式，是一种智能和能力。在纷繁复杂的世界中，每个人的性格都是独一无二的瑰宝，每一种性格类型都蕴藏着无可替代的价值与优势。例如，一个天性主动的人，若长期处于管理风格专制的环境中，或许会感到压抑与不适。然而，若他勇于迈出舒适区，经过深思熟虑后选择独立创业，这对他而言，无疑将获得全新的释放与成长。

心理测试

MBTI 职业性格测试

性格类型没有好坏，只有不同。每一种性格特征都有其价值和优点，也有其缺点和需要注意的地方。清楚地了解自己的性格优劣势，有利于更好地发挥自己的特长，并尽可能地在为人处世中避免性格中的劣势，更好地同他人相处，更好地做重要的决策。清楚地了解他人（家人、同事等）的性格特征，有利于减少冲突，使家庭和睦，使团队合作更有效。

如果不能准确界定自己的性格类型，请回答下列测试问卷。每题考虑的时间不得超过10秒钟（同所有心理测验一样，别想太多，靠直觉回答）。

1. 你倾向于从何处得到力量：

(E) 别人。

(I) 自己的想法。

2. 当你参加一个社交聚会时，你会：

(E) 在夜色很深时，一旦你开始投入，也许就是最晚离开的那一个。

(I) 在夜晚刚开始的时候，我就疲倦了并且想回家。

3. 下列哪一件事听起来比较吸引你：

(E) 与伴侣到有很多人且社交活动频繁的地方。

(I) 与伴侣待在家中做一些特别的事情，例如说观赏一部有趣的录影带并享用你最喜欢的外卖食物。

4. 在约会中，你通常：

(E) 整体来说很健谈。

(I) 较安静并保守，直到你觉得舒服。

5. 过去，你遇见你大部分的情人是：

(E) 在宴会中、夜总会里、工作上、休闲活动中、会议上；当朋友介绍他们的朋友时。

(I) 通过私人的方式，例如个人广告、录影约会，或者由亲密的朋友和家人介绍。

6. 你倾向于拥有：

(E) 很多认识的人和很亲密的朋友。

(I) 一些很亲密的朋友和一些认识的人。

7. 过去，你的爱人倾向于对你说：

(E) 你难道不可以安静一会儿吗？

(I) 可以请你从你的世界中出来一下吗？

8. 你倾向于通过以下哪种方式收集信息：

(N) 你对有可能发生之事的想象和期望。

(S) 你对目前状况的实际认知。

9. 你倾向于相信：

（N）你的直觉。

（S）你直接地观察和现成的经验。

10. 当你置身于一段关系中时，你倾向于相信：

（N）永远有进步的空间。

（S）若它没有被破坏，不予修补。

11. 当你对一个约会觉得放心时，你更喜欢谈论：

（N）未来，关于改进或发明事物和生活的种种可能性。例如，你也许会谈论一个新的科学发明或一个更好的方法来表达你的感受。

（S）实际的、具体的、关于“此时此地”的事物。例如，你也许会谈论关于品酒的好方法，或你即将要参加的新奇旅程。

12. 你是这种人：

（N）喜欢先纵观全局。

（S）喜欢先掌握细节。

13. 你是这种类型的人：

（N）与其活在现实中，不如活在想象里。

（S）与其活在想象里，不如活在现实中。

14. 你通常：

（N）偏向于去想象一大堆关于即将来临的约会的事情。

（S）偏向于拘谨地想象即将来临的约会，只期待让它自然地发生。

15. 你倾向于如此做决定：

（F）首先依你的心意，然后依你的逻辑。

（T）首先依你的逻辑，然后依你的心意。

16. 你比较能够察觉到：

（F）当人们需要情感上的支持时。

（T）当人们不合逻辑时。

17. 当和某人分手时：

（F）你通常让自己的情绪深陷其中，很难抽身出来。

（T）虽然你觉得受伤，但一旦下定决心，你会直截了当地将过去恋人的影子甩开。

18. 当与一个人交往时，你更看重：

（F）情感上的相容性：表达爱意和对另一半的需求很敏感。

（T）智慧上的相容性：沟通重要的想法，客观地讨论和辩论事情。

19. 当你不同意情人的想法时：

（F）你尽可能地避免伤害对方的感情，若会对对方造成伤害，你就不会说。

（T）你通常毫无保留地说话，并且对情人直言不讳，因为对的就是对的。

20. 认识你的人倾向于形容你为：

（F）热情和敏感。

（T）逻辑清晰和明确。

21. 你把大部分和别人的相遇视为：

(F) 友善及重要的。
(T) 另有目的的。
22. 若你有时间和金钱,你的朋友邀请你到国外度假,并且在前一天才通知,你会:
(J) 先检查你的时间表。
(P) 立刻收拾行装。
23. 若在第一次约会中,你所约的人来迟了,你会:
(J) 很不高兴。
(P) 一点儿都不在乎,因为你自己常常迟到。
24. 你偏好:
(J) 事先知道约会的行程——要去哪里、有谁参加、你会在那里待多久、该如何打扮。
(P) 让约会自然地发生,不做太多事先的计划。
25. 你选择的生活充满着:
(J) 日程表和组织计划。
(P) 自然发生和弹性。
26. 哪一项较常见:
(J) 你准时出席而其他人都迟到。
(P) 其他人都准时出席而你迟到。
27. 你通常:
(J) 下定决心并且做出最后肯定的结论。
(P) 放宽你的选择面并且持续收集信息。
28. 你是此类型的人:
(J) 喜欢在一段时间里专注于一件事情直至其完成。
(P) 享受同时进行好几件事情。

根据上述问题的答案,可以看出自己在四个轴各自的倾向性(用四个字母表示),从而得到自己的 MBTI 性格类型。这四个轴的二元通过排列组合形成了 16 种性格类型,查询一下哪些职业可能比较适合你自己(表 9-1)。

表 9-1 **MBTI 16 种性格类型的职业倾向**

ISTJ • 管理者 • 行政管理 • 执法者 • 会计 或者其他能够让他们利用自己的经验和对细节的注意完成任务的职业	ISFJ • 教育 • 健康护理(包括生理、心理) • 宗教服务 或者其他能够让他们运用自己的经验帮助别人的职业,这种帮助是协助或辅助性的	INFJ • 宗教 • 咨询服务(包括个人、社会、心理等) • 教学/教导 • 艺术 或者其他能够促进他们情感、智力或精神发展的职业	INTJ • 科学或技术领域 • 计算机 • 法律 或者其他能够让他们运用智力创造和技术知识去构思、分析和完成任务的职业

续表

ISTP • 熟练工种 • 技术领域 • 农业 • 执法者 • 军人 或者其他能够让他们动手操作、分析数据或事情的职业	ISFP • 健康护理（包括生理、心理） • 商业 • 执法者 或者其他能够让他们运用友善、专注于细节的相关服务型的职业	INFP • 咨询服务（包括个人、社会、心理等） • 写作 • 艺术 或者其他能够让他们运用创造和集中于他们的价值观的职业	INTP • 科学或技术领域 或者其他能够让他们基于自己的专业技术知识独立、客观分析问题的职业
ESTP • 市场 • 熟练工种 • 商业 • 执法者 • 应用技术 或者其他能够让他们利用行动关注必要细节的职业	ESFP • 健康护理（包括生理、心理） • 教学/教导 • 教练 • 儿童保育 • 熟练工种 或者其他能够让他们利用外向的天性和热情去帮助那些有实际需要的人们的职业	ENFP • 咨询服务（包括个人、社会、心理等） • 教学/教导 • 宗教 • 艺术 或者其他能够让他们利用创造和交流去帮助促进他人成长的职业	ENTP • 科学 • 管理者 • 技术 • 艺术 或者其他能够让他们有机会不断承担新挑战的工作
ESTJ • 管理者 • 行政管理 • 执法者 或者其他能够让他们运用对事实的逻辑和组织完成任务的职业	ESFJ • 教育 • 健康护理（包括生理、心理） • 宗教 或者其他能够让他们运用个人关怀为他人提供服务的职业	ENFJ • 宗教 • 艺术 • 教学/教导 或者其他能够让他们帮助别人在情感、智力和精神方面成长的职业	ENTJ • 管理者 • 领导者 或者其他能够让他们运用实际分析、战略计划和组织完成任务的职业

练一练

职业判断

请列举出你曾经想过的三个职业，尽可能详细地描述这三种职业需要做的具体事项和工作环境，并用 MBTI 相关知识判断这三个职业是否适合你。

(三) 自我技能探索

技能是个体经由后天不懈学习与练习所锤炼而成的本领，其外在表现通常为一系列协调有序的动作系统与方式。能力是促使个体圆满达成某项活动不可或缺的内在心理要素，它不仅体现了个体当前的成就水平，还预示着其蕴藏的无限潜能。在多数情况下，我们所掌握的技能往往与未来的职业生涯紧密相连。技能可细分为专业知识技能、可迁移技能、自我管理技能。唯有将这三者有机融合、相辅相成，方能真正实现自我技能的全面提升与丰富，成就更加卓越的自我。

练一练

撰写成就故事

请写出生活中令你有成就感的具体事件并对其进行分析，看看你在其中使用了哪些技能（尤其是可迁移技能）。这些“成就事件”不一定是工作或学习上的，也可以是课外活动或家庭生活中发生的，比如同学聚会、一次美好而难忘的旅游，等等。它们不必是惊天动地的大事，只要符合以下两条标准，就可以被视为“成就”：①你喜欢做这件事时体验到的感受；②你为完成它所带来的结果感到自豪。如果同时你还获得了他人的认可和表扬那就更好了，不过这并不重要。

在撰写成就故事时，每一个故事都应当包含以下要素：①你想达到的目标，即需要完成的事情。②你面临的障碍、限制或困难。③你的具体行动步骤，即你是如何一步步克服障碍、达成目标的。④对结果的描述，即你取得了什么成就，最好能够量化评估（用某种方法量化或以数据说明）。至少写出五个故事（越多越好）。如果有条件的话，请和两三个同伴一起逐个进行分析讨论。最后看看在这些故事中有哪些重复出现的技能，它们就是你喜爱施展并擅长的技能。将这些技能按优先次序加以排列。

(四) 自我价值观探索

价值观是我们在生活工作中看重的原则、标准或品质，是个人内在需求的体现，也是自我激励机制。职业价值观反映人生价值观，关乎工作追求与目标。职业发展成功与否，在于职业是否带来符合个人价值观的生活方式。

很多人重视工作中的培训学习、发展空间、创造性挑战、休闲时间、家庭陪伴及高薪待遇等。职业价值观（择业观）是价值观在职业选择上的体现，对择业决策起决定性作用，体现个人在职业生活中优先考虑的价值。

练一练

探索个人工作价值观

- 价值观想象

（1）如果我有100万美元，我将在一生中最想要的是什么？

（2）如果我只剩下24小时的生命，那我将怎么办？

（3）我将给我的孩子的忠告是什么？

请你从以上三个问题中找到你认为重要的价值观，每个问题的价值观尽量不超过3种，最终形成不超过10种的价值观。请你自己进行对比和选择，找到你真正的价值观。

- 价值观选择：

（1）重要价值观；

（2）准备；

（3）取舍；

（4）讨论。

- 价值观澄清：

（1）选择：自主、对比、深思熟虑。

（2）珍视：欣赏、珍惜、公开地宣称。

（3）行动：奉行、重复。

三、职业生涯规划的实施

制订生涯规划并不难，它和制订一份旅游计划有很多相似之处。如目标的编制、实现过程，都和一个人的兴趣爱好和自身条件等相关，对目标和过程的选择没有绝对的好坏之分。俗话说，条条大路通罗马。不同的路有不同的风景，所以在职业生涯的选择上，没有哪条路是绝对好的，只有对某人某时比较合适的路。对目的地信息的了解，可以让行程更有把握。无论对信息有多么细致的了解，也要有对风险和意外的心理准备。能否如愿以偿地实现目标，在很大程度上取决于你是计划的推动者还是依赖别人或环境，后者常让人无端抱怨而无所作为。

具体而言，一个系统的职业生涯规划应当包括觉知与承诺、认识自己、认识工作世界、决策、行动和再评估/成长六个步骤。

（一）了解到职业生涯规划的重要性和作用，并愿意花时间来规划自己的生涯

制订职业生涯规划是一个过程，是一种面对生涯发展的态度。它未必能立竿见影，马上为自己带来理想的工作。就好像我们所播下的种子，未必能马上发芽一样。所以，对职业生涯规划要有合理的预期。

（二）自我探索

系统化地制订职业生涯规划是一个“从内而外”的过程。因此，在进行职业生涯规划时，首先要认识自己，诚实地自问：我有哪些人格特质？我的兴趣是什么？哪些东西是我生命中不能缺少的？我最看重什么？我有哪些技能是与众不同、赖以为生的？

（三）探索工作世界

工作世界信息和自我信息是职业生涯规划中重要和基础的部分。对工作世界的了解具体包括：专业与职业的关系；工作世界的宏观发展趋势；具体职业对工作人员的要求、条件和待遇等；继续教育方面的选择。

（四）决策

决策是综合整理和评估信息的部分，在决策时有可能因信息不全而重新回到前面两个步骤，具体内容包括：综合与评估信息；目标设立与计划；处理决策过程中的各种问题：生涯信念、障碍。

（五）行动

行动是将全部的探索和思考落实的阶段。要通过行动来实现自己设立的工作目标。通常包括：具体的求职过程；制作简历、准备面试。

有可能在与现实的接触过程中，你对自己有新的发现，由此对生涯发展有新的思考。所以，虽然我们为了方便学习，将职业生涯规划人为地割裂成不同的步骤，但无论在哪个步骤，自我与外部信息的探索都不会停止，不要忽略这些部分带给你的新启示。

（六）再评估 / 成长

当大学生在实践中迈出生涯的重要一步——进入工作世界时，随着外部环境的变化，他们或许会继续沿着过去的规划前进，也有可能发现过去的规划已不适合自己，或者发现过去的规划并不尽如人意。这就需要再次进行职业生涯探索，修正职业生涯规划。所以说，制订职业生涯规划是一个循环的过程，需要一辈子来探索。①

第三节　如何进行职业生涯规划

导入

在生活中，同学们是否思考过以下几个问题：

① 王祥君．大学生心理卫生与发展（第 2 版）［M］．重庆：重庆大学出版社，2023：238-239.

我是应该考研，还是直接工作？
我是应该在大城市发展，还是回家乡？
我是应该去企业，还是考事业编？
是国企好还是外企好，或是民企好？

职业生涯规划包括方方面面的内容：个人基本资料、规划目标、可行性分析、综合分析、成功标准、主要差距、职业发展年度规划方案……简单来说，职业生涯规划就是有计划、愉悦地进行职业生活，并不断取得进展。

一、职业生涯规划方案的制订

（一）职业生涯规划方案的制订策略

1. 匹配自己的职业锚

职业锚（又称职业定位）的概念是由美国著名职业心理学家施恩提出的，他认为：职业生涯的发展实际是一个持续不断地探索过程，随着一个人对自己越来越了解，这个人就会越来越明显地形成一个占主导地位的职业锚。不同特征的人选择生涯有八种不同的方向，也就是八种职业锚。每种职业锚都具有鲜明的特征，是不同人群选择职业发展方向时的重要参考因素。职业领域中常见的八种职业锚分别为：技术或职能型职业锚、管理能力型职业锚、创造型职业锚、自主型职业锚、安全型职业锚、服务型职业锚、挑战型职业锚、生活型职业锚。①

2. 自我认知是有效规划的前提

拿破仑·希尔曾经说过：一切成就，一切财富都始于自我认知，职业生涯规划领域也十分注重对自我的系统认知，这种自我认知包含的内容很广泛：

（1）生理自我是指人的身体状况等因素，例如身高、体重、长相等对职业选择的影响。

（2）心理自我是指对个体价值和能力的评价，例如兴趣爱好、性格特征、能力、特长、价值观等，这些因素对职业选择和职业发展也会产生较大影响。

（3）社会自我体现为一个人在与社会的互动中展现出来的社会性和社会感，例如社会适应力、责任感等。一般来讲，个人与社会的契合度越高，其职业生涯发展越顺利。

（4）道德自我是指公民的基本道德，包括仁义礼智信，以及热爱祖国、爱岗敬业、遵纪守法等，一个没有道德素养的个人是无法在职业中顺利发展的。

（5）家庭自我是指个体对自己和家庭的价值观和责任感，它是职业发展的力量源泉。

① 钟谷兰，杨开．大学生职业生涯发展与规划［M］．上海：华东师范大学出版社，2008：23-30.

（6）优势自我是指要善于挖掘自身优势，同时发现不足之处，这样才能更好地找准自己的职业生涯目标。

（7）完整自我是以上六种方法的结合，实现完整自我需要通过科学的认知模型和工具分析来完成，常用的方法有橱窗分析法、他人评价法、职业评测法、职业测评法等。

扩展阅读

橱窗分析法

橱窗分析法是自我认识的重要方法之一。心理学家把个体对自我的认识比喻成一个橱窗，并把橱窗放在一个直角坐标系中加以分析。坐标的横轴代表别人知道或不知道，坐标的纵轴代表自己知道或不知道（图9-2）。

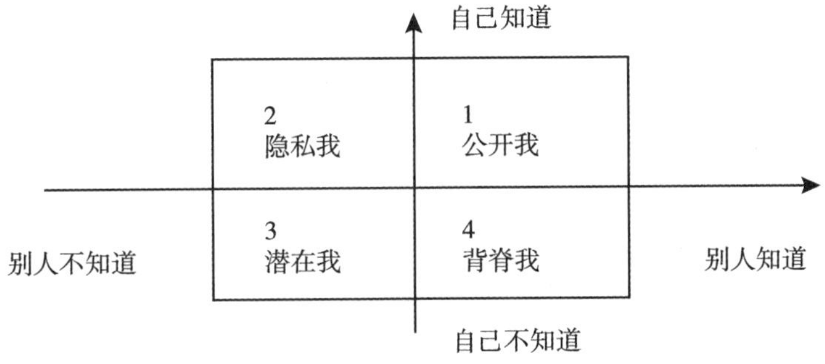

图9-2　乔哈窗口

橱窗1：公开我，指自己知道、别人也知道的部分。

橱窗2：隐私我，指自己知道、别人不知道的部分。

橱窗3：潜在我，指自己不知道、别人也不知道的部分。

橱窗4：背脊我，指自己不知道、别人知道的部分，就像自己的背脊，自己看不到，但别人能看到。

3. 环境认知是职业生涯规划成功的重要条件

只有知道自己生活在什么样的环境中，知道周围正在发生什么样的事情，个体才能够及时调整自己的生存策略，不断在职业生涯发展道路上前进。

（1）家庭环境。比如父母的职业、家庭经济情况、家庭未来可支配收入等。

（2）教育环境。比如受教育的程度、读过的书等。

（3）城市环境。比如城市的经济发展水平、产业结构、城市资源等。

4. 具备较强的专业或行业背景

一个人所擅长的专业越前沿、掌握得越好，那么他的职业生涯就会越容易成功。例如，若其能密切关注国家政治经济环境、产业政策、行业发展趋势和就业情况等社会因素，抓住时代和社会的需求，其职业生涯发展得自然不会太差。

（二）职业生涯目标的设立

职业生涯规划对于实现个人职业发展和满足感至关重要。明确的职业目标可以帮助您更有效地利用时间和资源，迈向成功。当下，很多大学生不清楚自己在大学阶段该做什么、能做什么。对于大学生群体来讲，职业生涯规划有着更具体、更重要的内涵。

1. 目标设立的原则——SMART

目标管理由管理学大师彼得·德鲁克在他的著作《管理实践》（*The Practice of Management*）一书中提出。SMART 原则（Specific，具体的；Measurable，可衡量的；Attainable，可实现的；Relevant，相关的；Time-based，有时限的），一般用于指导科学、合理地制订目标。德鲁克认为，并不是有了工作才有目标，而是相反，有了目标才能确定每个人的工作。

2. 目标设立的注意事项

（1）目标设立尽可能高估一级。因目标具有激励作用，大学生在设立生涯目标时要尽可能把目标定得比自己的评估高出一个等级，适当高一些的目标对人的激励作用会更大。

（2）目标分解的科学性。首先，大学生应该区分出自己职业生涯规划的最终目标和阶段目标；其次，把最终目标分解为若干个长期目标，每一个阶段都应有一个具体的目标。

（3）目标的组合化。职业生涯目标尽可能采用组合的方式，例如时间组合（并进、连续）、功能组合（因果关系、互补关系）或全方位组合。只有设立组合目标，才能够更加全面地反映目标的内涵。

二、制订职业生涯规划的原则

（1）匹配性原则。大学生做职业生涯规划设计时，首先需要建立在“人职匹配”的基本原则之上。一个人只有他自身的能力、性格、知识与这个岗位相匹配，其优势才能更好地发挥出来，最终更好地挖掘自身潜力。

（2）现实性原则。有些职位在现实生活中并不能很好地促进其职业生涯的发展，要根据目标职业的现实需要进行分析与评价。

（3）辅助性原则

大学职业生涯规划是阶段性职业管理的辅助手段，而非最终目标。通过撰写职业规划书，大学生可以明确大学期间的职业目标，但这只是中长期规划的一部分，既不能替代整个职业生涯，也不能取代实践行动。这一过程本质上是自我探索、认知外部环境、确立目标并实现自我提升的过程，最终服务于职业实践。

（4）发展性原则

职业生涯规划不应局限于大学阶段，而应至少展望未来十年。在制订规划时，需在认清“当下的我”的基础上前瞻“未来的我”，确保其长远性。同时，大学生要明确：职业生涯规划旨在指明行动路径，既要完成学业任务，更要着眼长远发展，在符合时代需求的实践中拓宽视野、积累经验。唯有放眼未来，才能夯实发展基础，实现大学规划与职业发展的有效衔接。

（5）实践性原则。职业生涯规划书的核心意义在于指导实践，成为大学生活实践的蓝本。大学阶段的实习是实践职业生涯规划书最好的途径，通过实习，我们可以发现自己适合哪些岗位、职业生涯规划书是否有意义、能否找到自己的职业定位，等等。

三、职业生涯规划书的写作技巧和方法

（一）自我认识与评估

首先，大学生要清楚“我想干什么”“我能干什么”“我应该干什么”“环境支持或允许我做什么”“我的职业与生活规划是什么”以及在众多的职业面前我会选择什么等问题。其次，尽可能从大一开始寻找自己的职业兴趣。兴趣是工作动力的主要源泉之一，若一个人对某一方面的工作感兴趣，即便枯燥的工作也会变得丰富多彩、乐趣无穷。兴趣可以使我们的工作不再是一种负担，而是一种享受。再次，认识到自己的性格特征是什么，思考自己的性格特征对职业的影响。职业和人格的最佳匹配使得我们成为更有焦点、更有效的工作者，因此我们可以每天都去工作并喜欢我们所做的事情。最后，积极探索自己的职业价值观。价值观直接影响和决定着一个人的理想、信念和生活目标，职业价值观支配着人的择业心态、行为以及信念和理解等。[①]

（二）外部环境分析

现阶段的大学生正处在习近平新时代中国特色社会主义思想的新时代，这个时代为大学生提供了更加广阔的职业发展空间、更多的发展机遇。同时，新职业种类的出现，扩大了大学生的择业范围，但也带来了更激烈的挑战；由于第三产业的兴起，社会对职业技能的要求越来越高，人才类型的规格要求也随之发生显著变化，对复合型人才的需求成为21世纪的重要特点。因此，大学生在制订职业生涯规划时需要充分认识与了解相关的外部环境，评估环境因素对自己职业生涯规划发展的影响。

（三）确定目标

职业生涯规划首先就是结合自身情况以及环境因素为自己确立职业目标，一个人要确立什么样的职业目标，是根据每个人的主客观条件加以设计的。每个人的条件不同，

① 陈光德，张学堂，马蕊．大学生职业规划与发展（第二版）［M］．北京：清华大学出版社，2023：108-109.

职业目标也可能不同，大学生在确定职业目标的时候应尽可能具体、明确、可测量、有时间限制。制订自我职业生涯规划的关键是确立目标，它是所有的生涯规划需遵循的纲领。

（四）职业定位

所谓制订职业生涯规划，其实是指结合自身情况以及机遇为自己确立职业目标，选择职业发展路径，制订发展计划。大学生职业选择的正确与否，决定着其职业生涯规划目标实现的速度。恰当、合适的职业选择会让成功事半功倍。

（五）策略实施

在设定好目标和确定好职业定位后，需要制订实现职业生涯规划目标的行动方案，因为目标的实现需要有具体可操作的行为来保证。

（六）反馈修订

制定具体行动方案固然重要，但更重要的是要将理论付诸实践并能够取得期待的效果，整个职业生涯规划要在实践中去检验。因此，大学生在实施职业生涯规划的过程中，要根据自身所处的外部环境以及内在条件，及时发现、诊断职业生涯规划各个环节出现的问题，找出相应的对策，对职业生涯规划进行调整与完善。

思考题

1. 大学生职业生涯规划中的自我探索主要包括哪些方面？

2. 谈谈你对职业生涯规划的看法？

3. 你的同学张航毕业后来来回回换了6份工作，并且每份工作持续的时间逐渐递减，现在张航毕业3年了，又回到了熟悉的人才招聘市场，每天重复着投简历、面试……他感到很迷茫，不知道自己究竟适合什么职业。如果张航向你求助，你会如何帮助他？

后　记

大学生心理健康教育是落实立德树人根本任务的重要环节。本教材结合当代大学生的身心发展特点与实际问题，系统梳理了自我意识、情绪调节、人际交往、生命教育等九大核心主题。各章节内容既注重理论深度，又强调实践指导，通过心理测试、案例分析、扩展阅读等多样化形式，引导学生从“知”到“行”，将心理健康知识内化为成长的动力。

书稿的编写工作历时数月，凝聚了全体编写人员的智慧与心血，旨在为大学生提供科学、系统且贴近实际的心理健康教育内容。作为新时代心理健康教育的重要载体，我们始终以党的二十大精神为指引，将“健康中国”理念与“自信自立”的民族精神贯穿全书，力求在知识传授中传递价值，在案例解析中启迪思考，助力大学生塑造健康人格、实现全面发展。

本教材的顺利出版，离不开编委团队的辛勤付出与专业智慧。每位编写人员以其深厚的学术造诣和实践经验，为相应章节注入了独特的思想与温度：王祥君副教授负责全书的统稿工作；王丹芳老师担纲第一章“绪论”与第九章“职业生涯规划”，以宏观视野串联全书框架，将“健康中国”理念与职业生涯发展理论深度融合；王格老师主笔第二章“大学生自我意识”与第五章“大学生恋爱与性心理”，通过鲜活案例与理论思辨，引导学生直面自我认知与情感成长的深层课题；余俐珍老师负责第三章“大学生情绪调节与压力应对”，系统构建情绪管理策略，为大学生提供科学化的压力纾解路径；涂淑兰老师执笔第四章“大学生人际交往”，以心理学原理还原人际互动本质，助力学生破解交往困境；王诗雨老师精心编著第六章“大学生学习与创造”，创新融合学习理论与创造性思维培养方法，激发学生的学术潜能；唐山老师主持第七章“大学生人格与心理健康”，以严谨的学术态度剖析人格发展规律，为健康人格培养提供多维视角；宋杰老师倾力撰写第八章“大学生生命教育与心理危机应对”，以生命关怀为核心，引导学生敬畏生命、积极应对心理危机。

此外，感谢湖北商贸学院心理中心全体教师的协同研讨与武汉大学出版社编辑的细致审校，他们的付出确保了教材政治性与专业性的高度统一。书中案例素材源自众多师生的真实经历，在此一并致谢。正是每一位贡献者的热忱与专业，让这本教材兼具理论深度与实践温度。

心理健康教育是一项“润心无声”的长期工程。希望这本教材能成为大学生探索自我、拥抱成长的良师益友，能帮助他们在纷繁复杂的现实中锚定心志，在挫折与挑战中锤炼韧性。未来，我们将持续关注心理健康领域的前沿动态，倾听师生反馈，迭代教材内容，为推进健康中国建设贡献绵薄之力。

编委会

2025 年 3 月